国家社会科学基金资助

现代乡规民约
与农村基层社会治理创新

卞 辉◎著

中国民主法制出版社

图书在版编目（CIP）数据

现代乡规民约与农村基层社会治理创新 / 卞辉著. —
北京：中国民主法制出版社，2020. 12
ISBN 978-7-5162-1511-1

Ⅰ. ①现… Ⅱ. ①卞… Ⅲ. ①农村—社会管理—乡规民约—研究—中国 Ⅳ. ①D638

中国版本图书馆 CIP 数据核字（2021）第 025358 号

图书出品人： 刘海涛
出 版 统 筹： 乔先彪
责 任 编 辑： 贾萌萌　袁　月

书　　名 / 现代乡规民约与农村基层社会治理创新
作　　者 / 卞　辉　著

出版·发行 / 中国民主法制出版社
地址 / 北京市丰台区右安门外玉林里 7 号（100069）
电话 /（010）63055259（总编室）　63058068　63057714（营销中心）
传真 /（010）63055259
http://www. npcpub. com
E-mail:mzfz@ npcpub. com
经销 / 新华书店
开本 / 16 开　710 毫米 × 1000 毫米
印张 / 19. 25　**字数** / 300 千字
版本 / 2022 年 2 月第 1 版　2022 年 2 月第 1 次印刷
印刷 / 三河市宏图印务有限公司

书号 / ISBN 978-7-5162-1511-1
定价 / 78. 00 元

目　　录

图 目 录

表 目 录

第一章　绪　论

1.1　研究背景

1.1.1　社会背景

我国是农业大国，农业的发展决定着国家的发展，几千年的农业文化决定了中华文明的内涵。农业、农村、农民问题关系着我国的经济发展、社会稳定和国民素质，关乎国家命运。

作为传统的农业大国，中华人民共和国成立初期我国工业基础非常薄弱，很多工业几乎要从零开始。为了加快工业化进程，国家实施以农支工政策，农业以集体化高积累的形式为国家工业化提供原始资本，通过“剪刀差”① 的方式义无反顾地支持国家工业化。同时，为了发展城市的资本密集型工业，在城乡二元结构体制的限制下，出现了农村人口难以向城市流动的现象，遏制了农村发展的步伐。改革开放后，虽然国家通过政策引导和配套制度改革意图实现城乡的同步协调发展，但是，长期以来的农村和城市基于生产类型和户籍划分而形成的不同的治理政策、资源分配、市场体系、基础设施建设、社会保障等对城乡造成的分化依然存在并且不容忽视。图 1 – 1 为我国 2013 年至 2020 年城镇与农村居民人均可支配收入，从中可见城乡差距。

根据统计，从 2009 年至 2019 年，我国城镇居民家庭恩格尔系数从 36.5% 逐步下降到 27.6%，农村居民家庭恩格尔系数从 41% 逐步下降到 30.0%。（详见图 1 – 2）可见，从整体上看，虽然我国十多年来正在走向富

① 剪刀差，是指工业产品与农业产品进行交换时，工业品价格高于价值、农产品价格低于价值所出现的差额，表明工农业产品价值的不等价交换。

裕或最富裕的道路上，但是城乡发展差别依然非常明显。另外，虽然近年来我国农村扶贫工作成绩卓然，例如，2018 年我国农村贫困人口减少 1386 万人，2019 年我国农村贫困人口减少 1109 万人，2020 年，我国如期完成了新时代脱贫攻坚目标任务，现行标准下农村贫困人口全部脱贫，但是乡村振兴任务依然艰巨，加快农村社会发展仍是重中之重。

现阶段，我国新型城镇化进程稳步推进，城镇化建设取得了历史性成就。2011 年，我国城镇人口为 69079 万人，占总人口的 51.27%，城镇人口占比首次超过总人口数的一半，而农村人口同时降到总人口数的一半以下。至 2020 年，根据第七次全国人口普查的数据，我国居住在乡村的人口为 50979 万人，占总人口的 36.11%；居住在城镇的人口为 90199 万人，占总人口的 63.89%。相比较 2010 年第六次人口普查结果，我国乡村人口减少 16436 万人，城镇人口增加 23642 万人，城镇人口比重提升了 14.21 个百分点。近十年来，我国乡村人口持续下降，而城镇人口则持续增加。（见图 1－3）城镇常住人口占区域总人口的比重是反映城镇化水平的国际通行方法，我国城镇人口比重的不断增加表明我国城镇化水平正在不断提升。

图 1－1　城镇与农村居民人均可支配收入①

① 数据来源：国家统计局。从 2013 年起，国家统计局开展了城乡一体化住户收支与生活状况调查，2013 年及以后的数据来源于此项调查。与 2013 年前的分城镇和农村住户调查的调查范围、调查方法、指标口径有所不同。本图中的数据则从 2013 年之后进行统计。

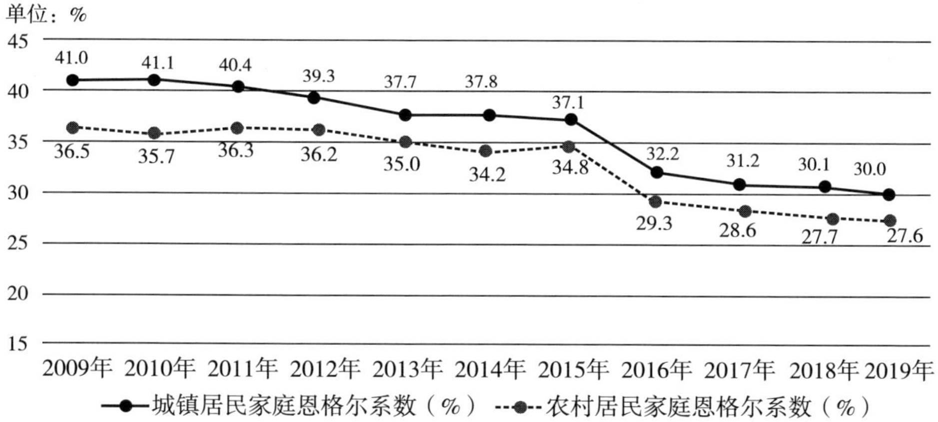

图 1－2　城镇与农村居民家庭恩格尔系数①

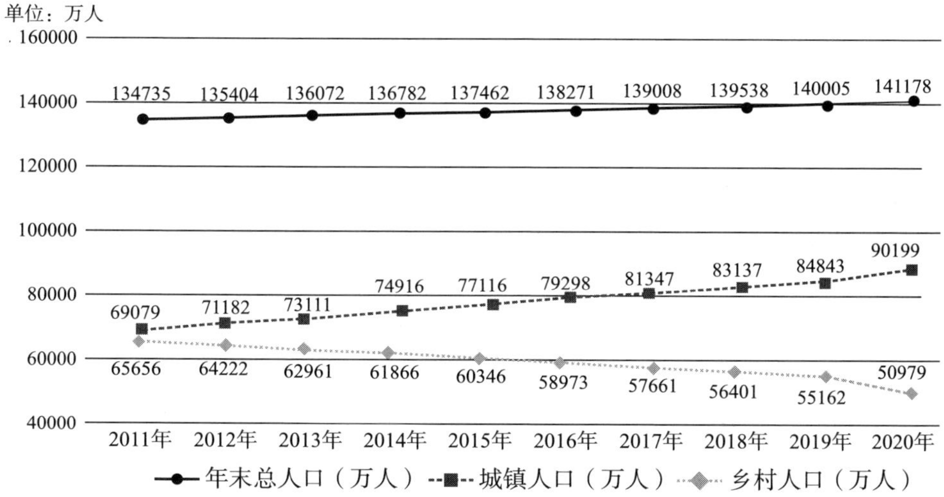

图 1－3　我国近十年总人口及城乡人口（2011—2020 年）②

---

① 恩格尔系数是根据恩格尔定律得出的比例数。恩格尔定律是德国经济学家、统计学家恩格尔提出的关于居民消费结构走势的定律，主要是指家庭或个人收入中用于食品方面支出的比例随着收入的增加将逐渐减小。恩格尔系数是表示生活水平高低的一个指标，其计算公式为：恩格尔系数＝食物支出金额÷总支出金额×100%。一般情况下，在其他条件相同时，恩格尔系数越高，表明家庭或个人收入越低；恩格尔系数越低，表明家庭或个人收入越高。同样，恩格尔系数可以反映出一个国家和地区人民生活水平的状况，根据联合国粮农组织的标准，恩格尔系数在59%以上为贫困，50%—59%为温饱，40%—50%为小康，30%—40%为富裕，低于30%为最富裕。详细参见百度百科，https：//baike. so. com/doc/2769900－2923623. html。本图数据来源：国家统计局。

② 数据来源：国家统计局。

虽然如此，在建设富强民主文明和谐美丽的社会主义现代化强国道路上，我们距离现代化国家还有不小差距。工业化是现代化的驱动力，城镇化是衡量经济发展的综合指标，城镇化必须与工业化相匹敌，而我国的城镇化水平远远落后于工业化水平。农村人口在我国的比重依然很大，并且，从整体来看，农村在各方面的发展依然落后于城市，作为国家根基的农业、农村和农民，如何才能快速走上城镇化、工业化、现代化的道路，不但是国家顶层设计需要考虑的问题，也与每一个人的生活和发展密切相关。

“三农”问题在我国的不同发展阶段都居于重中之重，农村社会的稳定和发展直接关系国家的稳定和发展。在社会转型期，农村社会形态发生剧烈变化，传统的农业社会受到工业化的挑战，相对封闭的区域型社会打开大门，主动或被动地以开放性姿态迎接新事物、新现象，进入逐步转向现代化的变迁过程，农民的思想越来越与时俱进，世界观、价值观逐渐发生变化，生活和行为方式慢慢改变，但与此同时也出现并面临越来越多的新矛盾和新问题。在这样的变化中，传统的农村社会管理模式受到挑战，为适应社会发展，必须进行调整，以符合转型期农村社会治理的需要。因此，农村社会管理方式的与时俱进显得尤为重要，必须转变管理理念、改变管理模式、创新管理方式。2004 年 6 月，党的十六届四中全会提出要“加强社会建设和管理，推进社会管理体制创新”，2007 年 10 月，党的十七大提出要“建立健全党委领导、政府负责、社会协同、公众参与的社会管理格局”。随着社会的发展，社会管理创新成为必然，转型时期农村社会面临的新矛盾、出现的新问题都需要以新的管理方式应对，在村民参与的管理格局下，现代乡规民约必然焕发出其在农村社会生产生活和秩序维护方面的活力和光彩，成为农村社会管理中不可或缺的元素。

中华人民共和国成立后，我国的农村社会管理经历了从集中管控到乡村经济管理再到农村社会治理的模式转变①，党的十八届三中全会明确提出“治理”一词，指出推进国家治理体系和治理能力现代化，加快形成科学有效的社会治理体制，并提出通过改进社会治理方式、激发社会组织活力、创新有效预防和化解社会矛盾体制、健全公共安全体系等方式创新社会治理体

① 陈庆立、左停：《新时代背景下我国农村社会管理：发展、挑战与创新》，载《山东农业大学学报（社会科学版）》2018 年第 1 期。

制，提高社会治理水平。从“强国家、弱社会”到增强社会自主性，从单一的政府管理到多元主体的社会治理，这一管理理念的转变更能发挥社会群体在社会治理中的自我价值，促进群众在农村社会治理中的自我管理、自我服务、自我教育和自我监督，实现政府治理与社会自我调节、居民自治之间的良性互动。

传统农村社会人口流动性不大，农民多有“安土重迁”的思想观念。改革开放后我国进入社会转型时期，尤其自党的十八大后，城乡一体化更是快速推进，大量农村人口流向城市，留守村庄的大多都是“386199”① 群体，导致“空心村”不断出现，农村基层社会治理缺乏动力。相较传统的农村社会，现代农村社会的经济结构和社会结构发生了很大的变化，农村社会治理遇到了新的挑战。其一，现代农村经济结构的变化。从古时历代统治者“重农抑商”观念到20世纪80年代家庭承包责任制度的确立，我国始终将农业作为最重要的产业，随着工业化、信息化、城镇化、农业现代化的推进，我国形成了以工业、商业、服务业为主的生产结构，农业在社会总体性收入中的比重大幅减少，加上城市化进程，大量农民涌向城市，导致农村大量土地处于无人耕种的状态。产业结构的变化也引起农民经济收入来源和社会观念的变动，很多农村家庭的主要经济来源为务工收入，农民的思想观念也受到伴随城市化和市场化而产生的契约性、逐利性思维的冲击，造成农村社会秩序的失范现象。其二，现代农村社会结构的变化。随着城乡一体化进程的发展，农村青壮年涌入城市，造成“分散家庭”的出现，传统的家庭结构逐渐解体，农民不再是传统意义上的农民，而是兼具其他经济身份的农民；同时，随着农村人口向城市的流动，又进一步加大了城乡之间发展不平衡的差距。农村经济结构和社会结构的变动必然会导致农民思想观念的变化，逐利思想、日渐式微的道德观成为农村社会治理中的绊脚石。观念的陈旧落后、政府角色定位偏差、资金瓶颈制约、人才匮乏和管理体制不科学等因素成为造成农村社会转型复杂性和特殊性的根本原因。② 城乡二元制结构带来的障碍限制了农村社会的进一步发展，农村发展内生动力不足、外在社会资本注入阻碍

① “386199”即妇女、儿童和老人。“38”指妇女，“61”指儿童，“99”指老人。

② 门献敏：《在社会治理体系创新中提升农村社会组织公共服务能力》，载《学术交流》2014年第8期。

较多，这些不利因素使得农民对农村社会发展满意度较低，直接反映为对农村社会治理工作的不配合、不关心、无所谓等态度，给农村社会的有效治理带来重重阻力。

农村社会治理，关系到整个国家的经济发展和社会稳定。党的十九大报告提出乡村振兴战略规划，明确总要求为“产业兴旺、生态宜居、乡风文明、治理有效、生活富裕”；同时提出要健全自治、法治、德治相结合的乡村治理体系，即自治是基础，法治是保障，德治是支撑，以德治促进自治，用法治来保障自治，这成为当前农村社会治理的重要方式。2018 年中央一号文件①也针对乡村振兴战略提出“乡风文明是保障”“治理有效是基础”，要求“深化村民自治实践”，发挥自治章程、村规民约在村民自治中的积极作用。在决胜小康社会的关键时期，因为“三农”问题的重要性，以及传统的农村社会治理方式已经难以解决社会转型带来的城乡发展不平衡、不协调、不稳定问题，党在“建设社会主义新农村”基础之上，对农村社会提出了新的希冀。在此契机之下，发挥现代乡规民约在农村社会治理中的作用，成为农村社会发展的重要之举。

这一理念转变过程中，群众成为社会治理的主体，民间自生的乡规民约在实现自治法治德治、打造共建共治共享的社会治理新格局中发挥了极大作用。在此社会背景下，作为农村社会民间规约的乡规民约在农村社会治理中的功能不容小觑，而农村基层社会治理创新中的现代乡规民约研究在新时代农村社会发展中也彰显出其重要性和必要性。

1.1.2 政策背景

农村社会治理是一个复杂的系统，涉及国家行政职能与村民自治权的有机衔接与良性互动。乡规民约在农村社会的基层治理中，一直是重要的手段之一，现代乡规民约在农村社会治理创新中也依然实现了其独特功能。

改革开放以来的国家政策中，乡规民约这种传统的农村治理手段首次被

---

① 中央一号文件原指中共中央每年发布的第一份文件，现已成为中共中央重视农村问题的专有名词。中共中央在 1982 年至 1986 年连续五年发布以农业、农村和农民为主题的中央一号文件，对农村改革和农业发展作出具体部署。2004 年至 2020 年又连续十七年发布中央一号文件，强调了“三农”（即农业、农村和农民）问题在中国社会主义现代化建设时期“重中之重”的地位。

正式提出是在1982年2月27日国务院颁布的《关于开展全民义务植树运动的实施办法》中，其中第7条规定要“建立爱林护林的乡规民约”，通过乡规民约约束乡民行为，以加强对林木的管护。1983年1月的中央一号文件《当前农村经济政策的若干问题》强调乡规民约在农村社会秩序构建中的作用，该文件指出：“要通过制订乡规民约，开展建立文明村、文明家庭的活动。整顿社会治安，加强治安保卫和民事调解组织。反对并制止各种不良风气和不法行为，增强乡邻团结，家庭和睦，改变村风村貌，树立社会主义新风尚。”此后，国家的一系列重大政策和决策中，农村社会管理受到极大关注，并频频提及乡规民约等民间治理手段。1983年10月中共中央、国务院发布《关于实行政社分开、建立乡政府的通知》，对于乡人民政府建立后按规定行使的职权，第4条提到“应着重抓好社会治安，打击刑事犯罪活动，发动群众制订乡规民约，开展社会主义精神文明活动，促进社会治安和社会风气的根本好转。”1986年9月，中共中央、国务院发出《关于加强农村基层政权建设工作的通知》提出：“村（居）民委员会要进一步完善村规民约，大力开展创建文明村、评选五好家庭等活动，发动广大村（居）民积极参加社会生活的民主管理，以进一步发挥群众自治组织的自我教育、自我管理、自我建设、自我服务的作用。”中共中央、国务院在1990年发布的《一九九一年农业和农村工作的通知》以及1997年和1998年的农业和农村工作的意见中再次提及订立村规民约，通过制定和完善乡规民约增强群众遵纪守法的意识，实行依法治村。从1982年开始，中央在多个政策文件中提及乡规民约，提倡和推动将乡规民约运用到农村社会管理中，内容覆盖面极其广泛，诸如制止乱砍滥伐森林、制止向农民乱派款乱收费、提倡晚婚晚育、实现村级规范化民主化管理、规范村民委员会印章制发使用和管理、开展农村基层普法和强化依法治理、维护农村妇女土地承包权益、推进村级事务民主管理、执行筹资筹劳方案、促进社会性别平等、促进农村基层干部廉洁履行职责、化解矛盾纠纷、解决信访突出问题、调整村民关系、规范村民行为、推进农村精神文明建设、营造清洁有序健康宜居的生产生活环境、整治农村人居环境、建设文明村镇、扶困济贫、传承发展中华优秀传统文化、防治艾滋病、深化村民自治等，以便发挥乡规民约在农村社会管理中的积极作用，解决农村存在的各类现实问题。

2004年，党的十六届四中全会提出要加强社会建设和管理，推进社会管理体制创新，建立健全党委领导、政府负责、社会协同、公众参与的社会管理格局。2007 年，党的十七大报告中重申社会管理的重要性，并在十六届四中全会提出的社会管理格局基础之上，特别提出要健全基层社会管理体制。2008 年，党的十七届三中全会在《中共中央关于推进农村改革发展若干重大问题的决定》第 5 部分第 8 项中提到要强化农村社会管理，坚持服务农民、依靠农民，完善农村社会管理体制机制。2013 年，党的十八届三中全会提到深化改革的总目标之一就是推进国家治理体系和治理能力现代化，并且首次提出了“创新社会治理体制”的概念，社会治理更强调政府治理、社会自我调节和居民自治之间的良性互动，突出了在社会治理中公众参与的重要性，且结合新时期出现的一系列问题，在社会治理中多次强调运用法治思维和法治方式化解社会矛盾。相比管理而言，治理的内涵更为广泛。这是我国社会管理理念和体制的创新。2014 年 2 月 17 日，习近平总书记在省部级主要领导干部学习贯彻十八届三中全会精神全面深化改革专题研讨班开班式上发表重要讲话，指出国家治理体系和治理能力是一个国家的制度和制度执行能力的集中体现。同月 24 日，习近平总书记在中共中央政治局培养和弘扬社会主义核心价值观、弘扬中华传统美德集体学习会上明确提到健全各行各业规章制度，完善市民公约、乡规民约、学习守则等行为准则。2014 年 10 月召开的党的十八届四中全会提出，提高社会治理法治化水平，支持各类社会主体自我约束、自我管理，发挥市民公约、乡规民约、行业规章、团体章程等规范在社会治理中的积极作用。2015 年的中央一号文件中提出要从农村实际出发，善于发挥乡规民约的积极作用，把法治建设和道德建设紧密结合起来。2016 年的中央一号文件提出创新和完善农村社会治理机制，明确提到要发挥好村规民约在乡村治理中的积极作用。2017 年 1 月，中共中央办公厅、国务院办公厅发布《关于实施中华优秀传统文化传承发展工程的意见》，在“重点任务”中指出：“把优秀传统文化思想理念体现在社会规范中，与制定市民公约、乡规民约、学生守则、行业规章、团体章程相结合。”在民间规则中体现中华优秀传统文化，使之融于人们的日常工作、生活之中，才能激发其生机与活力。2017 年的中央一号文件虽未明确提及农村社会治理，但是提到了具体的农村治理措施，如提升农民思想道德和科学文化素质，加强农村移风易俗工作，引导群众抵制婚丧嫁娶大操大办、人情债等陈规陋习的内容。2017 年 10 月，党的十九大报告提出要加强农村基层基础工作，健全自治、法治、德治相结合的乡村治理体系，从而打造共建共治共享的社会治理格局。2018 年的中央一号文件提出："乡村振兴，治理有效是基础。必须把夯实基层基础作为固本之策，建立健全党委领导、政府负责、社会协同、公众参与、法治保障的现代乡村社会治理体制，坚持自治、法治、德治相结合，确保乡村社会充满活力、和谐有序。"2018 年 12 月，民政部等七部门①联合出台《关于做好村规民约和居民公约工作的指导意见》，这是中央和国家机关有关部门首次就村规民约②联合出台全国性指导文件，涉及对村规民约的总体要求、主要内容、制定程序、监督落实、组织领导等内容，认为村规民约是现代农村基层社会治理机制的重要形式。在 2019 年 2 月 20 日发布的中央一号文件中，中央再次强调要"指导农村普遍制定或修订村规民约"，这是实现前一年七部门提出的全国所有村到 2020 年都有务实管用的村规民约、健全"三治"结合的农村基层社会治理机制这一目标的重要条件，也是增强乡村治理能力的举措之一。2019 年 6 月，中共中央办公厅、国务院办公厅印发《关于加强和改进乡村治理的指导意见》，提出加强和改进乡村治理的总体要求是："到 2020 年，现代乡村治理的制度框架和政策体系基本形成，农村基层党组织更好发挥战斗堡垒作用，以党组织为领导的农村基层组织建设明显加强，村民自治实践进一步深化，村级议事协商制度进一步健全，乡村治理体系进一步完善。到 2035 年，乡村公共服务、公共管理、公共安全保障水平显著提高，党组织领导的自治、法治、德治相结合的乡村治理体系更加完善，乡村社会治理有效、充满活力、和谐有序，乡村治理体系和治理能力基本实现现代化。"为实现乡村治理体系和治理能力现代化，要"推动社会主义核心价值观落细落小落实，融入文明公约、村规民约、家规家训"，并通过加强村规民约建设以培育文明乡风。2020 年中央一号文件提出要加强农村基层治理，通过完善村规民约，以"推进村民自治制度化、规范化、程序化"。2020 年 3 月，中央全面依法治国委员会印发《关于加强法治乡村建设的意见》，进一步推进乡村依法治理，要求"严格依照法律法规和村规民约规范乡村干部群众的行为"，并"完善群众参与基层社会治理的制度化渠道，健

① 该七部门为：民政部、中央组织部、中央政法委、中央文明办、司法部、农业农村部、全国妇联。

② 村规民约与乡规民约的关系见本书第三章"3.1"中的内容。

全充满活力的群众自治制度，引导村民在村党组织的领导下依法制定和完善村民自治章程、村规民约等自治制度。落实和完善村规民约草案审核和备案制度，健全合法有效的村规民约落实执行机制，充分发挥村规民约在乡村治理中的作用”。2021 年中央一号文件强调“加强党的农村基层组织建设和乡村治理”，要求“开展乡村治理试点示范创建工作”，提出“持续推进农村移风易俗，推广积分制、道德评议会、红白理事会等做法，加大高价彩礼、人情攀比、厚葬薄养、铺张浪费、封建迷信等不良风气治理，推动形成文明乡风、良好家风、淳朴民风”。这其中，乡规民约扮演重要角色，助力乡村治理，推动新时代农村精神文明建设。

我国的农村社会治理从政府总揽式的管理模式到多主体参与的治理模式的转变，表明我国现在的农村社会治理是国家对农村地区“控权”和“放权”之后的结果，是行政权力与村民自治权利博弈后的产物。一系列的政策措施，体现了国家治理理念的转变，也彰显了乡规民约在农村基层社会治理中的重要性。

1.1.3 法律背景

在法律层面，《中华人民共和国宪法》（以下简称《宪法》）总纲部分对乡规民约进行了概括性的规定，具体表现在，《宪法》第 24 条第 1 款规定：“国家通过普及理想教育、道德教育、文化教育、纪律和法制教育，通过在城乡不同范围的群众中制定和执行各种守则、公约，加强社会主义精神文明的建设。”宪法中的这一规定从根本法上为农村地区制定乡规民约提供了强有力的法律依据与现实指导。

2021 年 1 月 1 日施行的《中华人民共和国民法典》（以下简称《民法典》）第 264 条规定：“农村集体经济组织或者村民委员会、村民小组应当依照法律、行政法规以及章程、村规民约向本集体成员公布集体财产的状况。集体成员有权查阅、复制相关资料。”村规民约是集体向其成员公布本集体财产状况以及集体成员查阅、复制相关资料的依据之一，并以此保障村民对集体财产的知情权。

1987 年通过的《中华人民共和国村民委员会组织法（试行）》第一次以法律的形式对乡规民约加以规定，其中第 16 条规定：“村规民约由村民会议讨论制定，报乡、民族乡、镇的人民政府备案，由村民委员会监督、执行。

村规民约不得与宪法、法律和法规相抵触。”至此，现代乡规民约成为农村社会管理中不可或缺的手段。1998 年颁布的《中华人民共和国村民委员会组织法》[①]（以下简称《村民委员会组织法》）中多个法条涉及对乡规民约的规定，经 2010 年修订和 2018 年修正后，现行《村民委员会组织法》第 10 条规定：“村民委员会及其成员应当遵守宪法、法律、法规和国家的政策，遵守并组织实施村民自治章程、村规民约，执行村民会议、村民代表会议的决定、决议，办事公道，廉洁奉公，热心为村民服务，接受村民监督。”第 27 条规定：“村民会议可以制定和修改村民自治章程、村规民约，并报乡、民族乡、镇的人民政府备案。村民自治章程、村规民约以及村民会议或者村民代表会议的决定不得与宪法、法律、法规和国家的政策相抵触，不得有侵犯村民的人身权利、民主权利和合法财产权利的内容。村民自治章程、村规民约以及村民会议或者村民代表会议的决定违反前款规定的，由乡、民族乡、镇的人民政府责令改正。”第 38 条规定：“驻在农村的机关、团体、部队、国有及国有控股企业、事业单位及其人员不参加村民委员会组织，但应当通过多种形式参与农村社区建设，并遵守有关村规民约。村民委员会、村民会议或者村民代表会议讨论决定与前款规定的单位有关的事项，应当与其协商。”整体而言，《村民委员会组织法》对村规民约加以规定充分凸显乡规民约在农村社会管理中的重要性以及国家对农村社会管理的重视程度。

最高人民法院的相关司法解释和文件中也涉及乡规民约的内容。2009 年 7 月，最高人民法院印发《关于建立健全诉讼与非诉讼相衔接的矛盾纠纷解决机制的若干意见》的通知，要求“有关组织调解案件时，在不违反法律、行政法规强制性规定的前提下，可以参考行业惯例、村规民约、社区公约和当地善良风俗等行为规范，引导当事人达成调解协议”。2014 年 12 月，最高人民法院发布《关于进一步加强新形势下人民法庭工作的若干意见》，在处理好调判关系中，提出“积极总结不同类型案件的特点，在法律规定框架内，恰当借助乡规民约，尊重善良风俗和社情民意，创新调解工作方法，力求从根源上彻底化解矛盾”。2016 年 5 月，最高人民法院发布《关于充分发挥审判职能作用为推进生态文明建设与绿色发展提供司法服务和保障的意

① 1998 年《中华人民共和国村民委员会组织法》已于 2010 年 10 月进行修订，并于 2018 年 12 月对第 11 条第 2 款进行修改。

见》，明确依法审理涉林业资源案件，要“关注林地所有权、林地使用权、林木所有权、林木使用权经常发生分离的特点，区分因历史、政策、乡规民约或者其他原因导致的权利冲突，坚持尊重林权人意思自治和尊重行政机关认定的统一，妥善处理林权确权和林权流转中发生的各类纠纷”。2018 年 10 月，最高人民法院发布《关于为实施乡村振兴战略提供司法服务和保障的意见》，提出“将执行过程与乡村社会矛盾纠纷多元化解决机制有效对接，与乡规民约、善风美俗建设有效对接，不断推进乡村社会主义核心价值观建设”，“尊重不违反法律强制性规定的村规民约、乡风民俗，妥善把握民事审判对习惯的适用”。可见，我国在司法上非常重视乡规民约对农村社会秩序构建的作用，通过颁布相关司法解释和文件以引导各级法院在审判实践中注重发挥乡规民约对农村社会治理中的积极作用。

除了宪法、普通法律和司法解释之外，我国关于乡规民约的地方性法规数量也十分庞大，其内容更具体，涉及农村社会管理中的政治、经济、社会、文化等领域，主要包括农村治安、农村纠纷解决、农村自然资源保护与利用等各个方面，较为全面地调整农村社会关系，维护我国农村地区社会秩序良性发展。[①] 通过对我国宪法、法律及地方性法规中有关乡规民约规定的梳理，可以发现乡规民约已经成为我国农村社会自治的重要手段之一，我国实现社会主义新农村建设及农村社会管理离不开现代乡规民约的推动作用。

综上，在社会背景、政策背景和法律背景之下，农村社会治理创新中的现代乡规民约研究极具重要性和必要性。

1.2 研究的目的与意义

1.2.1 研究目的

乡规民约在我国农村社会管理中发挥着重要作用，本书旨在从历史发展的视角、多学科交叉研究的维度、农村社会管理制度发展的角度、理论研究

① 高其才：《通过村规民约的乡村治理——从地方法规规章角度的观察》，载《政法论丛》2016 年第 2 期。

的高度以及实践分析的层面全面剖析农村社会管理中的现代乡规民约，探究其理论基础、生成机理、运作方式以及社会价值，希望在乡村振兴战略的背景下，更好地发挥现代乡规民约等民间规约在农村社会治理中的功能。具体研究目的包括：

首先，通过对农村社会治理制度的考察，对我国农村社会治理模式进行分析，探寻农村社会治理体系和治理能力创新，实现在自治、法治、德治相结合的乡村治理模式下，发挥现代乡规民约的积极作用，促进“三治”有机结合，实现“三治”协同治理。

其次，通过对乡规民约概念的辨析以及乡规民约在我国的发展历程，厘清现代乡规民约的衍生历史，探究我国传统文化中乡规民约的复萌新兴是时代的要求，也是当代农村社会治理创新的要求。

再次，从法学、社会学、经济学、管理学、人类学、伦理学等不同学科的视角剖析现代乡规民约，对现代乡规民约进行交叉学科研究，分析其在农村社会治理中运行的理论基础。

又次，采用问卷调查、访谈调查、个案的实证研究等方法获得第一手数据和样本，通过对数据的计量分析、对样本资料的本质分析，呈现我国农村社会乡规民约的现状，分析现代乡规民约的形成机理和运行机制，剖析其在我国农村地区秩序构建中起到的作用，实现其在我国农村社会治理中的价值。

最后，分析现代乡规民约在新时代遇到的新问题，为完善和优化农村社会治理体系中的现代乡规民约提供合理路径，将乡规民约的积极因素纳入农村社会治理制度中，发挥中华优秀传统文化在农村社会治理中的作用。

1.2.2　研究意义

研究的意义可以在理论和实践两个方面得以反映，具体如下：

（1）理论意义。首先，本书采取法学、社会学、经济学、管理学、人类学、伦理学等多学科的基本理论对乡规民约进行分析，突破单一学科研究视角的局限，在理论研究上进行大胆尝试，拓宽了乡规民约理论研究的视野。其次，本书立足于农村社会治理创新的时代背景，将新时代农村社会治理中遇到的新问题与理论研究结合起来，立足实际对现代乡规民约社会治理功能进行理论研究，分析其运行机理，使理论研究具有坚实的根基而不致落空。再次，本书不仅开拓了乡规民约研究的新思路，也为国家治理现代化提供了新的研究视角和理论。新时代农村社会治理是多元主体共同参与的治理，需要国家、社会、个人的协同治理，这是农村社会治理创新的重要成果。最后，从国家治理现代化角度研究现代乡规民约在农村社会治理创新中的作用，可充实和完善国家治理理论，深化学者对乡规民约的研究，丰富相关研究文献。

（2）实践意义。作为“软法”，现代乡规民约一直不能很好地发挥其社会秩序的构建和维护作用，究其根本，除了基层治理效能不足和农村经济发展落后等原因，农村社会参与性不足及社会转型对农村造成的冲击都严重制约着现代乡规民约社会治理功能的发挥。要解决现代乡规民约遭遇的困境，就必须协调好政府权力与农村社会自治权利之间的关系，找到国家治理手段与现代乡规民约的社会治理方式之间的契合点，才能有效实现农村社会治理中的“软法之治”。正是在这一层面上，本书采取田野调查的方法，通过调研获取现代乡规民约的第一手资料并加以分析，并对其生成机理及多学科价值理论基础进行探讨和对比，发现其内在困境，结合现代乡规民约功能障碍的外在困境，提出创新路径，以优化现代乡规民约，使其真正为农村社会管理提供一套成熟的治理机制，促进农村社会的和谐稳定发展，进而实现乡村振兴。

1.3 国内外研究评述

1.3.1 国内研究现状

现代乡规民约与农村基层社会治理创新的研究不仅涉及乡规民约在理论和实践中的种种问题，更将乡规民约的研究提至农村社会治理的高度。由于我国是一个有着几千年农耕文化传统的农业大国，农业文明孕育了国家的文明。“三农”问题一直是我国的根本性问题，学者们对此关注度极高，因而在农村社会治理领域和农村民间规约领域的研究成果丰硕而务实，形成了宝贵的研究资源。尤其是近些年来，中央越来越重视民间规约在社会治理中的作用，这为现代乡规民约与农村基层社会治理创新研究带来了新的契机。

1.3.1.1 有关农村社会治理的研究

早在20世纪上半叶，随着乡村建设运动的产生和发展，我国农村社会问题广泛引起学者的关注，并产生了诸多有重大影响的研究成果，如闻钧天的《中国保甲制度》[①]，千家驹、李紫翔的《中国乡村建设批判》[②]，梁漱溟的《乡村建设理论》[③]，费孝通的《江村经济》[④]、《内地农村》[⑤]、《乡土重建》[⑥]和《乡土中国》[⑦]，程方的《中国县政概论》[⑧] 等。这些研究为我们认识中华人民共和国成立前的乡村社会及其管理制度提供了珍贵的资料。

我国农村经济体制改革首先是实行家庭联产承包责任制，而村民委员会则是农村政治体制改革的成果，选举村民委员会是农村基层民主的具体落实，经济和政治上改革的初步成效进一步推动了我国农村社会管理制度的发展。农村社会管理问题日益受到学界的关注和重视，学者们敏锐地捕捉到该领域的研究价值，并进行了如火如荼的研究，研究内容集中于社会管理的内涵、管理主体、基本任务、管理科学化、存在的问题及解决方法、管理制度创新等方面，并取得了丰硕的研究成果。

从著作方面来看，徐勇对农村社会管理中村民自治的兴起发展、制度体系、组织形式、活动内容、运作模式与机制以及村民自治的发展趋向与启示进行了深刻研究。[⑨] 张厚安、徐勇、项继权等学者较早通过调查和比较的方法对农村村级治理进行实证研究。[⑩] 李培林以羊城村为例，通过讲述城中村的故事，用通俗的语句让人们认识到传统村落随着社会的发展在逐渐发生改变，顺理成章地得出农村将被“终结”的结论，在这一过程中，农村社会的

---

① 闻钧天：《中国保甲制度》，商务印书馆1935年版。

② 千家驹、李紫翔：《中国乡村建设批判》，新知书店1936年版。

③ 梁漱溟：《乡村建设理论》，邹平乡村书店1937年版。

④ 《江村经济》是费孝通先生在其导师马林诺夫斯基指导下于1938年撰写的博士论文，最初以英文出版，被誉为“人类学实地调查和理论工作发展中的一个里程碑”。

⑤ 费孝通：《内地农村》，生活书店1946年版。

⑥ 费孝通：《乡土重建》，上海观察社1948年版。

⑦ 费孝通：《乡土中国》，上海观察社1948年版。

⑧ 程方：《中国县政概论》，商务印书馆1939年版。

⑨ 徐勇：《中国农村村民自治》，华中师范大学出版社1997年版。

⑩ 张厚安、徐勇、项继权：《中国农村村级治理——22个村的调查与比较》，华中师范大学2000年版。

管理体制必然要适应农村社会本身的发展。[①] 王世官主要研究农村基层管理体制等问题，对新农村基层政权组织的管理、村民委员会管理、合作经济组织管理以及村经济组织管理等进行介绍。[②] 陕西省社会科学院农村发展所研究人员合作完成的《创新农村社会管理》一书从村民、村委会、乡镇政府三个层面总结农村社会管理实践和经验，破解农村社会管理难题，认为农村社会管理的出发点和根本目的是满足农民全面而自由发展的需要。[③] 洪江作为一名长期关注农村发展和管理问题的公务员，在其《农村管理真问题》中，以一名实践工作者的目光，透视农村管理问题的实质，厘清农村管理的脉络和重点，为学者们研究农村社会管理问题提供了新思路和新视角。[④] 宗义湘、石会娟、赵帮宏立足河北省农村，以调查为手段，对农村社会管理视域下的农村基层组织、农村民主建设、农民增收、土地增收、新民居建设、“三资”、农村基础设施、农村环境建设、农民教育培训、农村法制建设、农村文化建设等问题进行分析研究，以实现农村社会管理的科学化。[⑤] 吴新叶回应了城市化进程中农村社会管理的时代使命与任务，分析农村社会管理的主体与绩效，结合国外城市化与农村社会管理经验，提出对我国农村社会管理的绩效改进与体制完善之策，并对农村社会管理创新中的村民、乡镇政府各自的价值和定位进行明确，提出优化农村社会功能，实现农村社区化。[⑥] 曲延春和李齐从公共服务型建设、社会矛盾治理、社会组织发展、精神文明建设、弱势群体保护、公共安全体系建设等方面探讨农村社会管理问题，并为相关体制的完善提供思路。[⑦]

---

① 李培林：《村落的终结——羊城村的故事》，商务印书馆2004年版。

② 王世官编著：《新农村基层组织建设与管理》，复旦大学出版社2009年版。

③ 杨沛英主编：《创新农村社会管理》，社会科学文献出版社2012年版。

④ 洪江：《农村管理真问题》，广东人民出版社2014年版。

⑤ 宗义湘、石会娟、赵帮宏：《河北省农村社会管理调查研究》，中国农业科学技术出版社2014年版。

⑥ 吴新叶：《城市化进程中的农村社会管理研究》，上海人民出版社2014年版。

⑦ 曲延春、李齐：《农村社会管理体制创新研究》，山东人民出版社2014年版。

近年来，学者还从社会治安①、安全应急管理②、农民组织化③、水环境管理④、农村金融⑤等方面探讨研究农村社会管理中的具体问题。

在论文方面，以“农村社会管理”作为主题词或题名，在中国知网上跨库进行模糊匹配检索，共检索到文献若干篇，这些论文主要集中于财政管理、农村社会保障、养老保险等学科领域（详见图1-4）。通过统计分析，发现1977年有一篇关于农村社会管理方面的论文；自1982年起，每年都有相关论文发表；从1993年开始，有关农村社会管理的研究总体呈上升趋势，并于2012年达到峰值，这一年共发表论文226篇；从2013年至今，该主题研究逐年下降（详见图1-5）。

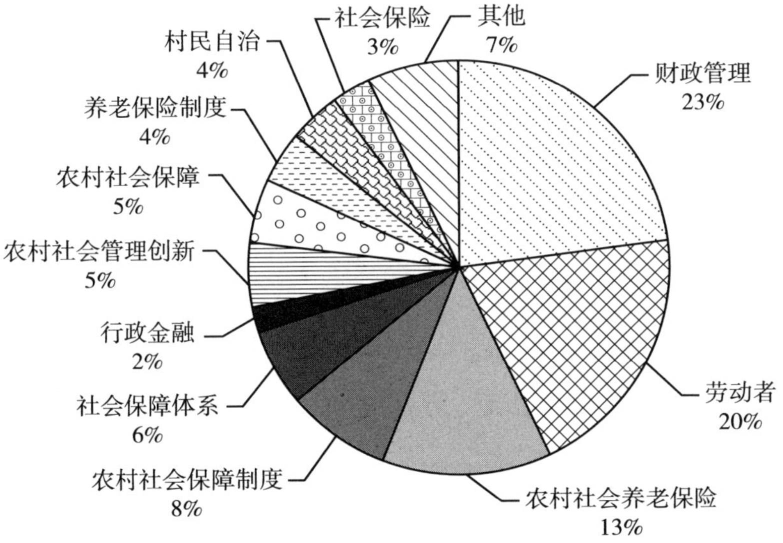

图1-4 在知网上以“农村社会管理”为检索词的学科发文量百分比⑥

① 薛强编著：《农村社会治安管理》，中国社会出版社2010年版。

② 魏永忠主编：《农村社会安全应急管理》，群众出版社2014年版。

③ 乐章：《农村社会管理的组织基础研究》，湖北人民出版社2015年版；李熠煜：《农村社会组织和社区管理》，湘潭大学出版社2014年版。

④ 黄森慰：《农村水环境管理研究》，中国环境出版社2013年版；李雪松：《农村水环境问题的经济机理分析与管理创新制度研究》，科学出版社2018年版。

⑤ 李似鸿：《农村金融在创新农村社会管理中的作用研究——基于金融资本、社会资本和人力资本融合的视角》，经济管理出版社2017年版。

⑥ 检索日期为2020年4月8日。

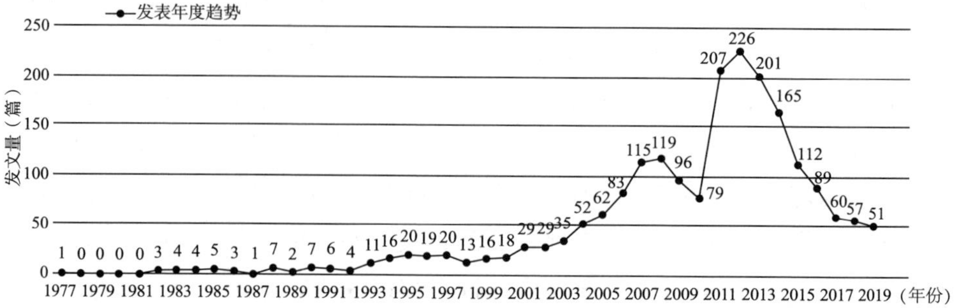

图 1－5 在知网上以“农村社会管理”为检索词的论文发表年度趋势①

随着 20 世纪 90 年代“社会治理”概念的提出，农村社会治理研究进入学者视野。学者们最初多以“乡村治理”② 为题进行研究，比如，徐勇的著作倡导县政乡派村治的治理模式，即县作为国家在农村的基层政权，而乡作为县的派出机构，从事县政府委托的事项。③ 论文方面，贺雪峰提出乡村治理的三大主题，而这三大主题构成了宏观、中观及微观三个层面的研究体系。④ 俞可平、于建嵘等学者较早意识到农村治理问题，对我国农村社会治理存在的问题进行分析并提出解决对策。⑤

2013 年，党的十八届三中全会提出“创新社会治理体制”，以提高社会治理水平，“社会管理”开始向“社会治理”转变，“农村社会管理”研究也逐渐开始向“农村社会治理”研究转变，因而，相关著作和论文中出现

① 检索日期为 2020 年 4 月 8 日。

② 关于农村与乡村的关系，学者们有不同的认识：有学者认为农村与乡村有着相同的含义；有学者认为农村表现出的是经济发展状态，而乡村凸显的是民俗文化；有学者认为乡村包括农村、牧村、渔村和林场等类型，因而乡村与农村是真包含关系。20 世纪上半叶，当时学者们对我国农村社会的关注和研究大多以“乡村”为对象。北京大学经济学院教授、中国农村金融学会副会长王曙光认为“虽仅为一字之差，其背后的关键含义是不再把‘乡村’视为一个单纯的生产部门，更多地把它看作一个社会组织载体、文化主体、伦理主体”。参见岑婷婷：《从“乡村”到“农村”，一字之差到底有啥不同》，载搜狐网 2019 年 1 月 16 日，http：//www. sohu. com/a/289647592_ 481644。

③ 徐勇：《乡村治理与中国政治》，中国社会科学出版社 2003 年版。

④ 贺雪峰：《乡村治理研究的三大主题》，载《社会科学战线》2005 年第 1 期。

⑤ 俞可平、徐秀丽：《中国农村治理的历史与现状——以定县、邹平和江宁为例的比较分析》，载《经济社会体制比较》2004 年第 2 期；俞可平、徐秀丽：《中国农村治理的历史与现状（续）——以定县、邹平和江宁为例的比较分析》，载《经济社会体制比较》2004 年第 3 期；于建嵘：《农村治理的问题与对策》，载《中国政法大学学报》2008 年第 4 期。

“治理”这一关键词的频率越来越高。

相关著作颇多。李松玉和张宗鑫探讨中国乡村的制度化治理，分析其价值、因素和模式，探讨乡村治理中的制度权威和个人权威，认为应当培育乡村成员公民意识，再造基层政府的公共意识，重构乡村组织的多元化，强化政策制定的程序化。① 徐炜等人认为法团主义契合中国社会治理理念，农村社会治理的理论构建与实践出路就是在法团主义视角下构建本土治理理论，从守礼转变到用法，注重主体性实践，平衡与重构农村社区权力。② 饶旭鹏、陈东立足甘肃省，以农村社会治理的视角，分析该省新农村建设中的经济、政治、文化、社会、生态等领域的困境与问题，并提出解决措施。③ 胡兵重点分析了底层抗争的要素，认为农村社会治理要建立在和谐和公正的基础之上，基层社会治理要重视其文化要素和政治走向，以构建农村社会良好秩序。④ 耿永志、王慧军通过对河北省 100 个村庄的考察，认为农村社会治理最主要的问题是农村经济与政治之间存在裂痕，应多关注农民的现实需求和农民的行动逻辑，农村社会治理就是农民在实践中不断自我教育和成长的过程。⑤ 曾文探讨了农村社会治理新理念的内容体系，从农村社会治理主体、原则、目标、要求、关键、理念、保障等方面分析农村社会治理新理念的实践领域和现实价值。⑥

相应地，论文主题或标题中出现“农村社会管理”这一关键词的频率越来越低，同时，以“农村社会治理”这一关键词为研究主题或标题的论文成果大幅上升。根据知网的检索结果，从 2010 年起，相关论文大幅上升，当年就从 2009 年的 15 篇增加到 27 篇，2014 年发表了 90 篇，2015 年发表了 156 篇，2016 年是近年来发表涉及“农村社会治理”的文章最多的一年，达到 160 篇，2017 年到 2019 年也都在 100 篇以上（详见图 1－6）。

---

① 李松玉、张宗鑫：《中国乡村治理的制度化转型研究》，山东人民出版社 2014 年版。

② 徐炜：《农村社会治理的理论与实践——基于法务前沿工程的社会学研究》，武汉大学出版社 2015 年版。

③ 饶旭鹏、陈东：《新农村建设与农村社会治理创新》，甘肃文化出版社 2015 年版。

④ 胡兵：《中国农村基层社会治理研究》，华东理工大学出版社 2016 年版。

⑤ 耿永志、王慧军：《农村社会治理创新研究——基于河北省 100 个村庄的考察》，中国社会科学出版社 2016 年版。

⑥ 曾文：《农村社会治理新理念研究》，光明日报出版社 2017 年版。

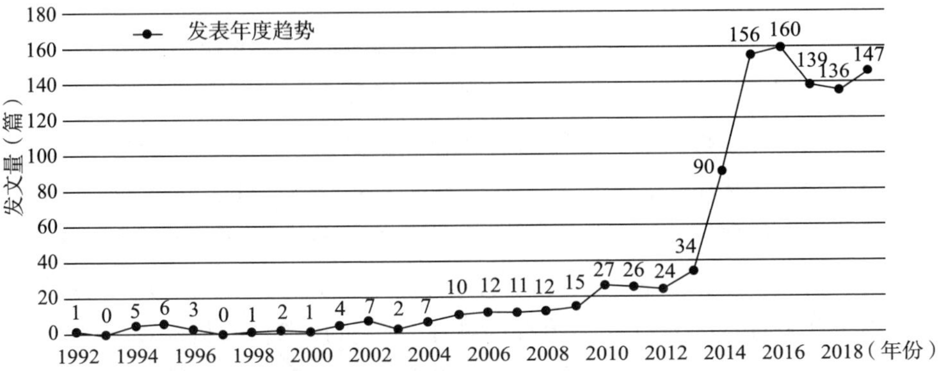

图1-6　在知网上以“农村社会治理”为检索词的论文发表年度趋势①

社会治理领域所取得的有关“农村社会管理”和“农村社会治理”的丰硕成果为推动农村社会发展起到了非常重要的作用。从相关论文来看，郭振宗认为农村社会的发展要求加强农村社会管理，发挥多元主体在农村社会管理中的作用。② 郭泽保认为中华人民共和国成立后我国农村社会管理体制的发展变化经历了三个阶段：农村基层政权的初创、“政社合一”及“乡政村治”。③ 胡维维、郑进认为转型期的农村社会管理应当采取城乡社区一体化管理模式。④ 高刚、张学东、李红霞、刘和生等一批学者以实证调研的形式分析农村社会管理问题。⑤ 吴新叶、张立荣、刘毅运用整体性治理理论分析县级政府社会管理职能中存在的问题，并提出创新之策。⑥

① 检索日期为2020年4月8日。

② 郭振宗：《加强农村社会管理的重大意义及对策》，载《理论学刊》2007年第10期。

③ 第一阶段从1949年到1958年人民公社成立，是我国农村基层政权的初创时期；第二阶段从1959年到1979年，是人民公社体制下的“政社合一”时期；第三阶段从1980年家庭联产承包责任制实施以来，是“乡政村治”时期。具体参见郭泽保：《构建中国现代农村社会管理体制的路径选择——基于社会转型期存在的问题》，载《福建行政学院学报》2009年第3期。

④ 胡维维、郑进：《农村社会管理与新型农村社区管理体制建设》，载《西安财经学院学报》2011年第3期。

⑤ 高刚：《县乡村管理体制的优化问题探讨——来自贵州省凤冈县的典型调查》，载《中国发展观察》2011年第10期；张学东、李红霞：《当前农村社会管理存在的问题及其治理策略——基于河北省76个农村的调查与分析》，载《重庆社会主义学院学报》2011年第1期；刘和生：《对娄底市农村社会管理现状的调查与思考》，载《湖湘论坛》2011年第6期。

⑥ 吴新叶：《农村社会管理何去何从：整体性治理视角的尝试性解读》，载《理论探讨》2013年第2期；张立荣、刘毅：《整体性治理视角下县级政府社会管理创新研究》，载《管理世界》2014年第11期。

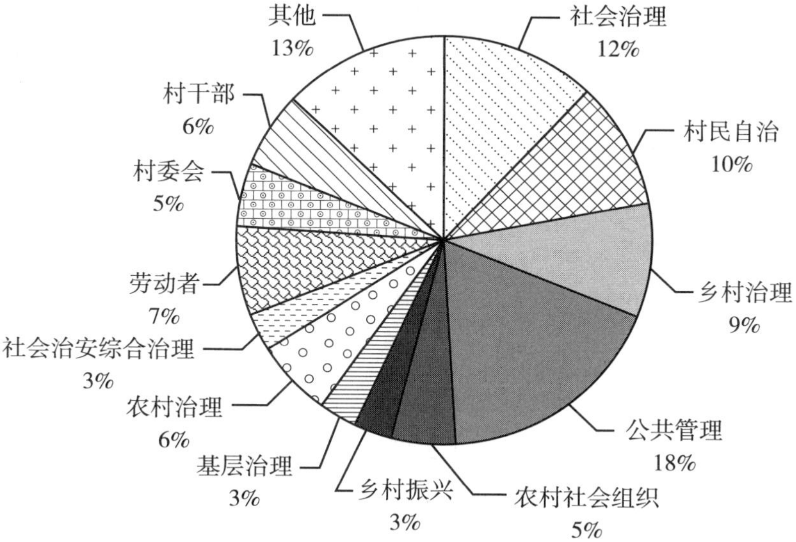

图 1－7 在知网上以“农村社会治理”为检索词的学科发文量百分比①

可见 2010 年前后，越来越多的学者认识到农村社会“管理”的模式应当有所改变，最起码在管理理念和思路上应当切换到另一个角度，因而，学者们开始关注农村社会管理制度创新，与之相关的研究逐渐增多，尤其是 2012 年，有关农村社会管理制度创新的论文激增。② 学者们的研究逐渐从“社会管理”向“社会治理”转变③，同时有关“农村社会管理”的研究也开始转向“农村社会治理”④。

---

① 检索日期为 2020 年 4 月 8 日。

② 王丽慧：《县级政府管理困境与管理方式创新》，载《中国行政管理》2009 年第 5 期；熊昌茂：《现阶段农村社会管理创新的路径研究》，载《常州大学学报（社会科学版）》2011 年第 3 期；许芸、孙建：《大学生“村官”制度与农村社会管理创新》，载《青海社会科学》2012 年第 1 期；杨丽、王名：《农村社会管理创新的苏宁实践及其启示》，载《探索》2012 年第 4 期。

③ 麻宝斌、任晓春：《从社会管理到社会治理：挑战与变革》，载《学习与探索》2011 年第 3 期；刘旺洪：《社会管理创新与社会治理的法治化》，载《法学》2011 年第 10 期。

④ 裘斌：《从管理到服务：乡村社会治理思路的创造性转换——以浙江省上虞市谢塘镇“四不出村”工作法为分析个案》，载《甘肃社会科学》2012 年第 6 期；葛水林：《治理视域下乡村社会管理创新路径的探讨——以江苏省南通市为例》，载《甘肃农业》2012 年第 15 期；刘春春：《乡镇政府由社会管理走向社会治理的体制性困境分析》，载《牡丹江教育学院学报》2014 年第 12 期。

自2013年国家提出“创新社会治理体制”之后，有关农村社会治理或乡村治理的论文颇多。[①] 马良灿将农村社会治理模式分为四种，提出在现阶段的乡村治理中，国家应当重视乡村社会内生性因素，即农民真正需要什么，将实现公民基本社会权利视为乡村社会治理的目标。[②] 张建军认为乡村治理机制的核心、基础和路径分别是农村基层党组织建设、基层民主制度以及创新农村基层管理服务，并且应当重视村民自治。[③] 黄海谈到了乡村社会发展在主体结构、价值伦理、乡土文化、乡村治理四方面表现出的“四重困境”，并提出应当重视乡村治理的资源和乡村文化建设，实现乡村治理现代化。[④] 饶旭鹏、贺娟娟认为应当在绿色发展理念下开展农村社会治理活动。[⑤] 周晶晶和朱力从精准扶贫视角提出优化农村社会治理结构的措施。[⑥]

1.3.1.2 有关乡规民约的研究

20世纪30年代，我国兴起了研究乡规民约[⑦]的热潮。这一时期进行有关乡规民约研究的学者主要有杨开道[⑧]、王兰荫[⑨]、吕著清[⑩]等。改革开放后，农村社会管理制度的发展为乡规民约带来焕发新光彩的机遇，相关研究也日渐增多。近些年，国内关于乡规民约的研究成果十分丰硕，历史学、社会学、

---

① 苏海新、吴家庆：《论中国乡村治理模式的历史演进》，载《湖南师范大学学报》2014年第6期。

② 马良灿：《中国乡村社会治理的四次转型》，载《学习与探索》2014年第9期。

③ 张建军：《构建中国特色的乡村社会治理机制》，载《农民日报》2014年2月24日。

④ 黄海：《治理转型中的乡村社会变迁困境及其治理路径》，载《湖南财政经济学院学报》2016年第6期。

⑤ 饶旭鹏、贺娟娟：《绿色发展：创新农村社会治理的战略抉择》，载《电子科技大学学报(社科版)》2017年第2期。

⑥ 周晶晶、朱力：《精准扶贫视野下的农村社会治理研究》，载《云南民族大学学报（哲学社会科学版)》2018年第5期。

⑦ 这一时期学者研究的主题词多为“乡约”。有关“乡规民约”与“乡约”的辨析见本书第三章“3.1.2.1”。

⑧ 杨开道：《中国乡约制度》，山东省乡村服务人员训练处1937年版；杨开道：《中国农村组织史略（乡约)》，载《社会学刊》1930年第4期；杨开道：《乡约制度的研究》，载《社会学界》1931年第6期；杨开道、吕新悟：《乡甲约制度》，载《社会学界》1934年第8期。

⑨ 王兰荫：《明代之乡约与民众教育》，载《师大月刊》1935年第21期。

⑩ 吕著清：《中国乡约概要》，载《河北学刊》1936年第4期。

法学等学科结合自身学科的特点已经形成了相当数量具有代表性的学术著作及论文。

著作方面，牛铭实通过对历代城乡不同范围的公约和守则介绍，分析了乡规民约在法律实施中所起的实际作用。[①] 较多的学者深入实践，了解乡规民约的实际状况。莫金山通过阐述金秀大瑶山瑶族村规民约的历史背景，分析25个典型案例，较为系统地分析了新时期村规民约存在的合理性及弊端。[②] 孙韡以黔东南苗族村寨的村规民约为研究对象，介绍村规民约的内容及其在民族生活中的作用。[③] 李慧英在“探索治理出生性别比失衡的治本之策”课题中特别分析了村规民约中的性别失衡问题，并在实践的基础上提出相应对策。[④] 其他的学者主要是在民间法、习惯法的研究中关注到乡规民约这一民间规范。周世中、陈金全对特定地区少数民族的民间法和习惯法进行分析。[⑤] 龙大轩深入羌族地区，与当地居民同吃同住，收集第一手文献资料所作的专著，认为民间法在羌族地区的秩序构建中发挥着和国家法同样重要的作用，民族立法和司法时都应将其纳入考量的范围之内。[⑥] 魏治勋从法理学的角度分析了民间法研究范式的基本理念，并辩证地批判了“民间法”消亡理论。[⑦] 徐晓光深入民族地区的一个县，对黔东南锦屏村寨民间调解制度和村规民约的历史遗留问题与发展途径进行研究。[⑧] 梁治平的《清代习惯法》从法社会学的角度说明了清代习惯法与国家法之间的关系以及其在社会发展中所起的作用。[⑨] 刘笃才、祖伟、杨一凡主要从法史学的角度对民间规约进

---

① 牛铭实：《中国历代乡规民约》，中国社会出版社2014年版。

② 莫金山：《金秀瑶族村规民约》，民族出版社2012年版。

③ 孙韡：《黔东南苗族村寨村规民约研究》，西南交通大学出版社2014年版。

④ 李慧英：《修订村规民约，推进性别平等——社会管理新格局的探索与实践》，水利水电出版社2011年版。

⑤ 周世中：《西南少数民族民间法的变迁与现实作用——以黔桂瑶族、侗族、苗族民间法为例》，法律出版社2010年版；陈金全：《西南少数民族习惯法研究》，法律出版社2008年版。

⑥ 龙大轩：《乡土秩序与民间法律》，中国政法大学出版社2010年版。

⑦ 魏治勋：《民间法思维》，中国政法大学出版社2010年版。

⑧ 徐晓光：《锦屏乡土社会的法与民间纠纷解决》，民族出版社2012年版。

⑨ 梁治平：《清代习惯法》，广西师范大学出版社2015年版。

行研究，较为全面地分析了历代民间规约对古代法律秩序建构的重要意义①，系统梳理了各个时期的民间规约，包括历代乡约、文人会社公约、工商行会规约等，具有十分重要的史料研究价值。② 吕廷君的《民间法与法治社会》是立足于新时代的社会治理，并通过对特定问题的分析，发掘民间法在现代社会治理中所发挥的功用。③ 高满良在研究农村非正式制度时，将乡规民约作为非正式制度的一种，分析其在农村社会治理中的作用。④

期刊论文方面，以“乡规民约”作为主题词在中国知网上进行模糊检索，通过对检索结果进行计量可视化分析，发现近年来学界对乡规民约的整体研究呈波浪式上升趋势。学者们从多个角度对乡规民约加以论证研究，其中从政党及群众组织角度进行研究的比例居首位，占比 28%，其后为法理、法史等其他角度的研究，共计二十种之多。学者们运用各种学科领域的相关理论，分析乡规民约在农村社会中的表现及其社会功能。

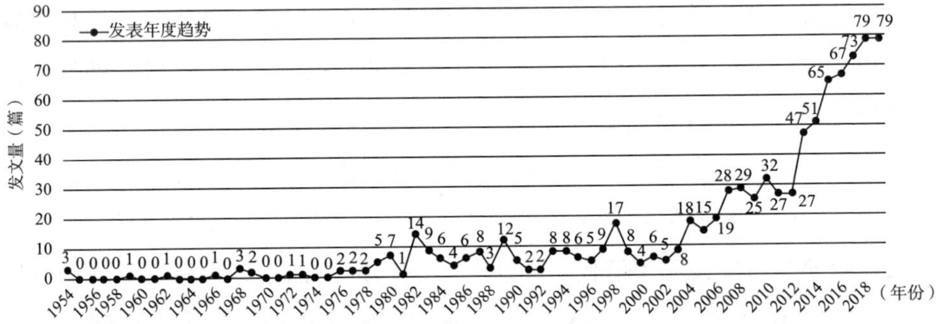

图 1－8　在知网上以“乡规民约”为主题词检索的论文发表年度趋势⑤

---

① 刘笃才、祖伟：《民间规约与中国古代法律秩序》，社会科学文献出版社 2014 年版。

② 杨一凡、刘笃才：《中国古代民间规约》，社会科学文献出版社 2017 年版。

③ 吕廷君：《民间法与法治社会》，人民出版社 2017 年版。

④ 高满良：《农村治理中正式制度与非正式制度的整合方式研究》，中国社会科学出版社 2016 年版。

⑤ 检索日期为 2020 年 4 月 8 日。

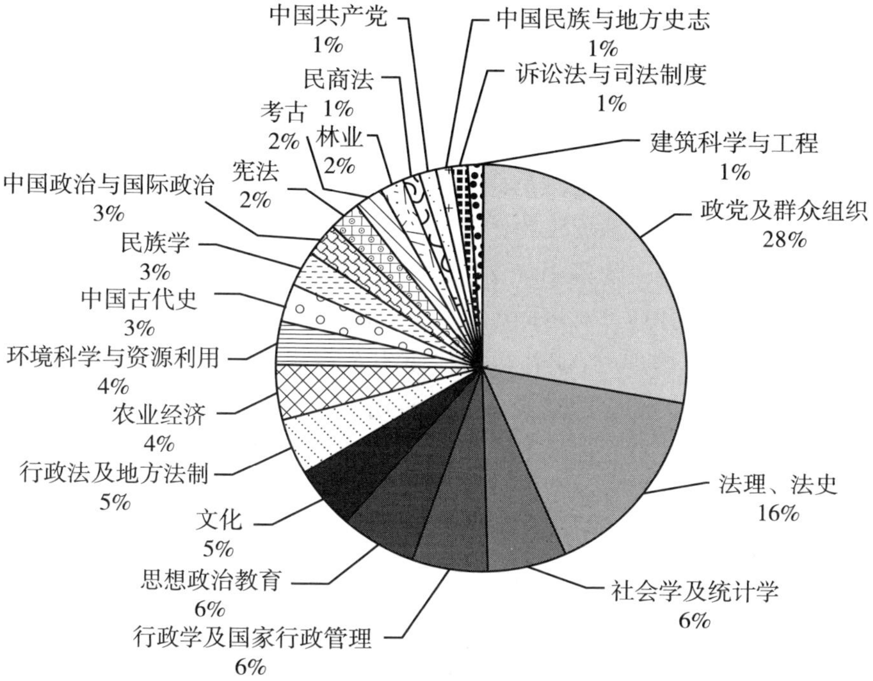

图1-9 在知网上以“乡规民约”为主题词检索的学科发文量百分比①

关于乡规民约研究的主要内容包括以下几方面：

（1）乡规民约的历史形态及演变

学术界普遍认为我国历史上第一个成文性传统乡规民约源自北宋时期的《吕氏乡约》，并对乡规民约的历史发展进行了研究。张中秋分析乡约的属性及其流变，认为乡约持续影响着我国农村社会秩序的构成，应当认真对待传统乡约。② 在此有学者认为应该严格区分乡约与乡规民约，有学者却对此概念混同处理。董建辉认为乡约与乡规民约产生时间不同，内涵不同，强调二者之间的区别。③ 吴晓玲和张杨认为我国古代乡规民约的性质由完全的自发性转变为官方性，在官方政府严格的“控权”之下，乡民自治的空间受限。④

① 检索日期为2022年2月11日。

② 张中秋：《乡约的诸属性及其文化原理认识》，载《南京大学学报（哲学·人文科学·社会科学版）》2004年第5期。

③ 董建辉：《“乡约”不等于“乡规民约”》，载《厦门大学学报（哲学社会科学版）》2006年第2期。

④ 吴晓玲、张杨：《论乡规民约的发展及其演变》，载《广西社会科学》2012年第8期。

此处作者将乡约与乡规民约的概念视为相同。关于乡规民约的性质，张文中从行政法的视角出发，认为乡规民约是由基层政府制定和发布，故从行政法中抽象行政行为的角度来说，具有国家强制的属性，进而认为应当赋予乡规民约在行政管理中的法律效力。[①] 笔者认为其对乡规民约的性质看法有失偏颇，现代乡规民约的制定主体是村民自身，基层政府只能起到相应的指导作用。有学者通过对传统乡规民约的分析，揭示出其对制定现代乡规民约的启发。张广修认为村规民约是中华文化的一部分，对农村社会秩序构建、村民自治有积极作用，并通过对不同朝代村规民约历史演变的梳理，为今天的村规民约建设提供借鉴。[②] 张明新将古代至当今乡规民约的形态加以梳理，认为传统乡规民约是民间法的组成部分，乡规民约存在文本形态和组织形态两种，对农村社会现代乡规民约的建设有一定的影响作用，村民自治章程可以看作是乡规民约逐步发展到今天的一种形式。[③] 党晓虹和樊志民发现传统乡规民约的发展演变依靠国家政权、乡村精英阶层和农民阶层的推动，因此，现代乡规民约的发展也要特别注重这三种力量之间的良性互动。[④] 还有学者通过对某一特定时期乡规民约的分析，阐释其在特定时期所发挥的作用。如卞利认为明清时期徽州的乡规民约在当时维持徽州乡村社会既定秩序、维系国家与农村的联系，起到维稳的作用。[⑤] 金根通过对《南赣乡约》进行文本分析，探究传统乡规民约的价值进而对现代乡规民约治理提出可借鉴的经验，发现传统乡规民约的作用机制主要来源于乡民们参与乡约组织角色意识的转变，进而认为当代村民自治制度缺乏村民积极主动的参与，而通过政治认同感增强村民的参与感是促进当代乡规民约发展的重要途径。[⑥]

（2）乡规民约的作用及价值

乡规民约因其具有内生性、灵活性的特征，在环境保护、秩序维护、道

---

① 张文中：《试论乡规民约的性质与效力》，载《甘肃政法学院学报》1994 年第 3 期。

② 张广修：《村规民约的历史演变》，载《洛阳工学院学报（社会科学版）》2000 年第 2 期。

③ 张明新：《乡规民约存在形态刍论》，载《南京大学学报（哲学·人文科学·社会科学版）》2004 年第 5 期；张明新：《从乡规民约到村民自治章程——乡规民约的嬗变》，载《江苏社会科学》2006 年第 1 期。

④ 党晓虹、樊志民：《传统乡规民约的历史反思及其当代启示——乡村精英、国家政权和农民互动的视角》，载《中国农史》2010 年第 4 期。

⑤ 卞利：《明清徽州乡（村）规民约论纲》，载《中国农史》2004 年第 4 期。

⑥ 金根：《传统乡规民约的价值、经验与启示——基于〈南赣乡约〉文本分析的视角》，载《中国农业大学学报（社会科学版）》2014 年第 4 期。

德教化、调解纠纷等方面都发挥着重要的作用。因此，关于乡规民约的作用和价值，有多位学者作过论述。高鑫认为村规民约具有社会控制力，且其社会控制力来源于农村社会本身，具有不可替代性。① 田水认为国家秩序具有一定局限性，乡规民约在构建民间秩序时是具有可行性的，应当注重发挥乡约在民间秩序构建中的作用。② 朱明鹏和戴晶莹在其论文中谈及了乡规民约在农村环境保护中的作用，认为乡规民约在农村环境保护中具有可行性。③ 简丽主要通过在加池乡清水江流域收集 1997 年和 2012 年两个版本的乡规民约，解读乡规民约对清水江流域乡村聚落的规范制约作用。④ 刘亚娟和张晓萍认为村规民约与国家法律一样在乡村治理中发挥着非常重要的作用，在处理外嫁女法律纠纷问题上尤为重要。⑤ 党晓虹认为乡规民约具有中介、整合、道德教化和文化认同的功能且在当今农村社会治理中有重要的价值。⑥

（3）乡规民约与国家法的关系

关于乡规民约与国家法的关系，一些学者认为乡规民约存在规避国家法、与国家法冲突等问题，因此，应该促进二者之间的融合。主要代表性学者有袁兆春、李朝晖、田成有、丁炜炜、徐曼、廖航、吴冬梅、安静等。其中袁兆春认为应当从立法、司法方面完善国家法，并需要不断完善乡规民约的功能。⑦ 丁炜炜认为二者的调适之法在于国家法和乡规民约之间相互通融且要明确一些词语的法律概念。⑧ 吴冬梅通过阐释乡规民约合理性，引导乡规民

① 高鑫：《论村规民约的社会控制力》，载《湖南公安高等专科学校学报》2000 年第 3 期。

② 田水：《乡约，民间秩序的重建》，载《江苏警官学院学报》2004 年第 5 期。

③ 戴晶莹：《本土法治资源下浙江农村山区生态环境的共治——以乡规民约可行性证成为视角》，载《绍兴文理学院学报》2014 年第 6 期；朱明鹏：《我国农村环境保护中乡规民约的可行性证成研究》，载《公民与法》2015 年第 8 期。

④ 简丽：《从加池乡规民约看清水江流域乡村社会运行情况》，载《原生态民族文化学刊》2015 年第 3 期。

⑤ 刘亚娟、张晓萍：《“外嫁女”土地拆迁补偿纠纷及其解决路径》，载《安徽农业科学》2017 年第 10 期。

⑥ 党晓虹：《虚置与重构：乡规民约的当代困境及未来走向析论》，载《理论导刊》2016 年第 8 期。

⑦ 袁兆春：《乡规民约与国家法关系分析——兼论乡规民约与国家法的冲突与协调》，载《济南大学学报》2000 年第 1 期。

⑧ 丁炜炜：《乡规民约与国家法律的冲突与协调》，载《探索与争鸣》2006 年第 4 期。

约在法律框架内不断自我完善。① 还有学者从司法适用解决纠纷的角度探讨乡规民约。如谢晖的《论民间规范司法适用的前提和场域》② 和侯猛的《村规民约的司法适用》③ 等。安静认为要使藏族地区建立和谐的社会秩序，必须要协调民间法律秩序与国家法之间的关系。④ 艾克巴尔·买买提通过梳理维吾尔族当地世代沿袭的不成文乡规民约，分析其在当代社会治理中与国家正式法律之间的互动关系。⑤ 刘亚娟和张晓萍认为在涉及“外嫁女”土地拆迁补偿案例中存在乡规民约与国家法冲突的问题，提出完善立法和程序两方面建议。⑥

（4）农村社会治理中的乡规民约

关于农村社会治理中的乡规民约研究，以“农村社会管理”和“乡规民约”为主题词或题名在中国知网进行检索，截至 2019 年 12 月底，发现共有 400 多篇论文，尤以 2014 年及之后居多。

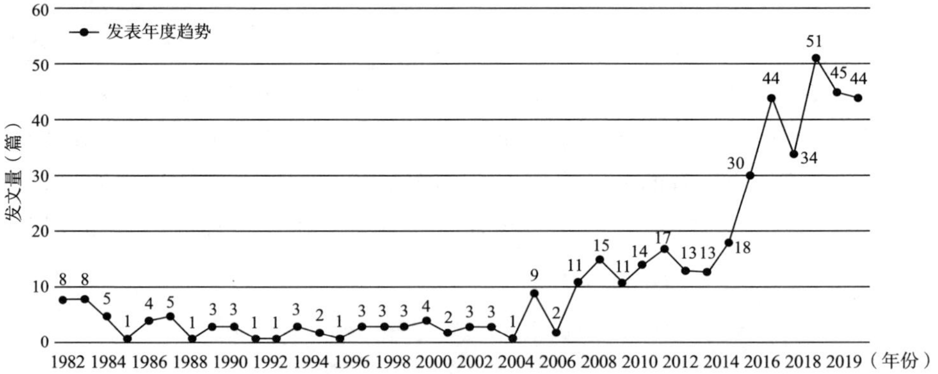

图 1－10　在知网上以“农村社会管理”和“乡规民约”为检索词的论文发表年度趋势⑦

① 吴冬梅：《乡规民约的合理性及其与国家法律的协调》，载《湖南农业大学学报（社会科学版）》2012 年第 2 期。

② 谢晖：《论民间规范司法适用的前提和场域》，载《法学论坛》2011 年第 3 期。

③ 侯猛：《村规民约的司法适用》，载《法律适用》2010 年第 6 期。

④ 安静：《民族地区民间法律秩序构建——以藏区为例》，载《河北法学》2013 年第 10 期。

⑤ 艾克巴尔·买买提：《维吾尔族农村社会的村规民约研究》，载《边疆经济与文化》2016 年第 6 期。

⑥ 刘亚娟、张晓萍：《“外嫁女”土地拆迁补偿纠纷及其解决路径》，载《安徽农业科学》2017 年第 10 期。

⑦ 检索日期为 2020 年 4 月 8 日。

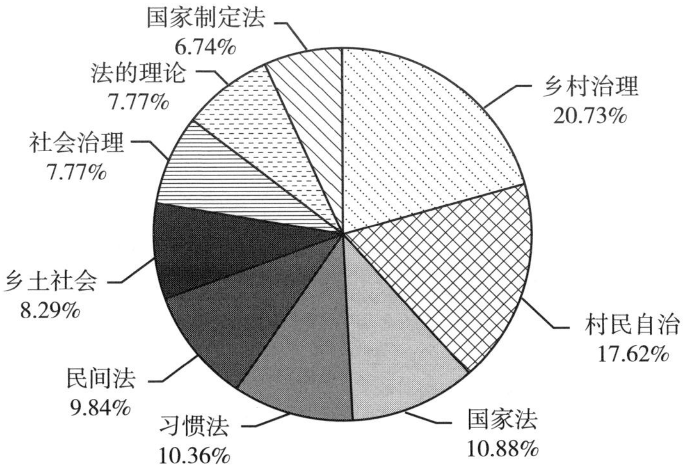

图 1－11 在知网上以“农村社会管理”和“乡规民约”为检索词的学科发文量百分比①

如果以“农村社会治理”和“乡规民约”为主题或题名在中国知网进行检索，截至 2019 年 12 月底，发现共有 400 多篇论文。从数据中可知，以这两个关键词检索到的论文均发表于 1982 年之后，其中自 2012 年后发表篇数总体呈上升趋势，并于 2017 年达到峰值，为 51 篇。2017 年之后发表篇数有所回落，其中 2018 年发表 45 篇，2019 年发表 44 篇。2012 年之前虽没有以“农村社会治理”和“乡规民约”为主题或题名发表的论文，但有学者以“乡村治理”与“乡规民约”为标题发表过研究论文。

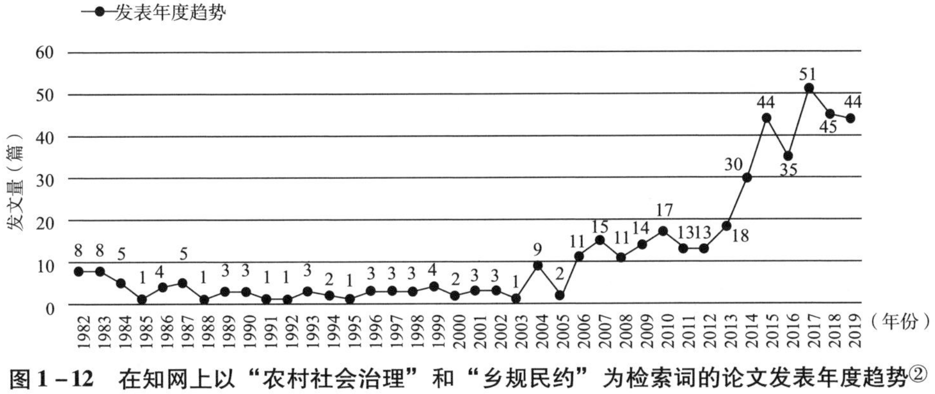

图 1－12 在知网上以“农村社会治理”和“乡规民约”为检索词的论文发表年度趋势②

① 检索日期为 2020 年 4 月 8 日。

② 检索日期为 2020 年 4 月 8 日。

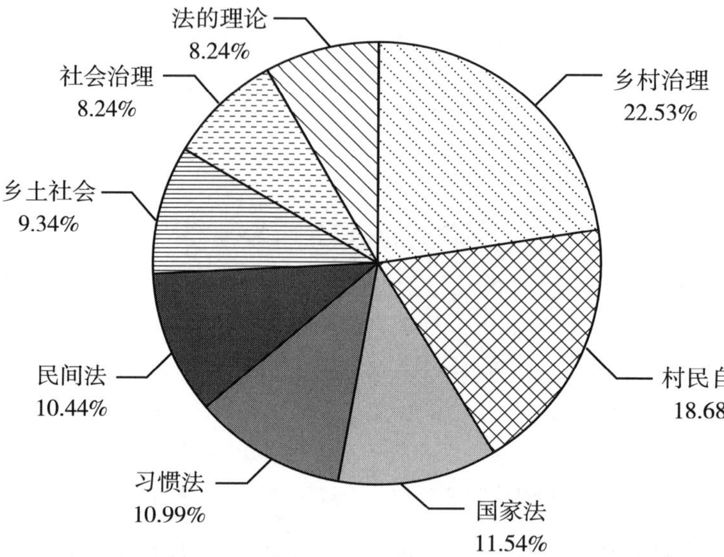

图1-13 在知网上以“农村社会治理”和“乡规民约”为检索词的学科发文量百分比①

在这些论文中，谢晖提到中国急剧变革的背景下，乡规民约与乡民社会受到的三重困境，但未提及解决的办法。② 黄爱教分析了乡规民约的困境，认为转变人们对乡规民约的认识，将其作为一种生活方式，才能更好地发挥其社会治理作用。③ 有学者从农村社会治理的内在条件出发，揭示乡规民约的内在生成机理。周家明和刘祖云运用马克斯·韦伯的权威来源理论对乡规民约发挥作用的机制加以研究，发现其治理条件来源于四方面：其一，乡土社会传统礼法的影响；其二，作为基层组织乡约的宣传教育；其三，宗族家庭中家法族规的控制；其四，乡村精英的教化。④ 宾长初、莫绍初以清代广西乡规民约为研究对象，认为乡规民约具有保护农业活动、协调手工业社会关系、维护贸易秩序等作用。⑤ 高其才通过在北大法宝检索，系统梳理了涉

① 检索日期为2020年4月8日。

② 谢晖：《当代中国的乡民社会、乡规民约及其遭遇》，载《东岳论丛》2004年第4期。

③ 黄爱教：《论乡村治理方式的转向——从乡规民约到作为生活方式的法治》，载《山东农业大学学报（社会科学版）》2007年第1期。

④ 周家明、刘祖云：《传统乡规民约何以可能——兼论乡规民约治理的条件》，载《民俗研究》2013年第5期。

⑤ 宾长初、莫绍初：《规约与生计：乡规民约对经济活动的调适——清代南疆民间自我管理系列研究之一》，载《广西师范大学学报（哲学社会科学版）》2016年第3期。

及乡规民约的地方法规规章，并谈到作为乡规民约重要组成部分的村规民约在乡村治理中的作用。[①] 党晓虹从非正式制度的角度出发，认为当前应加强对乡规民约的价值认同及治理主体间合理的角色配置，这是乡规民约摆脱虚置地位的可能路径。[②] 孙玉娟谈及在乡村振兴背景下，乡规民约在乡村治理过程中产生了三大困境并提出推进乡村治理体系、治理能力现代化的路径选择。[③] 刘志奇、李俊奎、梁德友认为乡规民约是本土社会治理资源，应当推动其与时俱进。[④] 高维、李喜英认为应当创造性地发展乡规民约，激发传统乡规民约的活力和功能，使之成为社会治理现代化的资源。[⑤]

1.3.2 国外研究现状

1.3.2.1 有关农村社会治理的研究

国外有关社会管理的实践和理论起源较早，并历经数百年的发展。西方的社会管理理论中比较有代表性的主要有社会控制理论、社会系统理论、福利国家理论、社会治理理论等，随着社会现代性的不断发展，又形成了风险社会理论。

由于各国的具体国情存在差异，因而在社会管理体制方面也各有不同。治理概念提出后，罗西瑙主编的《没有政府的治理》阐释了治理的含义，认为应当实行多元主体的治理，并提出应重视微观层面的治理，发挥个人的作用，增强民众在治理中的参与力和影响力。但是罗西瑙关注的是国际社会的治理。[⑥] 罗茨认为的治理是管理社会的崭新原则，社会治理主体是多元的[⑦]，

---

① 高其才：《通过村规民约的乡村治理——从地方法规规章角度的观察》，载《政法论丛》2016 年第 2 期。

② 党晓虹：《虚置与重构：乡规民约的当代困境及未来走向析论》，载《理论导刊》2016 年第 8 期。

③ 孙玉娟：《我国乡村治理中乡规民约的再造与重建》，载《行政论坛》2018 年第 2 期。

④ 刘志奇、李俊奎、梁德友：《有限性与有效性：基层社会治理中传统乡规民约价值的扬弃与再造》，载《浙江大学学报（人文社会科学版）》2018 年第 1 期。

⑤ 高维、李喜英：《传统乡规民约的现代文明之维》，载《学理论》2018 年第 7 期。

⑥ ［美］詹姆斯·N. 罗西瑙主编：《没有政府的治理》，张胜军、刘小林等译，江西人民出版社 2001 年版。

⑦ ［英］罗伯特·罗茨：《新的治理》，载《英国政治学研究》1996 年第 154 期，转引自俞可平：《治理与善治》，社会科学文献出版社 2000 年版。

理德·C·博克斯认为社会治理的核心主体应当是公民。[①] 西方的社会治理理论在其发展过程中形成了较为丰富的理论学说。集权主义治理理论强调国家的作用，认为在社会治理中，国家具有强制力，不能放任社会自由发展。马基雅维利、霍布斯、黑格尔都强调国家或君主的必要性和重要性。法团主义治理理论强调组织化的功能单位在社会治理中的作用，强调国家与社会的互动。多元主义治理理论认为人们可以结成不同的利益群体，对公共资源进行平等竞争，并影响国家公共政策的制定。风险社会理论希望以最小的成本去对抗风险，以形成合理有序的社会秩序。

虽然塞缪尔·亨廷顿认为农村具有举足轻重的作用[②]，但是由于西方工业化早于东方，并且发展速度很快，较早实现城市化，因而西方的社会治理理论更多侧重的是国际社会层面，或者城市的治理、市场的治理，农村社会并非西方治理理论关注的重点。而中国作为一个农业大国，农村社会的发展对整个国家发展具有举足轻重的作用，因而，中国的农村社会治理在整个国家中就显得格外重要，西方学者们于是将研究的目光投向中国农村社会。D.盖尔·约翰逊关注我国的农村问题，对我国农业对社会经济发展的作用进行分析。[③] 杜赞奇站在乡村的立场，考察文化对权力的影响，探讨国家各级政权在农村社会管理中的力量。[④] 黄宗智认为，改革开放后，中国农民逐渐从土地上解放出来，改变了传统的发展模式，朝着现代化方向发展。[⑤]

1.3.2.2 有关乡规民约的研究

国外学者往往将乡规民约视为自生规则、习惯法、习俗等的一部分，比如利昂·谢莱夫在其著作《传统的未来：习惯法、普通法和法律多元化》中，认为社会生活依赖于人们在日常活动中制定规则的能力，这些规则可能是无形的，也可能具有一定的形式，但其为共同生活的人们的价值观念和处

① ［美］理德·C. 博克斯：《公民治理：引领21世纪的美国社区》，中国人民大学出版社2013年版。

② ［美］塞缪尔·亨廷顿：《变革社会中的政治秩序》，李盛平等译，华夏出版社1989年版。

③ ［美］D. 盖尔·约翰逊：《经济发展中的农业、农村、农民问题》，林毅夫、赵耀辉编译，商务印书馆2004年版。

④ ［美］杜赞奇：《文化、权利与国家：1900—1942年的华北农村》，王福明译，江苏人民出版社2003年版。

⑤ ［美］黄宗智：《长江三角洲小农家庭与乡村发展》，中华书局1992年版。

理事务的做法提供了共同基础。[①] 这里提到的规则就包括在一定地域共同生活的群体内部自生的规则。阿曼达·佩罗·索辛和詹姆斯·伯纳德·墨菲在他们的著作《习惯法的性质》中认为不同地方或不同环境的人们有着不同的行为，这是由他们的习俗或惯例决定的，他们认为这些习俗和惯例是正确的、道德的行为；作者们还提及，萨维尼和其他历史学派的法学家们认为，风俗是可见的道德，不可能在它之上建立进一步的道德标准。[②] 因而，习惯法成为人们行为的指导。按照尤根·埃里希的观点，不同的地域存在不同的社会联合体，比如家庭、家族、民族等，每个联合体都有其自生的社会秩序，这种社会秩序最根本的表现就是习惯法，即"活法"，它更具有生命力、包容性和适应性，在包罗万象的社会中表现出它独特的优势。按照这种观点，乡规民约应当属于"活法"的一部分。[③] 滋贺秀三从习惯法角度论述乡规民约在司法审判、民间契约方面的作用。[④] 费正清在《美国与中国》一书中认为，中国传统社会法律与农民生活的脱节，民间纠纷更多依靠民间规则加以调解。[⑤] 埃里克森在《无需法律的秩序——邻人如何解决纠纷》一书中也指出了乡规民约的纠纷解决功能。[⑥] 梅因的《古代法》、马林诺夫斯基的《原始社会的犯罪与习俗》都从历史起源视角分析了乡规民约与国家法之间的关系。[⑦] 杜赞奇提到习惯法是一种公认的行为规范，是村民们的共识，是乡村文化网络中的内容，农村社会主要就是依据这些习惯法而运行，政府应当维护这些习惯法，乡村领袖在运用这些习惯法的基础上建立国家政权与乡村政权的联系。[⑧]

---

① Leon Sheleff, *The Future of Tradition*: *Customary Law*, *Common Law and Legal Pluralism*, Frank Cass Publishers, 2000: 3.

② Amanda Perreau - Saussine & James Bernard Murphy, *The Nature of Customary Law*, Cambridge University Press, 2007: 4.

③ ［奥］尤根·埃里希：《法律社会学基本原理》，叶名怡、袁震等译，中国社会科学出版社 2009 年版。

④ ［日］滋贺秀三：《清代中国的法与裁判》，创文社 1984 年版。

⑤ ［美］费正清：《美国与中国》，张理京译，商务印书馆 1987 年版。

⑥ ［美］罗伯特·C. 埃里克森：《无需法律的秩序——邻人如何解决纠纷》，苏力译，中国政法大学出版社 2003 年版。

⑦ ［英］梅因：《古代法》，沈景一译，商务印书馆 1959 年版；［英］马林诺夫斯基：《初民社会的犯罪与习俗》，许章润等译，广西师范大学出版社 2003 年版。

⑧ ［美］杜赞奇：《文化、权利与国家：1900—1942 年的华北农村》，王福明译，江苏人民出版社 2003 年版。

千叶正士认为国家法之外还存在着“非官方法”，这是一种一定地域范围内的人都认同的行为规范。①

1.3.3 国内外研究现状评述

国内外学者特别关注我国在农村社会治理和乡规民约方面的理论与实践，单独进行这两方面研究的成果较为丰富。近些年，有关民间法在农村社会治理中作用的研究受到学者的青睐，为推动我国农村社会发展起到了促进作用。但同时也应当注意的是，这些研究仍然存在些许问题或不足，具体表现如下：

（1）国内学者的研究成果

第一，国内对农村社会治理和乡规民约的研究成果大多从单一学科入手，而综合法学、社会学、经济学、人类学等多学科理论的成果寥寥无几。乡规民约与农村基层社会治理创新研究涉及内容十分广泛，包括农村经济发展、社会秩序维护、民主政治、文化传承等多方面，涉及多元主体的不同利益，若仅从单一学科出发进行研究未免显得偏颇。在农村社会转型的重要时期，需要综合多学科理论知识对乡规民约加以整合，以全面实现其社会治理功能。

第二，国内对乡规民约的研究大多仍属于抽象层面的理论阐释，较少真正意义上的实证研究。现代乡规民约根植于农村社会，因此，对其研究应立足于农村社会现实。转型期的中国农村，原有的传统村庄部落有的已经衰败甚至消亡，有的正在经历各种变化，有的在发展中创新，形成新的村庄或社区，乡规民约这一适用于熟人之间的“软法”是否能真正适应当今农村社会的发展变化，需要进行实地验证。而现有研究成果中大多仍是对传统意义上的乡规民约内涵、价值以及功能等进行分析，现代乡规民约的研究存在理论和实践脱节的问题。

第三，国内对乡规民约的研究着重于制度层面的建设而忽略对农村社会的深入剖析研究。研究乡规民约的主要目的在于解决农村基层社会治理所遇到的困境，若只分析研究乡规民约而不对其特定生长的农村环境及农村社会变迁等现实因素进行考虑，那么，乡规民约的研究无异于纸上谈兵，难以指导农村社会现实生活。特定农村环境下生长的乡规民约具有独特性，任何一

① ［日］千叶正士：《法律多元——从日本法律文化迈向一般理论》，强世功等译，中国政法大学出版社1997年版。

个村庄的经验都不能通用于中国所有的农村地区。因此，着重对农村社会的研究可以探清不同利益主体的不同诉求，引导农村社会治理中的多元主体合理表达自身利益需求，实质上为保障乡规民约的实施起到有效的作用，同时也能推动农村基层社会治理的良性发展，而根据农村实际情况制定的乡规民约本身也是保障其真正有效施行的重要条件。

（2）国外学者的研究成果

第一，国外学者对乡规民约的研究范围过窄，研究内容单一。国外学者主要集中于对传统乡规民约的研究，而对现代乡规民约研究较少，而且研究的关注点在于其纠纷解决等社会功能，对其内部生成机理及外在社会现实本源关注过少。

第二，国外学者对我国农村社会的研究主要集中于对社会现象的表述，而对我国农村基层社会治理制度研究较少，对我国现代农村社会的发展变化关注不够，比如工业化、城镇化对我国农村所带来的冲击和影响，还有对转型期我国农村社会结构变化的理解也不够深入，不能全面揭示我国农村基层社会治理的复杂性。

1.4　研究的思路与方法

1.4.1　研究思路

本书立足于我国农村社会现实，探讨乡村振兴背景下，我国农村基层社会治理中现代乡规民约发挥的功用与价值。首先，本书是在我国由农村社会管理向农村社会治理转变的政策背景下开展的，因而必须先要明确乡规民约焕发生机的时代契机，在这样的时代背景下，分析现代乡规民约在农村社会秩序构建和农村社会发展中的价值。其次，作为中华优秀传统文化的乡规民约在我国有着千年的历史，历朝历代中，乡规民约在国家政权统治中的地位和作用对现代乡规民约在农村社会治理中的复萌新兴具有哪些借鉴意义？这是本书接着要解决的问题。再次，现代乡规民约的研究必须建立在一定的理论基础之上，在明确了时代背景和历史意义之后，从多学科的视角出发分析现代乡规民约发挥功用的理论基础为本书提供了理论支撑，使本书更有深度。又次，乡规民约的研究离不开田野调查和实证分析，因而，本书进行了大量的调研，结合调研情况，以数据分析和案例剖析探究现代乡规民约的形成机理和运作机制是接下来要进行的研究工作。最后，在理论基础与实践分析的基础上，探讨现代乡规民约在社会转型时期产生的社会治理困境与问题，并提出完善创新的路径，才能够使现代乡规民约真正发挥作用，为乡村振兴助力，使本书落到实处，这也是本书希望达到的目标。

本书的研究思路图如下：

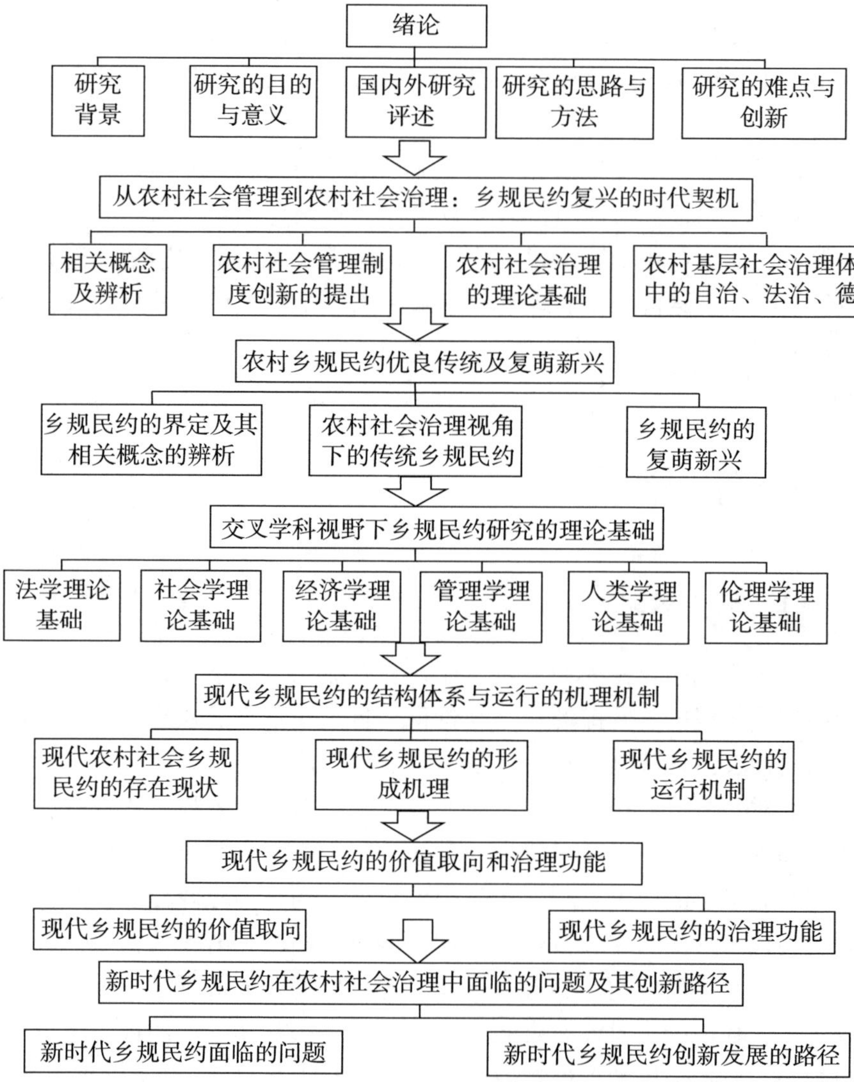

图 1－14　本书的研究思路图

1.4.2 研究方法

社会科学的研究方法众多，本书采取的主要研究方法有：

（1）文献研究方法。现代乡规民约经历了数千年的变迁与发展，每个时期的乡规民约都对现代乡规民约的形成与发展产生十分重要的影响。若要对现代乡规民约加以整体性把握，必须从其历史形态入手，采用文献研究法，对历史文献和当前学术文献进行全面深入的学习和研究，形成对现代乡规民约的一般印象，并有助于实证研究的开展。

（2）历史研究方法。在梳理和分析传统社会中的乡规民约时，在历史资料的支撑下，从社会治理的角度，按照历史发展的顺序对传统乡规民约进行梳理，并分析其在社会治理中的作用，为探讨现代乡规民约的社会治理功能提供历史借鉴。

（3）跨学科研究方法。现代乡规民约运行的机理机制及其在农村社会管理中的作用并非单一学科的研究可以涵盖，必须从多学科的视角出发进行分析。为了全面研究现代乡规民约在农村基层社会治理中发挥作用的机理及其功用，本书关注国家政策、国内外先进研究成果，运用多学科交叉的研究方法，从法学、社会学、经济学、管理学、人类学、伦理学等学科的研究视角出发，运用相关学科的基本理论，梳理乡规民约生成与运作的理论基础。

（4）田野调查方法。理论必须与实践相结合，采用田野调查的方法，选取具有代表性的调研点，深入一线农村，采取问卷调查及实地访谈的方法，获取大量第一手资料，通过定量研究分析，准确了解现代乡规民约在农村社会存在和运行的实际状况，剖析其在我国农村社会秩序构建中起到的作用及价值，科学地把握其社会本质，并发现其中的不足之处，结合农村社会现实，提出相应解决之道。这样的方法对于本书意义重大。

（5）个案研究方法。个案研究方法作为社会科学常用的研究方法，在本书中是不可或缺的。本书选取典型个案揭示现代乡规民约在不同农村地域的表现形式，并通过个案分析其在不同类型乡村中的优势，运用个案研究进行深入剖析，挖掘其在农村社会管理中的真正功能，分析农村社会生活的本质，评判现代乡规民约的价值。

（6）定性研究方法。在对现代乡规民约进行定量研究的基础上，运用定性研究方法，研究现代乡规民约的结构、特征、内容及产生程序等，理解乡规民约这一农村社会现象，进一步探讨现代乡规民约在当今农村社会发挥作用的原因，并探索其发展方向和在乡村振兴中的现代价值。

本书的研究技术路线图如下：

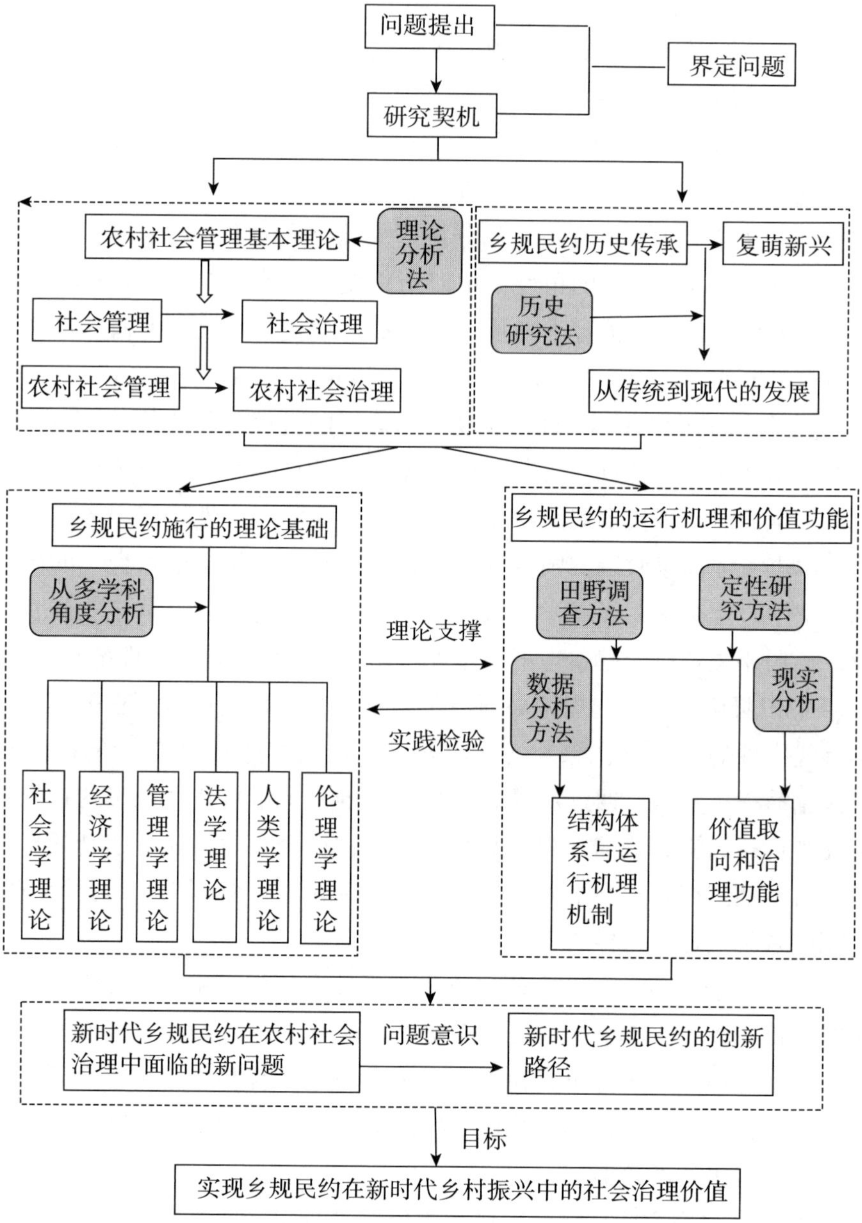

图 1－15　本书的研究技术路线图

1.5 研究的难点与创新

1.5.1 研究难点

本书的难点集中在我国农村社会的复杂性和我国基层农村社会治理的与时俱进对现代乡规民约的影响方面，主要表现在以下两点：

（1）必须直视和应对我国农村社会的复杂性。我国农村地区地域广阔，在从传统农村向城镇化转型的进程中，农村类型多样，不同地区农村的生活习俗各不相同，乡规民约在不同类型农村中发挥的作用也不同，如何通过对我国农村社会发展的全面了解来分析现代乡规民约在农村基层社会治理创新中的功用，具有一定的挑战性。另外，要分析现代乡规民约在村域社会、镇域社会、县域社会等不同范围和场域的治理作用，也必须深入了解我国农村实际情况，对不同层次的农村社会治理特点有准确把握，才能有针对性地进行分析研究，这也具有一定的难度。

（2）必须在农村社会管理向农村社会治理的理念转变中开展。有关农村社会管理的研究一直受到国家的重视、学者的关注，本书为笔者主持的国家社会科学基金项目“农村社会管理制度创新中的现代乡规民约研究”的研究成果，该项目立项时间为2013年上半年，项目标题中界定的是“农村社会管理”这一大背景。2002年党的十六大以来，国家创新社会管理，坚持多元共治的社会管理体制，以人为本的社会管理理念，综合治理的社会管理方法，以促进社会的和谐稳定。2013年11月，党的十八届三中全会首次提出“社会治理”，虽然“治理”一词在20世纪90年代开始出现，但这是国家政策中第一次正式提出“社会治理”，学者们的研究开始纷纷转向社会治理，相关文献数量开始大幅增加①。党的十八届三中全会《决定》② 在第四部分“加快转变政府职能”中指出，加强地方政府“社会管理”职责，但在第十

① 可参见本章1.3.1。

② 党的十八届三中全会《决定》全称为《中共中央关于全面深化改革若干重大问题的决定》，于2013年11月12日中国共产党第十八届中央委员会第三次全体会议通过。

三部分“创新社会治理体制”中提出要“改进社会治理方式”，提出“社会治理”。① 如何在社会治理现代化的视域下从理念、机制、模式、体系等方面创新农村社会治理，并在此基础上研究现代乡规民约的功能价值，开拓农村基层社会治理新思路，充实农村社会治理新内涵，让现代乡规民约在村民自治中发挥作用，转变管理的思想和方法，以治理的思维充实管理的内涵，运用“社会治理”理念研究现代乡规民约，保持内容上的新颖及与时俱进，是本书的难点之一。

（3）必须具有开放、包容的研究视角。乡规民约的研究不是一个单向度的判断，由于其涉及内容的丰富性和内涵的广阔性，涉及领域众多，须多方位、多角度、多层次审视和评价。现代农村发生了巨大的改变，不再是闭塞的圈子，如何把握时代脉搏，以开放的心理、开拓的思维、多学科的视野研究现代乡规民约与农村基层社会治理创新，是挑战，是难点，也是机遇。

1.5.2 研究创新

现代乡规民约的研究是一个复杂的工程，不仅要密切关注国家政策的变化，还要熟悉法律的规定；不仅要关注乡规民约本身，还要拓展思维，运用多学科理论去分析；不仅要专注于现代乡规民约的内容，还要熟识乡规民约的发展历史，用发展的眼光去审视；不仅要掌握乡规民约文本和理论，还要熟悉乡规民约的实践，必须深入现实生活中去观察；不仅要了解乡规民约，还要将其置入农村社会管理的系统中去考察。基于此，本书对现代乡规民约与农村社会治理创新进行了系统性研究，并有些许创新之处。具体而言，本书中的创新点体现在以下四个方面：

第一，溯源现代乡规民约的思想渊源。乡规民约属于中华优秀传统文化，一方面受我国传统思想影响较深，儒家“道之以德，齐之以礼”的思想下，“德业相劝、过失相规、礼俗相交、患难相恤”是乡规民约的最初内涵，优秀传统文化的思想理念在现代乡规民约中得以体现和发扬。另一方面，乡规

① 党的十八届三中全会《决定》提出“创新社会治理体制”，要“创新社会治理，必须着眼于维护最广大人民根本利益，最大限度增加和谐因素，增强社会发展活力，提高社会治理水平，全面推进平安中国建设，维护国家安全，确保人民安居乐业、社会安定有序”，并提出要从“改进社会治理方式”“激发社会组织活力”“创新有效预防和化解社会矛盾体制”“健全公共安全体系”等方面创新社会治理体制。“社会治理”因此而正式提出。

民约在新时代又受到现代法理思想的影响，引导乡民具有规则意识。同时，乡民的价值观念、当地风俗习惯等诸多因素也对现代乡规民约产生了不同程度的影响。

第二，从社会治理的视角去审视乡规民约在农村社会中的功用。传统乡规民约是乡贤带领下的产物，其目的在于使乡民崇德向善，淳化民风，实现乡民有爱，乡村有序；后成为国家政权在农村的一种延伸和干预方式，有利于国家统治。现代乡规民约基于乡民生产生活的需要，是乡民自治的产物。作为优秀传统文化，现代乡规民约受现代的农村社会现实状况和人们的价值观念影响较深，直接约束乡民行为，维护农村社会秩序，是乡村治理不可缺少的手段。本书将乡规民约置于农村社会治理的场域中进行分析和探讨，从农村社会管理到农村社会管理制度创新，再到农村社会治理，在社会管理理念的发展历程中，现代乡规民约始终是农村社会秩序构建的有效手段，从国家治理和村民自治的不同视角考察现代乡规民约的功用，使其在新时代农村多元治理中体现出独特的价值。

第三，从多元学科的理论视野去分析乡规民约。乡规民约的研究不是一个单一学科能够胜任的，必须采取交叉学科的研究范式。本书从不同学科的理论研究角度去分析现代乡规民约与农村社会治理创新，考察其科学合理性。交叉学科的研究视角使本书能够运用法学、制度经济学、社会学、管理学、人类学、伦理学等学科理论分析和考察乡规民约，为其发挥社会治理功能提供理论支撑，从而对乡规民约进行更全面而深入的分析，这是本书的重要创新。

第四，建立“乡规民约制定后评估”制度。借鉴“立法后评估”制度，在现代乡规民约制定出来并施行一段时间后，采用社会调查、定量分析、成本与效益计算等多种方式，跟踪分析评价乡规民约在实施过程中的社会效果，并针对乡规民约自身的缺陷及时加以矫正和完善，以保证制定出的乡规民约有较高的质量。这是本书为真正发挥现代乡规民约的社会治理功能而进行的研究创新之一。

第二章　从农村社会管理到农村社会治理：乡规民约复兴的时代契机

2.1　相关概念及辨析

2.1.1　统治、管理、治理之辨

2.1.1.1　统治

统治是“统”与“治”的结合，因而，统治即统而治之、统率治理。无论是“凭借政权来控制、管理国家或地区”，还是“支配、控制”①，都有控制、支配、主宰的含义，在本质上是一种控制与服从的关系。

从政治意义上讲，统治是一种政府的控制，是政府的支配行为，是政府运用权力自上而下来控制和调节国家、组织或者个人的行为或方式。统治是政府的垄断行为，由政府完全控制社会公共事务，其目的是将国家权力牢牢掌握在统治者手中，巩固政府的统治地位，以维持国家的生存与发展。统治突出统治者拥有绝对权力的地位，而被统治者则处于服从地位，受制于统治者的权力。“统治”一词反映出统治者与被统治者之间的不平等。

2.1.1.2　管理

管理的含义有三：一是负责某项工作使其顺利进行；二是保管和料理；三是照管并约束（人或动物）。② 在管理学中，管理是一种有意识的组织活

① 中国社会科学院语言研究所词典编辑室：《现代汉语词典（2002 年增补本）》，商务印书馆 2002 年版。

② 中国社会科学院语言研究所词典编辑室：《现代汉语词典（2002 年增补本）》，商务印书馆 2002 年版。

动，是“在特定的环境下，管理者通过执行计划、组织、领导、控制等职能，整合组织的各项资源，实现组织既定目标的活动过程”。[①]

因为“管理”含义的博大精深，学者们的解读也是见仁见智。科学管理之父弗雷德里克·温斯洛·泰勒早在1911年就在其著作《科学管理原理》中论及管理。泰勒在《科学管理原理》中主要侧重企业管理，他认为，管理关系到劳资双方的利益，科学管理中管理者与被管理者（即雇主和工人）双方利益应是一致的，其目的是要实现双方利益的最大化。法国古典管理理论的代表人之一亨利·法约尔突破管理是工厂企业的行为的局限，认为管理理论在政治、宗教等其他领域中也适用，他认为管理具有普遍性，是由计划、组织、指挥、协调和控制五要素组成的活动。法约尔的观点一直到今天都影响着管理学中管理的定义。管理学从最初的工厂管理活动到形成管理理论，而管理理论从工厂管理发展到组织管理，再到组织间管理，管理学原理随着社会的发展而发展，并逐渐形成一种管理哲学。

2.1.1.3　治理

“治理”一词包含两层含义：一是统治、管理；二是处理、整修。[②] 治理仍然是一种管理活动，是管理事务的多种方式的总和，强调公共事务的合作管理，是一种新兴管理方式，是更成熟有效的管理。政府学中的治理是政府管理的过程，被认为是多元主体共同参与的一种管理方式和体系，其基础是协调，其目的是实现公共利益的最大化。

学者们主要从治理的参与主体、组成结构和执行效果等方面来分析和认识治理的含义。徐炜认为：治理的参与主体是个人、社会及国家，并且这三者在治理活动中是平等的伙伴关系；各个参与治理的主体在组织结构上是一种联合和笼络的关系，共同协力进行治理活动，“形成‘多中心’和‘网格状’结构体系”；治理的执行效果更强调由各治理主体共担风险、共享成果。因此，“治理是一种个人、社会和国家多方参与，为增进共同利益，化解彼

---

① ［美］理查德·L. 达夫特、［美］多萝西·马西克：《管理学原理（原书第7版）》，高增安、马永红、李维余译，机械工业出版社2012年版。

② 中国社会科学院语言研究所词典编辑室：《现代汉语词典（2002年增补本）》，商务印书馆2002年版。

此矛盾，进而以合作、协商和互惠等达成共识的方式进行的新型管理活动。”①

2.1.1.4 统治、管理和治理的区别

统治是以权力或地位进行控制，是以一定的强制力量去控制。管理一词最早应用于企业管理，后适用于经济管理、公共管理、行政管理、财务管理、土地资源管理、社会管理等；治理自20世纪90年代出现以来，治理理念和相关理论受到重视和推崇，治理概念的提出符合公民社会的建设需求，公民社会是治理的条件同时也是治理的目的。

统治、管理和治理都是调控社会、形成社会秩序、处理公共事务、保障社会良性运转的方式，借以达到有序平衡的社会状态，并实现公共利益的最大化，但三者在理念、手段、目标、结果等方面体现出较大差异。

关于统治、管理和治理的区别，学者们主要从其参与主体、运作方式、权力运行等方面进行辨析，我们可以从表2－1、表2－2中反映的不同学者的观点中略知一二。

表2－1 统治、管理与治理之间的比较②

	统治	管理	治理
制度背景	威权政治体制（前资本主义）与农业生产	资本主义经济体制与工业革命	后资本主义经济体制与第三产业革命
权力主体	国家领袖及其继任者	体制官僚、企业管理者	政府、企业和公民
权力构成	全部权力只能来源于政府，权力自上而下分布，呈现单极化	权力分布呈条块分割，在中央政府权力与地方政府权力呈垂直归属关系，地方政府部门间、政府与非政府部门间呈现纵向制衡关系	权力分布呈分散化与碎片化，政府部门享有政治权力、市场企业享有经济权力以及社会组织享有公民权利

① 徐炜等：《农村社会治理的理论与实践——基于法务前沿工程的社会学研究》，武汉大学出版社2015年版。

② 徐炜等：《农村社会治理的理论与实践——基于法务前沿工程的社会学研究》，武汉大学出版社2015年版。

续表

	统治	管理	治理
权力运作	以指令性政治为主，依靠政府发号施令，政府是权力的唯一代表	每一级政府部门的最高领导人具有权力行使的裁量能力，但权力的合法性来源于政绩与效率	政府、企业与社会组织的权力功能不同，但他们的地位是平等的，通过民主协商的方式行使权力

表 2－2　统治、管理与治理的区别①

	统治	管理	治理
权威来源	唯一性：权威、合法权力只能来自政府	为主性：权威、合法权力主要来自政府	多样性：权威、合法权力来自三大部门
运作过程	单向性：自上而下的命令，要求其他两大部门服从	主辅性：自上而下为主，自下而上为辅	双向性：自上而下、自下而上双向结合，强调上下互动
民主参与	凌驾性：排斥民主参与，政府凌驾在两大部门之上	半民主性：主观上要全民参与，但由于政府主导的习惯，民主往往是为民作主	民主性：通过合作、协调及对共同目标的确定等手段达致对公共事务的治理
权力行使	号令性：依靠政府的权力，发号施令	管控性：由于政府主导的习惯，习惯于对市场、社会进行管控	平等性：三大部门作用不同，地位平等，平等协商，是主要方法

① 郑杭生：《“理想类型”与本土特质——对社会治理的一种社会学分析》，载《社会学评论》2014 年第 3 期。

2.1.2 从社会管理到社会治理

社会管理是指政府或组织采取一定的手段或运用一定的资源，对社会事务进行规范、组织、协调、指导、监控的活动或过程，从而解决社会资源或机会的合理配置等问题，使社会系统有序、良性运行。① 社会管理是政府的重要职能之一，自改革开放起，我国政府不断创新社会管理工作。1998 年，《关于国务院机构改革方案的说明》中第一次提到社会管理。为了加强社会建设，推动社会发展，进一步确定政府职能，党的十六大明确了社会管理是政府的基本职能之一。在这一阶段，社会管理始终被视为政府的专属职能，体现出强烈的由上至下的行政掌控性、领导性与专属性。这种模式适宜于我国当时的社会发展需要，能够将上级的政策、措施与意志高效地落实到基层中去，实现了经济、社会的快速发展。然而，高速发展带来的复杂性使得这种单一的管理模式不能满足现实需要，学术界提出“社会治理”这一概念，并开始对其进行研究，此时，社会治理并未上升到国家政策的高度，还只是在学术圈比较热门的词语。2004 年，党的十六届四中全会召开后，确立了由政府主导负责，社会和民众共同参与的社会管理新模式，在这个阶段，虽名义上仍叫作社会管理，但管理模式实质上渐渐向社会各方主体共同参与治理的方向转换。经过几年社会管理创新的实践，2013 年 11 月，在党的十八届三中全会上，“社会治理”一词在国家层面正式被提出。

社会治理是指各种公共或私人组织机构和个人等多方主体参与，对其共同事务进行处理，使不同利益得以调和的社会活动，着重点在于共同治理中多方主体的协作、参与和互动。② 实际上自 2000 年至 2013 年间，正是社会管理向社会治理逐渐转换的一个阶段，也是在实践中摸索的阶段，而并不是突然就凭空出现了社会治理这一新概念、新模式。在此，首先需要强调的是，我国的社会治理不能等同于西方国家的社会治理。西方的治理理论中强调各个主体间的均衡性和平等性，但基于我国现实，将治理中的政府、社会组织

---

① 何增科:《论改革完善我国社会管理体制的必要性和意义——中国社会管理体制改革与社会工作发展研究之一》，载《毛泽东邓小平理论研究》2007 年第 8 期。

② 邵学光、刘娟:《从“社会管理”到“社会治理”——浅谈中国共产党执政理念的新变化》，载《学术论坛》2014 年第 2 期。

与公民放到完全平等的地位、发挥完全同等的作用去进行社会治理是不可行的。在社会治理这一模式中，政府要起到领导和把控大局的作用，社会组织、企业单位、公民则作为参与者发挥不同的作用。

从社会管理到社会治理并非突然转向，而是以社会管理为踏板进行的完善与提升。无论是我国的社会管理还是社会治理，都注重沟通与尊重，都是保证社会良性发展的手段，都是为了维护社会和谐公正有序地运行。社会管理理念和方式的转变，是为了更好地实现政府的管理职能，因而，我们应当看到社会治理与社会管理之间的差异。首先，两者在管理手段方面的差异。在社会管理中，政府多使用的是自上而下、命令式、管控式、强制式的具有刚性特点的措施、手段。例如，红头文件、行政命令等手段方式。而社会治理则主要强调多元主体参与的力量，适当弱化了政府的权力或权威，社会治理更是一种上下联动、共商协作、合作参与的治理措施与手段。[①] 社会治理更侧重于多元主体的协商共治，以事务类型来划分，能由社会组织或个人自我管理的就交给这类主体，主要倡导的是政府与社会的合作共治。其次，两者之间的主体差异。社会管理的主体相对单一化，强调政府在社会管理中权力的运用与责任的承担，政府在这个管理体系中发挥核心作用。相较于政府而言，其他组织或力量居于被动位置，是管理的对象或客体。而在社会治理中，各方主体虽发挥不同程度的作用，但都享有公平参与社会公共事务治理的权利。最后，社会管理和社会治理的侧重点不同。在社会管理活动中，更注重“效率”这一目标的实现，管理的方式、手段、措施等管理行为都是为了满足管理主体的指令或意志，在某些情况下可能会为了达到某种管理目标而折损社会价值。而社会治理的主要目标是追求社会的正义、公平与成员的发展，所以，社会治理既关注过程目标的实现也关注结果目标的达成，在治理的过程中逐步实现公正的价值。

从社会管理到社会治理，不仅仅是治理理论、方式、手段等的差异，更是政府与社会各主体间关系转变的起点，是顺应时代变革发展的重要举措，有利于推动社会治理体系与治理能力的现代化。但要明确的是，社会治理并不是与社会管理完全不同或绝对分离的，社会治理是社会管理的衍生物，仍然需要运用管理科学的理念、理论、方法、手段。党的十六大以来，我国提

① 戢浩飞：《理性认识社会管理与社会治理的同一性》，载《学习月刊》2014 年第 10 期。

出社会管理创新，强调人民至上，以人为本，积极调动多元主体参与社会管理，重视多元社会管理方法的应用，这表现出我国社会管理的与时俱进。党的十八大提出社会治理，这是社会管理的重大进步。

要说明的是，本书中所提的社会管理是从管理科学的角度界定其含义，现代管理理念、现代社会治理和国家治理的理念和思想也是其中之义，要在管理学视域中认识社会管理与社会治理的联系与区别。农村社会治理仍然是管理学学科视域内的一个研究对象，从管理学的视野来看，农村社会的健康有序发展是建立在科学合理有效的社会管理制度保驾护航的基础之上的。

后文为了表述用语的与时俱进，会在合适的语境下适用“农村社会管理”“农村社会治理”“乡村治理”等概念，这些不同的概念是社会发展和科学发展的进步，本书也要顺应这些不同概念适用的不同时代和环境要求。本书的主线仍然是从国家治理理念出发，运用管理科学原理，对我国农村社会的乡规民约进行研究，使其发展具有科学合理性，并裨益农村社会发展。本书所提到的农村社会管理和农村社会治理在研究背景上都是从积极的、与时俱进的意义上去理解的。

图2－1为我国从“社会管理”到“社会管理制度创新”再到“社会治理”的国家政策变迁历程。

2.2 农村社会治理创新的提出

2.2.1 农村社会治理创新提出的背景

农村社会治理关系到社会发展和国家稳定。改革开放以来，我国农村社会结构和管理方式发生巨大变化，随着社会经济发展的加快，我国进入了社会转型时期。党的十八大提出了构建城乡一体的新型城乡关系，完善一体化的城乡发展体制，但随着城乡一体化的快速推进，新的“三农”问题在旧问题之上不断出现，传统的农村治理方式已经难以解决这些问题，成为城乡一体化和农村发展的主要障碍。

1998年，《关于国务院机构改革方案的说明》中强调要把政府职能切实转变到宏观调控、社会管理和公共服务方面来。

2002年，党的十六大报告提出社会管理是政府的职能，并在提到维护社会稳定时，指出要改进社会管理。

2003年，党的十六届三中全会提出完善政府社会管理职能和公共服务职能，明确中央和地方社会管理责权。

2004年，党的十六届四中全会提出加强社会建设和管理，推进社会管理体制创新，并首次提出，建立健全党委领导、政府负责、社会协同、公众参与的社会管理格局，标志着党对社会管理认识的深化。

2005年，党的十六届五中全会从行政管理体制改革的角度强调了加强社会管理的必要性。并指出政府要加强社会管理和公共服务职能。

2006年，党的十六届六中全会对加强社会管理的具体途径进行了部署，指出加强社会管理，维护社会稳定，是构建社会主义和谐社会的必然要求。

2007年，党的十七大报告重申健全党委领导、政府负责、社会协同、公众参与的社会管理格局，健全基层社会管理体制；提出最大限度激发社会创造活力，最大限度增加和谐因素，最大限度减少不和谐因素。

2008年，党的十七届三中全会将“农村社会管理体系进一步完善”列为“2020年农村改革发展基本目标任务”之一，并提出要完善和强化农村社会管理。

2009年，全国政法工作会议提出，紧紧抓住影响社会和谐稳定的源头性、根本性、基础性问题深入推进社会矛盾化解、社会管理创新、公正廉洁执法三项重点工作。

2010年，党的十届五中全会从建立健全基本公共服务体系的角度提出，加强和创新社会管理，正确处理人民内部矛盾，切实维护社会和谐稳定。

2011年，在党的十一届全国人民代表大会第四次会议会上，“创新社会管理”首次以重要篇幅写入政府工作报告。

2011年，国家“十二五”规划指出，加强和创新社会管理，提高社会管理能力，创新社会管理体制机制，加快服务型政府建设，在服务中实施管理，在管理中体现服务，保持社会安定有序和充满活力。

2011年，中共中央、国务院印发的《关于加强和创新社会管理的意见》(中发〔2011〕11号)，对加强和创新社会管理进行了全面阐述与部署。

2012年，党的十八大报告提出，在改善民生和创新社会管理中加强社会建设，加快形成党委领导、政府负责、社会协同、公众参与、法治保障的社会管理体制。

2013年，党的十八届三中全会将推进国家治理体系和治理能力现代化作为全面深化改革的总目标之一，并在文件中专列一章部署创新社会治理体制。这是党的正式文件中第一次提出“社会治理”，标志着党执政理念的新变化。

2014年，政府工作报告提出，改进社会治理方式，坚持以人为本、依法依规、科学应对，既进行有效处置，又探索建立新机制，以提高社会治理水平。

2015年，党的十八届五中全会提出，加强和创新社会治理，推进社会治理精细化，构建全民共建共享的社会治理格局。

2016年3月，国家“十三五”规划指出，加强和创新社会治理，加强社会治理基础制度建设，构建全民共建共享的社会治理格局，提高社会治理能力和水平，实现社会充满活力、安定和谐。

2016年10月，全国社会治安综合治理创新工作会议指出，要继续加强和创新社会治理，提高社会治理社会化、法治化、智能化、专业化水平，提高预测预警预防各类风险能力。

2016年10月，中共中央政治局就实施网络强国战略进行的第三十六次集体学习中指出，随着互联网特别是移动互联网发展，社会治理模式正在从单向管理转向双向互动，从线下转向线上线下融合，从单纯的政府监管向更加注重社会协同治理转变。

2017年6月，中共中央、国务院发布《关于加强和完善城乡社区治理的意见》指出，进一步完善社区治理体制，提升城乡社区治理能力，推进基层党组织领导、基层政府主导的多方参与、共同治理的城乡社区治理体系，促进法治、德治、自治有机融合。

2017年10月，党的十九大报告中提出，提高保障和改善民生水平，加强和创新社会治理。加强社会治理制度建设，完善社会治理体制，打造共建共治共享的社会治理格局。加强社区治理体系建设，推动社会治理重心向基层下移，发挥社会组织作用，实现政府治理和社会调节、居民自治良性互动。强调要健全自治、法治、德治相结合的乡村治理体系。

2018年，中央一号文件提出，建立健全党委领导、政府负责、社会协同、公众参与、法治保障的现代乡村社会治理体制，坚持自治、法治、德治相结合，确保乡村社会充满活力、和谐有序。

图2-1　我国从“社会管理”到“社会管理制度创新”再到“社会治理”的国家政策变迁历程

城乡发展的不均衡使得大量的农村人口流向城市谋生，尤以青壮年为主，而农村留守人员主要是老人、妇女和儿童，农村社会结构的变化使农村公共事务难以有效处理，乡村基层社会缺乏活力，农村发展缺少动力，同时带来了包括留守人员问题在内的一系列社会问题。[①] 在微观层面上，这些留守人员得不到应有的关怀和个人发展机会，在宏观层面上，农村社会发展陷入“死循环”状态，即缺乏生气的农村社会生活和落后的农村经济对外界人才没有吸引力，而农村内部人员由于缺乏必要的成长环境和教育条件，以其能力难以为农村发展带来生机，最后的结果必将是落后的更落后。除此之外，农村邻里纠纷问题、村民选举问题、土地制度改革问题、拆迁补偿安置问题等也亟须合理解决。与此同时，城市化和市场化所带来的契约性、逐利性思维不断冲击着农民既有的价值观念和思维方式，两者相互影响，致使农村社会秩序遭受严重冲击，造成农村社会秩序的失范，传统的农村管理模式面临种种困境。[②] 农村社会转型的复杂性给农村发展以及整个国家和社会发展提出了挑战。

农村的社会转型具有复杂性和特殊性，存在滞后性、落后性以及社会转型与经济转型的非同步性等问题，这些问题成为农村社会发展与社会转型之路上的绊脚石[③]，影响乡村振兴的进程和实现。究其根本，主要有观念的陈旧落后、政府角色定位偏差、资金瓶颈制约、人才匮乏和管理体制不科学等原因。[④] 城乡二元制结构限制了农村社会的进一步发展，使农村社会发展内生动力不足，外在社会资本注入的障碍较多，这些障碍和不利因素也使得村民们对农村社会发展的满意度较低，并直接反映为对农村基层工作的不配合、不关心、无所谓心态，这给农村社会的有效治理带来重重阻力。

要解决上述问题，势必要对传统的农村管理模式进行改革，而由于农村与城市的差异，面向城市的社会治理方式如果直接适用于农村社会，其效果

---

① 黄胜胜：《城市化进程中乡村社会治理困境及优化路径》，载《湖北民族学院学报（哲学社会科学版）》2015 年第 5 期。

② 黄胜胜：《城市化进程中乡村社会治理困境及优化路径》，载《湖北民族学院学报（哲学社会科学版）》2015 年第 5 期。

③ 曲延春：《社会转型与农村社会治理体制创新》，载《农村经济》2014 年第 8 期。

④ 门献敏：《在社会治理体系创新中提升农村社会组织公共服务能力》，载《学术交流》2014 年第 8 期。

并不理想。以纠纷的处理为例，传统“和为贵”观念的影响、熟人社会中人们之间的各种牵连，都是人们希望以民间手段解决纠纷而不诉诸法律的原因。因而，法律在城市的适用与在农村的适用，其实施效果有时并不相同。因此，创新农村社会管理成为解决农村问题的重心。相较于城市，农村社会对我国传统文化与制度保存较多，并受其影响较多。从农村社会管理来看，有些传统的社会管理方式凝结着几千年的智慧，并因其存在的合理性，对当下农村社会问题的解决仍有重要的作用和意义。如何挖掘并合理利用我国优秀传统文化中的社会管理文明，并加之以现代化的改造，与管理科学相结合，创新出符合中国特色的、符合我国农村特点的社会治理模式，不仅是城乡一体化发展的必然要求，也是国家富强与乡村振兴的重要课题。

2.2.1.1 农村社会转型的复杂性

当前农村社会的变迁是全方位的，体现在价值观念、社会结构、经济发展、乡村秩序等方面。这些变化带来了农村利益格局的多元化和利益纠纷的复杂化，是农村社会治理必须面对的问题。农村社会转型期的复杂性主要表现在以下几方面：

首先，随着社会发展，农村价值观念呈现出多样性，农民权利意识觉醒。无论是中国几千年以来的传统文化，还是中华人民共和国成立以后倡导的价值准则，主要强调的都是集体主义观念，比如“集体利益至上”“舍小家顾大家”等。改革开放后，人们的思想观念和价值取向逐渐发生了转变。随着新一轮的思想启蒙和经济领域改革的深入开展，社会矛盾的复杂性与利益纠纷的多样化带给人们思想上的一个明显变化就是逐渐注重个人权利的保护与发展。与这种“个体化”趋势相伴随的，是人们价值观念的多元化。

我国社会正处于剧烈变革中，必然会引起利益格局的变化。人们的价值观念往往依利益关系而建立，不同的村民之间因利益的冲突、价值观的差异，致使纠纷频发，并呈现复杂化、尖锐化等趋势，大大增加了农村社会治理的难度。从农村社会矛盾纠纷来看，当前，我国农村矛盾纠纷呈现出一些新的特征，如纠纷形式的多样化、纠纷主体的多元化、纠纷诉求的复杂化等，各种矛盾、问题突出，如果任其滋长，就会制约农村社会发展。因此，化解农村社会矛盾纠纷，形成良好农村社会秩序迫在眉睫。

当然，也要看到，农村社会的这种变化有积极的一面，同时也带来了消极后果。从积极方面来看，人们的个性得到张扬，个人的发展意识增强，这有利于推动农村经济的发展；人们也开始注重维护自己的合法权益，法律意识逐渐增强，对农村社会法治建设有推动作用。从消极方面来看，由于一些村民私欲膨胀，集体意识淡薄，只注重个人权益而忽视公共权益，为了一己私利选择抛弃集体利益、损害他人合法权益，甚至进行违法活动等，给农村社会的淳朴民风带来不良影响，成为构建农村社会和谐秩序的不良因素。

其次，农村社会结构发生了变化。近些年来，城镇化的迅猛崛起吸引大量农村人口进入城市工作、居住。但我国长久以来实行的城乡居民不同户籍管理制度以及教育资源、社会保障资源的不均衡，使农村劳动者的子女难以在城市享受优质的教育资源，家人难以享受与城市居民同样的社会保障。而且城市对农村低学历人口的接纳度低于农村高学历人口，农村的优质人才资源单向流向城市，必会产生农村高水平人才匮乏的结果。很多农村家庭含辛茹苦培养出大学生，毕业后，绝大多数却会选择留在城市打拼，回家乡发展的较少。

同时，我们也要看到，农村也有一些不愿去城市发展的青壮年和返乡创业的大学生，在农业化不断发展的今天，他们利用当地的资源以自己的能力开展经济活动，带动农村社会发展。但是这个群体在农村占比不大，贺雪峰称之为“中坚农民”，在中西部地区占比10%左右。① 例如，在家种植农产品然后通过网络渠道卖出、开办农家乐、农家小店等。当代农村也逐渐发展起来了一些社会组织，有公益类型的组织，如调解委员会、妇女维权组织，还有一些经济类的组织，在农村办厂进行农产品加工、肉类屠宰等，互联网的发展也为农产品出村、农村经济转型升级提供了契机。

最后，现代化发展对农村社会原有治理模式带来冲击。随着农村社会现代化发展，土地耕作不再是农民生计的首要来源，原来的熟人社会随着现代化的冲击逐渐发生变化，安土重迁的思想发生改变，人口流动性加大，宗族家族等传统力量对个人的制约不再如传统农村社会那般坚固。但是，断言当前农村社会已经成为纯粹的“现代社会”，这很明显与实际不符，即便是对于经济发达的地区，作出这一结论也还为时过早。

有位学者曾指出，改革开放使广东农村发生了巨变，传统意义上内闭的

① 贺雪峰：《农村社会结构变迁四十年：1978—2018》，载《学习与探索》2018年第11期。

村庄环境已经瓦解，但新的社会规范还没有完整的建成，仍需要进一步完善。[①]广东农村如此，全国农村也是如此，传统的那一套占据主导地位的内生权威和秩序形态逐渐“没落”，而新的一套秩序正在形成过程中，还没有正式确立起来，导致人们的价值观念处于“悬空”状态。农村社会的转变给农村社会治理模式带来非常大的挑战。

总的来说，转型期的农村社会、经济结构发生很大变化，然而农村社会治理模式却跟不上实际的发展，制度的不完善使得农村本土资源难以合理整合并有效利用。如何科学合理挖掘并利用农村现有社会资源，使农村社会形成足够的凝聚力，进而建设新农村，推动农村社会快速发展，是农村社会治理创新应该解决的问题。另外，不能以老眼光看农村社会、看乡规民约。改革开放四十多年，我国农村发生巨变，农村不再是一个闭塞的圈子，农村在开放，学者的研究也应当放开。如何站在时代的尖端，站在真实的农村土地上，用开阔的眼界、开拓的思维、科学的理论分析去研究农村现象和农村问题，再去指导农村社会的发展，是本研究秉持的理念，也是本书力图做到的。只有这样，才能理性认识农村社会中的现代乡规民约，并反思和解决其所遇到的问题。

2.2.1.2 农村社会治理体系和治理能力的滞后性

首先，农村基层政权治理能力不足。在我国封建社会时期，由于权力集中于中央，且我国的地域面积较广，古代基层政权的治理模式更多体现了各地德高望重之人的话语权与宗族权力，国家政权则未过多干预。虽然历代王朝有设立一定的保长或里长等职务，但此类职务大多是结合各地的宗法制度进行的，国家的政治权力较少直接干预乡村社会，宗族等社会力量实现了对农村社会的有效治理。中华人民共和国成立之后，我国在农村地区采取国家政权与基层自治相结合的治理模式来实现对农村地区的社会治理。这一治理模式既保障了国家对农村地区的治理权，也保障了基层社会的自治权，适应了我国农村社会现代化的需要，有效地推动了农村社会的发展。但随着农村经济、社会的不断发展，农村基层政权的治理能力日益不足，面临新的挑战。

① 周大鸣：《告别乡土社会——广东农村改革开放30年的思考》，载《中南民族大学学报（人文社会科学版）》2010年第7期。

其一，对乡村地区享有直接管理权的乡镇政权缺乏完整的制度架构与权力设置，其在财权、事权等方面都要依附于上级部门（即县级政权）。[①] 由此导致了基层政权治理缺乏有力的保障，其治理效率与治理的有效性均有待提高。其二，不同于我国传统农村社会自给自足的生活模式，随着我国经济体制改革的推进，农村社会的经济得到了极大的提升，由此，我国农村社会阶层逐渐分化，乡民所追求的利益与生活方式也趋于多元化。在这样的社会背景下，基层政权在治理过程中也不能一成不变、墨守成规，应针对乡民的不同利益追求丰富自身的治理手段。其三，随着改革开放的推进，我国城镇化进程也日益推进，到 2011 年我国的城镇人口首次超过农村人口。由此，可以从侧面看出，随着经济的发展，我国农村人口流动性加大，农村的青壮年劳动力逐渐流失，农村留守老人、妇女、儿童也逐渐增多，为基层政权治理带来了一定的挑战。

其次，基层自治组织自治权行使不规范。我国农村地区采取国家政权与基层自治相结合的治理模式来实现对农村社会的治理。相较于国家政权，基层自治具有较大的自主性，在此意义上，基层自治组织在农村社会治理中可以充分发挥自身的能动性，因地制宜选择适合该农村地区的社会治理手段，从而维护该农村地区的社会秩序并促进其社会发展。但是，正是因为基层自治组织在农村社会治理中有着较大的可操作空间，同时对基层自治组织又缺乏相应的监督，导致其在自治权的行使上出现一些侵犯乡民合法权益、程序手段不合法等不规范的现象。如在国家政策的落实方面，村委会的某些村干部不能准确地理解国家政策所传达的信息或是怠于宣传国家政策，导致某些农村地区无法贯彻落实国家新出台的政策，使得乡民无法及时享受国家政策改变所带来的一些益处。此外，有些村委会在日常工作的进程中缺乏相应的工作机制，使得农村社会治理完全是在村干部的主导下进行的，在这种情况下，因村干部的工作缺乏相应的监督而使村民“自治”逐渐沦为村委会的“人治”，导致村民逐渐丧失对村委会等自治组织的信任。

再次，村民缺乏自治意识。我国的基层自治制度已推行多年，有着深厚的实践基础，基层自治制度的推进也得到了广大农村地区的良好反馈，在新

① 于建嵘：《我国农村基层政权建设亟需解决的几个问题》，载《行政管理改革》2013 年第 9 期。

农村建设的社会背景下，基层自治制度发挥着不可或缺的作用，有效地推动了农村社会治理工作的开展。基层自治重在“自治”，村民是基层自治的重要参与者，其自治意识与民主参与度直接影响基层自治的有效开展。但在具体的实践过程中，一方面由于基层自治在我国的推行历史较短，传统政治文化中“人治”因素在我国农村地区仍旧影响较大，村民往往习惯服从于管理者即村委会等基层自治组织的指挥；另一方面，城镇化的过程中，一些村民外出打工或经商，常年在外地，难以回家乡参与村委会选举、村民自治章程和村规民约的制定等自治活动，导致村民在基层自治中的参与度不高。由于缺乏自治意识，村中事务不能得到村民的回应与支持，严重影响村民在我国农村基层治理中自治作用的发挥。

最后，农村法治观念有待提升。自改革开放以来，随着经济、政治的发展，我国也积极推进社会主义法治建设，在“依法治国”基本方略的指引下，我国在立法、执法、司法等方面有了更进一步的发展。除了完善立法与严格执法外，我国也大力推进全民普法教育，使人民逐渐意识到法律是保护自身合法权益的有力武器。而随着全民普法工作的展开，人们的权利义务等法律观念逐渐形成，在日常生活中自觉遵守法律、运用法律维护自身合法权益的现象也日益增多。农村地区的普法工作在这样的社会背景下也顺利展开，乡民的法律、权利意识随之不断增强。但因我国幅员辽阔，普法工作也无法完全覆盖我国所有农村地区，且不同农村地区的普法力度也不同，导致我国农村地区人们的法治观念仍有待加强。具体表现在以下几个方面：其一，乡民对法律的权威性认识不足。农村地区尚存在许多受教育程度较低、法律观念匮乏的乡民，其往往会漠视法律的存在，仍旧坚持传统思想观念，如重男轻女、家长至上等，这对农村地区社会治理工作的开展造成了一定的阻碍。其二，农村采取法律手段维护自身合法权益的现象较少。因我国农村地区属于熟人社会，乡民之间往来较为密切，生活关系的范围较小，因此，当发生纠纷时，人们往往会采取“私了”的方式解决纠纷，而不是采取法律手段维护自身合法权益。其三，村干部自身的治理能力较弱，法治观念及执行相应政策的能力有待提升。农村地区的村干部大多由乡村中德高望重之人担任，其普遍对民主、法治理解不够透彻，且对基层政权与基层自治的关系认识也不太到位，因而在具体开展农村社会治理工作时会或多或少遇到困难。因此，农村法治观念的缺乏严重影响我国农村社会治理工作的开展以及农村社会治理体系的完善。

以上种种因素表明，农村社会转型的复杂性成为农村社会发展以及整个国家和社会发展必须面对的重要问题，农村社会治理陷入重重困境，传统的农村管理模式面临巨大挑战。为了有效解决农村社会发展中出现的这些问题，势必要对传统模式进行改革。

因此，创新农村社会治理成为解决农村问题的重心。虽然农村社会存在不少问题，但从另一角度看，农村地区是我国传统文化与制度保存最为完善的地区，而这些传统的社会管理机制和模式，凝结着几千年来人类的智慧，对农村问题的解决有着重要的作用和意义。我国的农村社会治理既要学习和借鉴先进理论和做法，又要吸纳我国优秀传统文化中的管理经验。如何挖掘传统文化中优秀的社会治理文明，并加之以现代化的改造，与管理科学相互结合，创新出符合中国特色的、符合我国农村特点的社会治理制度，不仅是城乡一体化发展的必然要求，也是国家富强与乡村振兴的重要课题。

2.2.2　农村社会治理创新的意义

农村社会管理的基本任务是协调农村社会关系、规范农村社会行为、化解农村社会矛盾、促进农村社会公正、应对农村社会风险、保持农村社会稳定。① 随着经济社会发展的加速转型，农村社会管理不断接受新的挑战，农村管理制度的创新势在必行。②

2.2.2.1　农村社会治理创新是社会治理体系和治理能力现代化的重点

“三农”问题关系着农民增收、农业发展和农村稳定，也直接影响着整个国家的发展，因而，农村社会治理至关重要。由于历史和现实原因，我国的农村社会治理存在着种种问题，给农村社会发展带来障碍。

2019 年 6 月，中共中央办公厅、国务院办公厅印发的《关于加强和改进乡村治理的指导意见》中指出，实现乡村有效治理是乡村振兴的重要内容。要推进国家治理体系和治理能力现代化，实现乡村振兴，必须强化乡村治理体系和治理能力。农村社会治理是社会治理体系和治理能力现代化的必然内

---

① 周长城、韩俊强：《社会管理》，中国人民大学出版社 2006 年版。

② 徐文强、夏静静：《山区农村社会治理创新的探索与思考——以临朐县为例》，载《商业经济》2015 年第 9 期。

容，农村基层社会治理现代化是乡村振兴的基础，创新农村社会治理是其重点。农村社会治理，尤其是农村基层社会的治理，必须要重视和增强农民的参与度和决策度，这直接影响农村社会治理的水平，是农村社会治理创新中亟待解决的重中之重。

2.2.2.2 农村社会治理创新是社会转型的必然要求

1978 年实行改革开放后，农村社会传统的政社合一管理制度逐渐被社会所摒弃。一方面，经济发展的潮流已经席卷了中国的各个角落，农村也不例外，经济飞速发展的冲击促使农民的价值观、利益观、世界观产生变化，思想也得到巨大解放。与此同时，乡土社会中历史悠久的伦理观念、道德价值、民俗风情、亲缘关系等还发挥着很大作用，随着现代思潮的渗透，法治思想也慢慢为农民所接受，农民的法律意识得到提升，但还远远未达普遍树立现代法治理念的程度，农村社会中传统乡治方式与法治齐头并进，互相作用。在实践中，有严格遵守法律、按规办事的村民、干部，也不乏抱有法律对农村“鞭长莫及”“法不责众”等思想的人。

另一方面，由于国家政策的倾斜，一些基层政府在财政扶持的引导之下，极力促进当地的城镇化进程，这一过程中有可能会影响某些农民的权益，如果问题得不到有效处理，日积月累下来，就会导致农村社会矛盾利益的尖锐化，对农村自治的稳定有序开展造成威胁。

另外，新型农村建设中涌现出了很多具有潜力的主体，例如前文提到的“中坚农民”、各种经济组织等，如何让这些主体在农村社会治理中最大限度地发挥作用，也需要从制度的转型上下功夫。因而农村社会治理创新意义重大。

2.2.2.3 农村社会治理创新是解决“三农”问题的重要措施

党的十八大指出，“解决好农业农村农民问题是全党工作重中之重”。农业是我国的基础产业，农村地区的面积占全国面积的总比重大于城市，而农民又是我国最广大的一个群体，“三农”问题刻不容缓，是必须提到首要位置来解决的问题。国家也为解决这一问题进行了探索，每年的中央一号文件对农村社会的基层建设、合作医疗、养老保险、农民收入等问题进行细致规定。尽管探索了很多，但“三农”问题不是一个在较短的时间内可以解决好的问题。近些年，虽然农村外出流动人员返乡的不在少数，但依旧有很多青壮年外出谋生，家中只剩下儿童、老人。伴随出现的一系列留守儿童受教育问题、农村老人养老问题、医疗保障问题等，使我们不得不反思，到底采取什么方式才能够使农民“幼有所依、老有所养”。这些问题仅依靠个人力量是难以解决的，必须要通过社会各方的协同共治。共治模式下，发挥政府部门在政策上的宏观把控，民间组织和村民共同出力，采取多元主体共治的方式，才能真正实现农村社会治理创新，解决好农业、农村、农民的实际问题。

2.2.3　从农村社会管理到农村社会治理

从历史演进的角度来看，中华人民共和国成立之初农村社会管理的主要模式是控制。中华人民共和国成立后，农村基层政权的构建是通过土地革命、合作化运动逐步建立起来的。1958 年后，国家主要是通过人民公社来实现对基层的管理，这种模式使得国家政权对乡村社会的干预过于深入，有着很强烈的“管控”意味。自 20 世纪 80 年代以后，家庭联产承包责任制的迅速推行代替了人民公社体制，形成了“乡政村治”模式，存在两种独立的权力来分管乡村社会，即基层乡镇政府掌控的部分行政管理权以及由村民委员会和村民共同行使的自治权，目的是维护农村社会的稳定以及促进基层的发展。1987 年颁布实行的《村委会组织法（试行）》使村民自治在法律上有了保障。近些年来国家提出要建立新型城镇化的战略目标，使得农村社会的文化、政治、经济等都有很大变化，成为一个更具复杂性、多元性、动态性的基层社会，原有的略显死板的管理模式已无法适应农民日益增长的对民主与自治的需求，他们更加注重对农村公共事务的亲身参与和管理，追求多元主体共同参与农村社会治理的局面。党的十九大报告提出健全“自治、法治、德治”相结合的乡村治理体系，为农村社会治理创新的发展指明了方向。

学者们对社会治理理论的研究热潮推动了社会治理理论的快速发展。将治理理论应用于农村社会建设，构建和完善农村社会治理理论，并以此推动我国农村社会发展成为学者们在国家治理、社会治理中关注的焦点。农村社会治理是以基层政府、党组织、村民自治组织、社会组织以及村民个体等为治理主体，以农村社会为治理对象，通过多种手段，在法律的框架内对农村事务进行管理，从而保障农民利益，推动农村社会的稳定持续发展。农村社会管理中，管理者因素占更多比重，而农村社会治理中，制度占更多比重。从农村社会管理到治理的转化，也渐渐实现了基层政府、村委会对人、事从管理到治理的这一跨越。[①] 在农村发展的新形势下，农村新阶层的涌现、乡村格局的复杂性，使单一项度的管理已经无法适应农村社会发展的需求，农村社会出现各种矛盾与漏洞。而整合农村社会中的各方力量，共同参与到与自身利益相关的基层事务治理中去，不仅能节约国家的行政资源，又能发挥村民的参政议政热情，实现村民的自治权，村委会、村民与一些基层组织对与自身生活息息相关的事务更能发挥出治理的热情。从农村社会发展和进步的角度来看，农村社会管理向治理的转化是促进乡村发展、民主、稳定、和谐的必然要求，也是实现农村治理现代化的内在要求。

2.3 农村社会治理的理论基础

2.3.1 公共治理理论

公共治理是多元治理主体之间的平等对话、共同合作，是在多元化、多样性上实现共同利益。探讨公共治理理论首先应当将其与私人治理作一区分，公共治理最终目的是要实现公共利益，包括公共产品、服务与资源的提供等，背后的主体一般是非营利性公共机构；私人治理的主要目的是获取私人的利益，例如，私企内部的治理以及企业间为了实现共同利益的合作协商等。两者在治理的主体、资源、目的以及治理机制等方面都不相同。

公共治理包括以下几个方面的内涵：首先，公共治理弱化了二元区别法。公共主体和私人主体并非完全对立的群体，他们在具体的治理活动中互相协作，共商对策，并形成合作、互助型的伙伴关系。公共治理将不同机构、主体的地位和层级的界限擦除，政府等官方组织不能过多的介入能由民众自己处理的问题，可以使这个大体系下的成员能够高效、高质地达到“善治”的目标。其次，公共治理必须遵循规范的约束。治理的依据包括正式制度以及大量的非正式制度，上至法律、法规、规章，下至各种规范性文件、乡规民约以及官方组织与民众达成的各种协议。再次，公共治理的体系内部呈现网

① 李晓：《法治中国进程中的乡村治理问题研究》，中共中央党校 2017 年博士论文，第 74 页。

状体系。公共治理体系不再是以往的垂直和平行的体系，各个主体或组织间是紧密交织的，网格之间呈现出互动联系的特点，并且能够及时调整共同应对外部情况的转变。最后，公共治理的多元主义特点。这里的多元一指主体，二指权力，虽名为“公共”治理，但并不是指只能由掌握公共权力的主体来行使，而是包含公权力组织、私人组织、个人在内的广泛参与的治理模式，主体的多元势必引起权力的分散，所以也呈现出多权力中心的特点，这种治理模式能够消解专权带来的种种缺陷或弊端，提升社会治理水平。农村社会治理理论是在公共治理理论的基础上，结合我国农村的现状与实践经验，总结出来的有针对性的理论。农村社会治理理论为我国社会治理方式的转变提供了理论支持，并为实践发展指明了方向。①

2.3.2 基层民主理论

鉴于农村社会治理的过程也是基层民主实践的过程，基层民主的有效推进也是农村社会实现善治的重要基础。因此，很多学者从基层治理民主理论的角度切入来研究农村社会治理。② 要建设基层民主，应当着重培养基层民众参与村政、村务的意识、水平和能力，使民众从内心深处将民主作为信仰。

村民自治是国家政权与基层社会联系、沟通与互动的纽带，既包含着国家的意志又渗透着人民的意愿。简政放权思想的逐渐深化，使得很多原先由政府管理或服务的领域逐渐下放到农村基层，这就使得村委会或基层组织的作用得到强化，真正能够体现“民主”“自治”的内涵，将民主真正落实到每位村民的身上，使农村社会能够与国家达到互动与合作的良好状态。经济社会的不断进步发展势必带来文化意识的转变，我国农村村民的权利意识也在不断地进步，参与村民自治是他们的意愿所在。民主作为农村社会治理的内在脊梁，支撑着社会治理的运行。缺失了民主的治理就像一个没有思维的植物人。要将农村的民主建设作为重中之重，通过提升村民的参政意识来激发他们参与村政的热情与创造性，重视农村民主自治的发展与培养。发挥乡规民约在农村社会治理中的作用，正是村民自治的表现之一。

---

① 魏欣：《中国农业面源污染管控研究》，中国农业出版社 2015 年版。

② 邱梦华、秦莉、李晗、孙莉莉：《城市社区治理》，清华大学出版社 2013 年版。

2.3.3 社会资本理论

社会资本理论是社会学、政治学中的理论。社会资本是一种无形的社会资源，是社会主体因其之间的关系网络而形成的资源。社会资本主要由互惠规范、公民参与网络和信任这些部分组成。首先，互惠规范往往由一些高尚的品德形成，包括守信、利他、互助等，它们有利于个体利益的满足，并且能够促进社会共同体的成长。其次，信任是指在社会中的公民因为互相信赖以及自律所形成的社会信任系统，信任程度更高的地区经济往来程度更高，社会合作交往也会更加频繁。最后，横向性的公民参与网络能够将这网络里面的成员平等的联系在一起，促进它们的合作与交流。与此同时，社会资本网络涵盖了政府、民间组织、社会团体等正式与非正式网络，这些网格内的主体互相联系、互相博弈，能够促使社会资本的不断发展与完善。

优化农村社会治理是培育和重建社会资本的必经之路。通过社会资本中的信任去加强公众对政府的信赖，以及对社会系统内部的信任。互惠规范能够逐步增强民众的规则意识、秩序意识。在村集体中，互惠规范能够促使利己者进行改变，将其转变为具有集体利益观的公民。要完善目前农村社会的治理水平，就得利用较小规模的社群，并用有约束力的规范来对成员的行为进行限制。公民参与网络能够促进协调与沟通，个体之间以共同的利益为目的主动寻求相互间的协作。以此构建成的声望体系能为农村社会治理提供强大的激励机制。例如，某一村民因怕做坏事受到其他村民的谴责与嘲讽而不去做；某一村民想保持住村民们对他工作能力的肯定与支持而更加认真负责的做好自身工作等。

我国农村社会的组织力、自主性还不够成熟，也未形成完备的村民参与结构。农村社会治理的有效性必须要形成一个自发自觉的公民参与网络，激励并促使村民之间的合作，致力于集体的利益与发展。

2.3.4 乡村治理理论

乡村治理理论是治理理论与我国乡村社会治理实践的一种结合。乡村治理理论的内涵应该包括四个相互联系的基本方面：其一，治理的过程要体现自主化；其二，以公共利益最大化为首要目标；其三，治理权力的多向性；其四，乡村治理主体的多元化。乡村治理是乡村治理理论在乡村社会实践中的具体运用，是乡村社会中各个利益主体为乡村社会发展而共同参与、协商、互动的一个持续性过程。

2.3.4.1　自主化的治理过程

乡村社会充斥着各种复杂关系，存在各种社会问题，这其中，有些问题需要国家和政府的统筹安排解决，比如，教育、养老、医疗等工程的建立和完善；有些问题则细小琐碎，需要村民们发挥自己的能动性去克服和解决。国家和政府主要进行宏观上的调控，农村社会发展中出现的问题并非都需要依赖国家和政府来解决，村民自治范畴内的问题则由村民自己处理解决。因而，乡村治理理论的提出就可以调动民间组织、村民等各方力量，使其自主参与决策来实现乡村社会治理，以达到乡村社会和谐有序的状态。当然，村民以及各种民间组织要在法律法规的基本框架之下行使自治的权利，接受政府等国家机关的指导；另外，各类主体也要发挥自主能动的力量，积极做好治理工作。可以这样理解，乡村治理理论要求各类主体在宏观层面要接受国家法规政策指导，在微观层面上应该培养各类自治组织和民众实施自我管理的能力。从现实的角度考量，我国农村社会完全可以在遵守法规政策的基础上结合自身情况作出合适的制度设计，很多乡村民间组织都具备成为自主组织的基础条件，国家可以再进行一些引导和规范，为自主组织的发展提供条件。自主化的治理使得涉及乡村治理主体切身利益的意见得以表达，这样可以依据多数人的意见去解决乡村公共问题，以此实现自我管理、自我服务。

2.3.4.2　以公共利益最大化为首要目标

对于公共利益的界定，乡村治理理论也从新的视角进行解读。一种传统的观点认为，社会组织或个人的行为代表的是私人利益，只有政府部门的行为代表的才是公共利益，前者追求的目标是私人利益的最大化，只有后者所追求的目标才是公共利益的最大化。乡村治理理论推翻了这种观点，认为政府部门与社会组织或个人所追求的目标是可以达成一致的，通过多方主体的合作同样可以实现公共利益最大化的目标。乡村治理以服务公共利益为目的，符合公共利益的行动就应当归入乡村治理的范畴，违反或损害乡村社会公共利益的行为就应当被排除乡村社会治理范畴。当然，公共利益最大化的目标并不排斥或绝对排除私人组织或个体追求私人利益，甚至可以说乡村治理理论仍然关注个体对私人利益的追求。公共利益与私人利益是相辅相成的，两者不能被割裂看待，公共利益最终的落脚点就是私人利益的满足，因此可以这样说，追求公共利益的最大化也就是在增进乡村私人的利益。①

2.3.4.3 治理权力的多向性

传统上，人们习惯于一种由政府主导的自上而下的单向性管理模式，政府掌控唯一的公共权力被视为理所当然。随着社会的不断发展，这种单向性的权力运行模式已经严重阻碍了农村民主化和法治化的进程。因此，人们探索出了新的路径，即乡村治理理论。有的学者提出：乡村治理包含着国家公权力与乡村社会公共权力共同依赖、作用、互相联动、协调及运作等。② 这种权力上下互动，具有多向性的特点，能够有效带动乡村中的官民互动，发挥多元主体的治理能力以及积极性，体现自我治理、自我服务的特点。其实，在广大农村地区，社会公共权力是大量存在的，其丰富程度是远远高于国家公权力的，包括各种民间自治组织、非正式组织，甚至是作为个体的村民都能行使乡村治理这一公共权力。乡村治理权力的多向性实际上承认了乡村社会的私权力在乡村治理中发挥着公权力所不能比拟的作用。同时，国家公权力与乡村公共权力是相互依存的关系。一方面，乡村公共权力需要国家权力的授权，以及一定程度的支持与扶助，使其存在合法、治理效率更高；另一方面，因为资源的有限性以及地区的差异性，国家权力不可能深入基层社会的方方面面，这就需要社会公共权力的协助，所以权力的多向性是势必产生的结果。

2.3.4.4 乡村治理主体的多元化

乡村治理主体多元化是乡村治理理论的核心所在。传统的一元主导的治理模式强调政府自上而下单一的管控，随着我国民主化不断进步、政府部门的简政放权、基层群众自治的不断发展，各个主体间联动治理已是大势所趋。学者们对乡村治理的主体有不同的认识。郑宝乐和曾芳芳认为，乡镇党组织、政府、村民都是治理主体，此处的村民是广义的，又具体分为普通村民、村

① 王新心：《乡村治理理论的来源及其核心观点》，载《无锡商业职业技术学院学报》2015年第2期。

② 吴毅、贺雪峰：《村治研究纲论——对村治作为一种研究范式的尝试性揭示》，载《华中师范大学学报（人文社会科学版）》2000年第5期。

及小组干部、精英。[①] 李长健和李曦认为，农村治理的主体主要包括乡镇政府、社区组织、非营利性组织、社区成员，并且在村委会与农民之间存在双向互动关系。[②] 陈天翔、魏晓丽和贾晶晶认为，乡村治理存在多元权威主体，包括表现为适应型权威的集体经济组织等经济主体、表现为目标实现型权威的村党支部和村委会以及表现为整合型权威的村庄民间组织，多元权威主体共同参与乡村治理。[③] 当然，农村社会治理不光有这些权威主体发挥作用，同时也离不开非权威主体的村民，他们是农村基层社会治理最可依赖并更需要调动积极主动性的治理主体。农村社会治理必须走多元共治的道路，治理的关键在于协调处理好多元治理主体在基层社会治理中的关系，以充分发挥不同治理主体的积极作用。

2.4　农村基层社会治理体系中的自治、法治、德治

党的十九大提出，“加强农村基层基础工作，健全自治、法治、德治相结合的乡村治理体系”。农村社会治理要实现乡村治理体系和治理能力现代化，形成一种党组织领导下自治、法治、德治相结合的现代农村基层社会治理机制。

2.4.1　自治、法治、德治的内涵

2.4.1.1　自治

对于自治的含义，应当系统性、多层次地去理解。自治可以理解为人们按照已经确定的程序、目标，通过集体的选举确定人选，并使他们按照确定的规则行使集体内部的管理、决策、判断等权力。自治强调民众的广泛参与，

① 郑宝乐、曾芳芳：《公共治理视阈下乡村治理主体多元化路径探析》，载《湖南省社会主义学院学报》2007 年第 2 期。

② 李长健、李曦：《乡村多元治理的规制困境与机制化弥合——基于软法治理方式》，载《西北农林科技大学学报（社会科学版）》2019 年第 1 期。

③ 陈天翔、魏晓丽、贾晶晶：《多元权威主体互动下的乡村治理——基于功能主义视角的分析》，载《公共行政评论》2015 年第 1 期。

其重点是由民众掌握决策权，因而，关于治理的规划、目的、集体责任承担等基础性、重大性的商议或决定，人民要对此掌握绝对的决策权，即必须由人民作最终的决定。自治的实质是民主参与到与自身利益相关的事务的管理中并具有实质的判断与决策权，这样才会调动人们参与自治的主动性和自觉性。

对村民自治的理解，主要取决于对“自治”内涵的理解。我国学者对自治的含义有不同观点。赵秀玲认为，自治是民众所具有的自我思考、选择与决断的能力。① 将村民能否自觉、自尊、自爱、自由等作为衡量基层村民自治程度的判断标准，注重自治在精神层面要达到的标准。该定义侧重于自治应当达到的价值目标，还需要体现出自治这一特殊政治实践活动的特点。于建嵘认为，自治可以理解为一种独立的行使公共权力管理的方式，对象则是特定范围内的群体。② 自治应当是国家公权力引导下的基层治理的一个层面，应进而厘清、剖析有关自治的更细节、更深入的问题。赵一红从起源的角度阐释自治内涵，认为自治应当理解为自己在一定内在机制的引导下，处理和解决自己的事务或问题。③ 自治是自己在内在机制引导下来解决问题，但是，自治并不是单纯地在自己内部处理自己的问题那么简单，自治不可能不受外力干涉，农村社会治理中的村民自治也应当是在国家引导下进行的依法自治。

2.4.1.2　法治

在我国古代，先秦时期的法家最早提出以法治国的理念。系统阐述了一整套的法治理论、功能、运行机制及价值目标等。《管子·明法》中提道：“……先王之治国也，不淫意于法之外，不为惠于法之内也。”④ 其意为：治理国家要以法律作为标杆，不拿感情行事，不以个人好恶做事。韩非子主张“以法为教”⑤，认为法是治国之本，要给民教法，让民守法。慎到提出“以力役法者，百姓也；以死守法者，有司也；以道变法者，君长也。”⑥ 强调了

① 赵秀玲：《村民自治通论》，中国社会科学出版社 2004 年版。

② 于建嵘：《岳村政治——转型期中国乡村政治结构的变迁》，商务印书馆 2001 年版。

③ 赵一红：《中国村民自治制度中自治规章与国家法律关系研究》，中国社会科学出版社 2008 年版。

④ 出自《管子·明法》。

⑤ 出自《韩非子·五蠹》。

⑥ 出自《慎子·逸文》。

自上而下的权力指向，立法权属于君主，但其也应严格遵守制定的法令，民众则要完全服从君主的指令。从古代的各种法治思想及理论来看，我国传统上关于法治的思想非常丰富，但也要明确，我国古代法治的根基是君主专制制度，是为了维护封建君主的统治，这与我们现在提倡的依法治国有本质区别。

现代社会是法治社会，法律是人们的行为规范，是社会主体的普遍原则。党的十五大提出依法治国，建设社会主义法治国家。党的十八届四中全会专题研究全面推进依法治国问题。党的十九大提出到 2035 年基本建成法治国家、法治政府、法治社会。什么是法治？在现代社会，法治是与人治对应的范畴。法治首先是一种文明理性的法律精神，其次是一种民主、宏观层面的治国模式；法治兼具动态与静态的特点，静态的法治即具备完善的法律规范体系，动态的法治是指任何国家机关、组织、个人都要在法律的框架内行事，尊重法律的至高权威。

法治国家必须具备完备的法律体系。完备的法律体系要部门齐全，法与法之间要协调，而且国家的法应当体现民意，是人民的意志和利益的表现。法治国家还要求法律能够得以有效实施，法律的有效实施就要求执法机关依法行政、司法机关公正司法、人民自觉守法。而要具备完备的法律，并能够有效实施法律，其关键在于每个人必须树立法治观念，使法治思想深入人心，让认同法律、遵守法律、依赖法律成为人们自然而然的习惯。我国的法治化进程是人们逐渐形成法治观念的过程，只有在形成法治观念后，人们才能够依法行事。因而，“中国的法治化关键在于人的法治化，在于人的法治观念的形成”。①

2.4.1.3　德治

对于德治的含义，可以分别从传统德治与现代德治的角度进行辨析。在我国传统的封建社会中，主要推崇的是儒家的“为政以德”思想，就是以道德为手段来实现对国家的治理，这里面不仅强调对民众的道德教化，也强调为政者要用道德约束自己的言行。传统的德治方式注重道德与教化两者并行。最早有关德治的文字记载，可追溯到周朝的《诗经》《尚书》，里面记载了古

① 于语和：《民间法》，复旦大学出版社 2008 年版。

代君主贤人的各种德治思想。儒家学派以此为基础，传承并发扬了前人的德治思想并将其上升为一套治国的理论，“为政以德”是其核心思想之一。《论语·为政》中说：“道之以德，齐之以礼，有耻且格。”大致是说，用道德和礼来治理、引导民众，能够使他们发自内心地感到羞耻，从而能够自我反省而恪守美好品德。从一些传统典籍中可以看出，传统儒家恪守的德治是以道德为主、刑罚的惩治为辅助的治理手段。荀子也曾提到过：“明德慎罚，国家既治四海平。”[①] 传统德治的内涵是为政以德，注重道德教化。总的来说，中国传统德治主张道德与刑罚的共治，但道德优位于法律的适用。古代哲人们的治国思想大多带有强烈的德治倾向，这种理念在中国社会治理中一直经久不衰，源远流长。

中国改革开放后，国家越来越重视德治在社会基层治理中的作用，以家风家训、乡规民约、道德教化、舆论评价等方式施行德治。现代德治是在法治的框架下，国家和社会用道德引导、控制、评价社会成员的一种手段。无论是传统德治还是现代德治，都肯定了道德对社会治理的重要作用。现代德治是对我国传统文化积淀的发扬。传统德治强调德主刑辅，明德慎刑，道德的治理地位优先于法律的思想；现代德治强调法律与道德的治理相结合，德治是在法治的基础上，对人们的思想行为提出的更高的要求，但法治仍在国家治理中拥有最高的地位。传统的德治有国家强制力作为后盾保证实施，违反道德就要受到刑罚的惩治；现代德治中，违反道德一般会受到社会大众的舆论压力和谴责。可以看出，传统与现代德治最大的区别是传统德治以“人治”为根基，现代德治以“法治”为根基。[②]

2.4.2 自治、法治、德治在农村基层社会治理中的关系

关于自治、法治、德治在农村社会治理中的关系，简言之，自治是核心，法治具有保障性作用，德治是社会治理的基石，“三治”有机结合是农村基层社会治理所要实现的目标。

2.4.2.1 自治是农村基层社会治理的核心

农村社会的利益格局日益复杂，村民自主意识不断觉醒，诉求也更多元

① 出自《荀子·成相》。

② 王淑芹：《德治与法治：何种关系》，载《伦理学研究》2014年第5期。

化，因此，不能事无巨细全权交由国家包办。早前的刚性管控措施难以迎合农村发展对社会治理的需求，自主治理、多元主体参与治理成为村民的现实需要。良好的自治能使农村的发展更具活力。村民在法治的规范中进行民主决策、管理、选举、监督，存在的矛盾纠纷可以通过村民内部进行化解，不仅能够很大程度上减轻国家、政府在人力物力资源等方面的投入，而且能提高村民参政议政的积极性，形成多元主体参与共治的格局，实现农村社会的稳定发展。自治是农村基层社会治理的核心，提升自治水平同时又是农村社会治理的目标之一，法律确定的基层群众自治制度是农村实现自治的基本制度。[①] 在农村基层社会治理中，贯彻法治、德治的目标就在于保障村民自治，实现农村社会长足稳定发展。

2.4.2.2　法治对农村基层社会治理起保障性作用

法治的核心是公平，法治的手段是规则化和确定化。在农村社会治理中，如果仅仅依靠德治与自治，便会无章可循，人们的行为就不具有确定性，从而产生许多治理问题。法治具有的可预测性、指引性，可以帮助村民们预期判断和处置未来发生的事情。法治还具有德治与自治所不具有的国家强制性，可以通过强制的手段来惩治农村社会存在的严重违法行为，具有强大的稳定民心和保障农村公共秩序的作用。法治是农村社会治理中最低限度的保障，自治与德治都应在法治框架之内运行。具体来说，农村社会治理中的自治是需要法治进行规范与限制的，如宪法规定了村委会是基层群众性自治组织，明确了它的定位是非国家政权机构，其行使的权利是属于村民的。宪法、法律赋予了村民自治的权限，规范了自治的主体、内容、具体程序。法治可以更有效地统筹各方力量，协调解决各种矛盾纠纷，使得农村治理中的选举、决策、管理与监督更具规范化，使得治理合乎法治的轨道。[②] 没有法治作为后盾，自治与德治就是坐而论道，没有实际意义。没有法治的自治，失去了限制，很可能沦为多数人的专制。

2.4.2.3　德治在农村基层社会治理中具有基础性地位

道德能为构建乡村治理体系提供情感上的支撑。传统道德包括礼义廉耻、

---

① 沈旗锋：《论社会治理创新中的德治、法治、自治》，载《楚天法治》2014 年第 9 期。

② 何阳、孙萍：《“三治合一”乡村治理体系建设的逻辑理路》，载《西南民族大学学报》2018 年第 6 期。

忠孝节悌等核心要素，是一种非强制性的约束规则。德治为人们的行为设定了标准与规范，在农村社会治理中融入德治，能够为法治与自治提供重要的情感认同，使农村治理取得良好的效果。虽然当前农村社会在生产生活方式、村民关系、思想道德等方面都有了巨大的改变，但不可否认，我国的农村社会仍然是以熟人社会为主的社会，以道德伦理为基础仍是其基本特征。通过对村民的道德规范与评价，使其从内心认同并自主规范自身行为，以固有的道德观念形成价值判断，调解农村社会关系，形成良好的社会治理氛围。德治涵盖面非常宽泛，渗入农民生活的点滴小事中，并且具有相当强大的隐形约束力。德治能够以较少的管理成本实现乡村的秩序稳定。新时代，在吸收传统优秀道德文化的基础上，也要为道德注入与时俱进的内容，要将社会主义核心价值观的基本内容写进乡规民约中，构建符合时代要求的道德标准，构建和谐的农村社会德治秩序。

自治、法治、德治在农村治理中不能割裂开来，三者要互相影响、作用才能使治理的成效最大化，要构建“三治”结合的运行机制。在具体实施中，以自治为核心就要用法治限定政府权力的界限，规范自治的主体、内容、程序、权限，让自治在合法的轨道上运行。要用德治支撑自治，用德治的情感教化形成村民的内心认可与确信，着力构建“三治”交织融合、互相作用的农村治理网络，使治理效益最大化，解决农村难题，推进农村社会的长久发展。

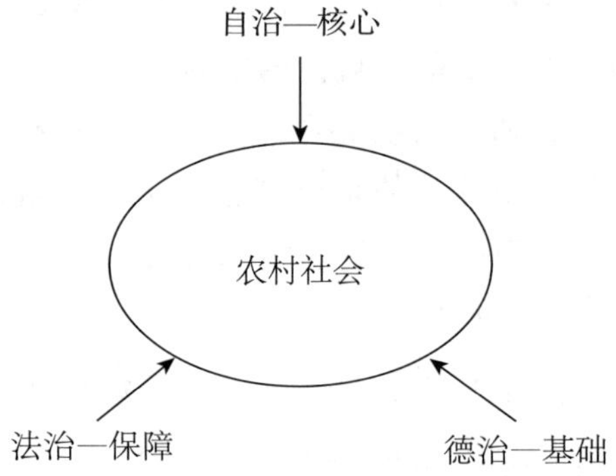

图 2－2　自治、法治、德治在农村社会治理中的关系

2.4.3　“三治”结合中现代乡规民约的功用

2020 年中央一号文件提出，要提高乡村治理效能，完善乡规民约，开展“三治”相结合的乡村治理体系建设试点示范。体现村民集体意志的现代乡规民约正随着国家治理理念的更新以及社会的发展应时而变，内容涵盖范围非常宽泛，从传统的道德习俗扩大到了农村营建、经济生产、村民生活、文化教育以及生态文明建设等多个方面，多层次、多方位地影响着农村社会中的自治、法治与德治。

从村民自治的角度来看，首先，制定乡规民约的过程也就是本村村民进行自治的过程。在制定乡规民约的过程中，村委会要通过走访、宣传、村小组会议等方式，收集整理每户村民的意见建议，并以此为依据起草乡规民约，经过乡镇政府审核把关后，再由符合法定人数比例的村民大会到会人员过半数表决通过。在此基础上产生的乡规民约充分满足了广大村民的要求与意愿，是其实现自治权的过程，具备很强的民主性与权威性。其次，乡规民约能够通过具体的规则来保障村民的自治权，包括规定民主的评议程序、组织村民教育活动、定期召开村民会议等。例如，陕西省蓝田县三里镇乔村整合村民议事会、红白理事会、禁赌协会等自治组织，实行乡规民约评议会制度，并就乡规民约评议会的具体议事程序作了详细规定：该村乡规民约评议会常务理事会接到村民个人的评议请求后，应于 3 日内召开常务理事会，决定是否召开评议会，并将结果告知村民本人；除评议会涉及的相关人员外，每次参加评议会的乡规民约评议会会员应在 10 人左右，也可以邀请本村村民进行旁听。另外，村庄的乡规民约中规定了本村应当定期举办农民教育素质提升等活动，提升村民的法律及道德知识修养，并以此激发村民参与村务活动的积极性。乡规民约为村民自治做好了铺垫，促进了村民的有效参与，使其能顺利实现村民自治权。

从农村社会法治建设的角度来看，现代乡规民约的制定有利于我国农村社会法治建设的深入开展。首先，乡规民约能够促进村民对国家制定法的理解。现代乡规民约是在国家法治理念之下结合本村实际制定而成，其基本精神是与宪法法律相一致的，所以，乡规民约可以视为国家法治理念向农村渗透的一种形式。村民中学历人数占比最高的为高中及以下群体，受此限制，绝大多数村民不会专门去学习措辞规范、专业的法律法规以及其他规范性文件。相反，用词易懂、表述简单的乡规民约更能得到村民的青睐，村民对其知晓程度就远高于前者。很多乡规民约的规定实际上蕴含着法律的内容，这样不仅间接地向村民进行了普法宣传，而且提升了村民对法律的兴趣。以陕西省蓝田县《蓝田新乡约》为例，其中规定“夫妻应平等相待，互敬互爱；共同承担家庭事务，共同管理家庭财产。反对遗弃配偶，杜绝各类家庭暴力”，这些内容就与《民法典》婚姻家庭编中有关夫妻关系的规定相符。以乡规民约的形式不断增强村民的法治规则意识，能促进农村地区法治文化的发展，因此，乡规民约对农村法治活动的开展普及大有裨益。其次，现代乡规民约能为部分农村民事纠纷的处理提供依据，具有稳定农村社会的功能。乡规民约较法律条款而言，内容简单，规范的事项具体，具有灵活性、易于操作性以及因地制宜的特点，对部分民事纠纷的处理能起到良好的效果。如农村集体收益的具体分配方案、土地流转收益方案的制定和分配都属于农村自治范围，村民因此产生的纠纷可以诉诸本村乡规民约的规定，通过村民自行协商、村委会调解、召开村民会议等方式促进纠纷解决，一般情况下，由村民自行执行或村委会予以执行。另外，村民的婚姻、家庭、相邻关系等纠纷的处理，也规定在乡规民约中。陕西省旬阳县神河镇金河口社区，就以“促守法、调纷争、打邪恶”的基本理念制定了乡规民约，规定村民遇见问题纠纷，首先应当向本社区反映，而不能采取堵路、聚众闹事以及越级上访的方式来表达诉求，解决纠纷。现代乡规民约在融合国家治理理念的基础上，以其温和性、灵活性的纠纷处理手段为村民所理解与接受，使得农村法治建设能够贴近乡民生产生活实际，深入人心，确保农村社会和谐、稳定。

从德治的角度来看，现代乡规民约能够弘扬优秀道德文化，提升村民道德素养，促进农村的文化建设。新时代的乡规民约蕴含着社会主义核心价值观，可以通过长期的熏陶来转变村民传统观念中的劣根思想。近几年来，越来越多的乡规民约规定了道德评议的内容，以神河镇金河口社区的乡规民约为例，其中提到，本社区应当成立“说、论、亮”道德评议委员会，每季度召开一次，并且设立“红黑榜”奖励先进的村民，曝光失德反面典型。蓝田县三里镇乔村也设立了专门的公开栏，对本村善行义举的典型事例进行宣传。现代乡规民约还对父母子女赡养、外迁村民权益等涉及人权的问题进行了规定，金河口社区乡规民约提及不得虐待打骂父母子女，要求外出务工村民要稳妥安排好父母子女的生活及赡养问题，并且每年要回乡两次以上。对于外村迁入的村民不得歧视，其权利义务与本村村民等同。现代乡规民约的很多内容与我国社会主义核心价值观的基本内涵相吻合，对传统乡规民约赋予新时代内涵，能够引导建设文明乡村，弘扬优秀习俗，促进乡村德治。

现代乡规民约是国家制定法与习惯法相结合的产物，既能保证国家对乡村在宏观上的管理，又能确保农村社会基层的自治性①，乡规民约具有的这种特性使得在农村社会治理中将自治、德治、法治融会贯通成为可能。乡规民约虽是非正式制度，但其内容必须要符合最根本的国家意志，在法律的庇护之下生根发芽。村民通过乡规民约这一柔性的方式，承继了村民自治的权利与成果，承继了农村优秀的传统道德风气。现代乡规民约是促进农村自治、德治、法治融合的必不可少的载体，深刻影响着农村社会治理的实践方向。②

① 陈寒飞、高其才：《乡规民约在乡村治理中的积极作用实证研究》，载《清华法学》2018年第1期。

② 孙玉娟：《我国乡村治理中乡规民约的再造与重建》，载《行政论坛》2018年第2期。

第三章　农村乡规民约优良传统及复萌新兴

3.1　乡规民约的界定及其与相关概念的辨析

3.1.1　乡规民约的界定

根据《说文解字》，“规”的意思是“有法度也”，“约”的意思是“缠束也”。[①] 乡规民约一词是由规约扩展而来的，出现时间大概是在清末文体改革之后。[②] “乡”[③] 与“民”[④] 可以视为规约的适用范围和制定主体。

---

① 许慎：《说文解字》，中华书局1963年版。

② 董建辉：《“乡约”不等于“乡规民约”》，载《厦门大学学报（哲学社会科学版）》2006年第2期。

③ 乡规民约是适用于农村或乡村的民间规范，因而本书中会大量使用“乡村”和“农村”这两个概念。关于农村和乡村的关系，有的学者认为两者含义相同，例如，袁镜身认为“乡村，是相对于城市的、包括村庄和集镇等各种规模不同的居民点的一个总的社会区域概念。由于它主要是农业生产者农民居住和从事农业生产的地方，所以又通称为农村。”（袁镜身主编：《当代中国的乡村建设》，中国社会科学出版社1987年版。）有的学者认为两者是有区别的，例如，秦志华认为：“乡村是与城市相对照而言的，标志着社会活动方式的区域差别；农村是与工商业相对照而言的，标志着产业布局的区域差别。”但他同时又指出：“乡村与农村具有很大的重合性，农村是乡村的主体，乡村地区的绝大部分是农村地区。”（秦志华：《中国乡村社区组织建设》，人民出版社1995年版。）我国统计局在统计城乡人口、社会、经济等发展情况时，将乡村与农村等同，其主要依据是国务院的《统计上划分城乡的规定》，其中规定乡村指的是城镇以外的区域，并将农村与乡村在地域界定上等同，不再区分农村和乡村。基于研究的需要，本书认为乡村与农村是等同的。

④ 乡规民约的制定和适用主体是农民/乡民。在我国的二元社会结构中，农民是一种“身份”，我国以户籍为划分标准，将整个社会成员分为农业人口和非农业人口。本书中的“农民”与“乡民”采用相同的含义。另外，本书中还涉及“村民”概念，本书中所提到“村民”是居住在村一级行政区划内的我国公民，与村级行政区划紧密联系。

关于乡规民约概念的界定，学界至今没有统一的定论。

谢晖认为，乡规民约有广义和狭义之分，前者泛指一切乡土社会所具有的国家法之外的公共性规则，而后者则仅指在国家政权力量的“帮助、指导”下，由乡民们“自觉地”建立的有关相互交往的行为规则。[①] 董建辉认为，乡规民约是基层社会组织的社会成员共同制定出来供大家共同遵守的一种社会行为规范。[②] 张明新认为，乡规民约就是指乡村居民们共同商量、共同讨论、共同制定，每个乡村居民都必须遵守和执行的行为规范。[③]

从目前的国内研究来看，不同学科的学者出于研究选题与研究视角的差异，对乡规民约概念的界定自然会有所不同。但是，学者们一致认为，乡规民约最根本的特征就是规范性。

从上述不同学者对乡规民约的解释中，我们可以归纳出乡规民约的主要特征，以此来理解乡规民约。

首先，生存环境的乡土性。中国传统农村社会是个“熟人社会”，乡民们在同一块土地上因经常性地、长时间地接触以及共同的生产生活而变得彼此熟稔，甚至结成“命运共同体”，乡规民约是他们在乡土社会生产生活经验的累积，是他们长期生产生活实践和乡土文化共同作用的产物。

其次，产生方式的自发性。对乡民们来说，乡规民约不是外来物，不是国家或他人为乡民制定的规则，而是内生于乡村中的，由乡民们自发约定的。乡规民约是乡民们基于生产生活的需要而约定俗成的行为规范，因此，在其适用范围内具有很强的针对性和适应性，能够指导民间生活，解决乡民们的实际问题，并以此构建乡间秩序，形成良好风气。乡规民约因其自发性而具有较强的生命力。

再次，效力能力的规范性。乡规民约是一种国家法律之外的社会行为规范，对乡民的行为具有约束力。乡规民约虽然不具有法律的强制性，但是却可以对乡民及其行为起到引导、评价、预测和教育的作用，要求乡民共同遵守，违反乡规民约的乡民会受到约定的处罚。

---

① 谢晖：《当代中国的乡民社会、乡规民约及其遭遇》，载《东岳论丛》2004 年第 4 期。

② 董建辉：《“乡约”不等于“乡规民约”》，载《厦门大学学报（哲学社会科学版）》2006 年第 2 期。

③ 张明新：《乡规民约存在形态刍论》，载《南京大学学报（哲学·人文科学·社会科学版）》2004 年第 5 期。

最后，适用范围的有限性。乡规民约的适用范围不同于国家法，国家法适用于全国范围内，并对全体国民具有普遍适用性；而乡规民约适用的范围被限定在一个村落或者几个村落，离开这一特定的环境就失去了效力。当然，适用的主体范围不仅仅限定为入约的乡民，乡规民约的适用具有“属地原则”，即使是外乡人来到本地，也须“入乡随俗”，遵守乡规民约，这样才能更好地融入本地生活，促进和谐相处。

综上所述，乡规民约是乡村或乡民的自治规约，主要是指基于一定的地域关系，由这一地域的乡村居民共同约定并共同遵守，是能够维护该地域的社会稳定的规范或准则。简单地说，乡规民约就是乡民约定的规则、规范。它不仅包括成文的形式，比如我国古代社会的《吕氏乡约》《南赣乡约》，现代农村社会成文的《××村村规民约》《××村乡规民约》《××村村民自治章程》《××村红白理事会章程》《××村环境保护村规民约》等，还包括乡民在长期生活实践中自发形成的不成文的风俗习惯，如宗法礼仪、民俗习惯、道德规约等。乡规民约是乡民共同制定的适合本地的行为规范，是乡民在长期共同生产生活实践中，自发形成的具有约束力的行为规范或体现乡民共同意愿的价值追求。

3.1.2　乡规民约与相关概念的辨析

在乡规民约的研究中，经常会涉及“乡约”“村规民约”“民间规约”“习惯法”“民间法”“非正式制度”等概念，对这些概念的理解以及乡规民约与这些概念的联系与区别是本书首先必须澄清的。

3.1.2.1　乡规民约与乡约

人们往往认为乡约就是乡村民众共同制定并遵守的规范，《中国大百科全书·社会学卷》中也将乡规民约等同于乡约，这在某种程度上，使“乡约即乡规民约的简称”这一观点深入人心，因此，有些学者在进行研究时并没有区分“乡约”和“乡规民约”这两个概念，而是认为乡约等同于乡规民约。比如，张中秋在论及乡约的诸属性时，实质上分析讨论的就是乡规民约的属性，即时空性、法律性、价值性等。[①] 再比如，栾淳钰、付洪认为在现代视角下的“乡约”与“乡规民约”是可以互换和通用的概念。[②]

从目前国内的研究来看，“乡约”涉及如下几个方面的含义：

一是指乡民自主约定的行为规范。乡约具有规则、规范的含义，是乡治中乡民自发约定并共同遵守的行为准则，主要以道德教化引导乡民行为。乡约的规则、规范之意是学者们在研究乡约时关注最多的。

二是指乡村自治的组织、集合体。组织是指人们为了共同目的而自愿组成的一个集合体。明代的思想家、政治家吕坤在其《实政录》中介绍了当时基层的乡村组织：乡约、保甲、社学、社仓，其中乡约组织正是乡甲约制度的重心。梁漱溟先生认为，近代农村的村学、乡学“是个学校，同时是一个乡村组织”，认为这是类似于传统乡约的组织，“最符合中国的老道理——乡约的意思”，也“最符合中国的本来风气”。[③] 董建辉从历史学的角度将“乡约”界定为乡村社会中以社会教化为主要目的的一种民间基层组织形式。[④] 卞利认为乡约是宋明清时期被普遍推广实行的一种民众组织。[⑤] 作为组织的乡约一般是为了保证作为行为规则的乡约的实施而组建的。

三是指明清时期知县任命的一种地方乡里的职务。明清时期政府为了进行地方管理，往往会任命一些乡里官吏，如里正、亭长等，乡约也是其中的一种，属于乡间小吏。乡约的职责主要是传达政令、教化人民、调解纠纷等。《儒林外史》中讲道：“族长严振先，乃城中十二都的乡约。”这里的乡约就是乡中的小官的意思。

四是宣讲圣谕、法令、乡规民约的活动。明清时期，为了教化乡民，官府在乡间定期组织宣讲圣谕、法令、乡规民约的活动，并依照乡规民约

---

① 张中秋：《乡约的诸属性及其文化原理认识》，载《南京大学学报（哲学·人文科学·社会科学版）》2004 年第 5 期。

② 栾淳钰、付洪：《中国传统乡约的现代审视》，载《理论学刊》2016 年第 2 期。

③ 梁漱溟：《梁漱溟全集》（第 1 卷），山东人民出版社 1989 年版。

④ 董建辉：《“乡约”不等于“乡规民约”》，载《厦门大学学报（哲学社会科学版）》2006 年第 2 期。

⑤ 卞利：《明清时期徽州的乡约简论》，载《安徽大学学报（哲学社会科学版）》2002 年第 6 期。

嘉奖善行，惩罚恶行，这种活动被称为乡约。王兰荫在其《明代之乡约与民众教育》中就有记载："明代举行乡约，除讲演明太祖教民六谕外，其他一切仪式，要皆仿蓝田吕氏之法。"① 图3－1为明朝在乡约会所开展宣讲圣谕六言、举弹善恶等乡约活动的座次图，可见当时的乡约活动开展得规范有序。

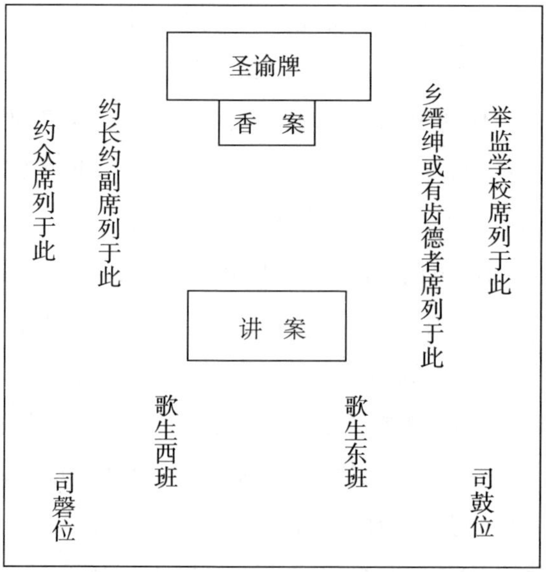

图3－1　明朝在乡约会所开展宣讲圣谕六言、举弹善恶等乡约活动的座次图②

五是开展乡约活动的处所。乡约组织会定期聚集约众，开展乡约活动，活动的固定场所一般称为乡约所，也被叫作乡约。明朝时宣讲圣谕六言，组织讲约，并依约嘉贬善恶；清朝时宣讲圣谕十六条、进行有关讲法活动等都在乡约内举行。图3－2为广东珠海梅溪陈氏家族于19世纪末捐建的乡约所，该乡约所大部分已损毁，现仅余乡约所前壁，可以清晰地看到门楣处的"乡约"二字。

① 王兰荫：《明代之乡约与民众教育》，载《师大月刊》1935年第21期。

② 原图标题中的"坐次"同"座次"。图片来源：杨开道：《中国乡约制度》，商务印书馆2015年版。

图 3－2　广东珠海梅溪陈氏家族于 19 世纪末捐建的乡约所①

乡约的五种含义可以从图 3－3 中直观反映出来：

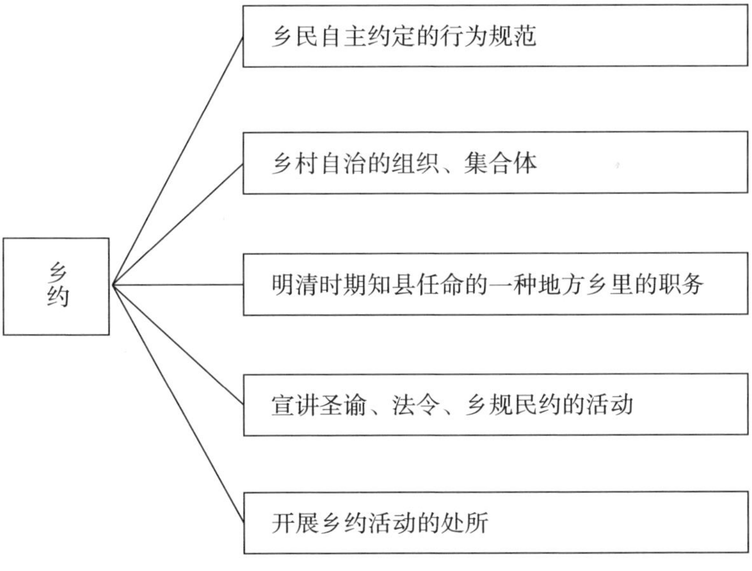

图 3－3　乡约的含义

① 易舜：《厦门大学人类学与民族学系董建辉教授——为乡约精神注入现代活力》，载《中国纪检监察报》2016 年 3 月 28 日，第 6 版。

从上述内容可以看出，“乡约”的内涵非常丰富，千年的发展历程使其含义范围远远大于“乡规民约”。针对“乡规民约”与“乡约”两个概念是否可以互换通用的问题，如果仅仅意指行为规范，这两个词都包含此意，但是乡规民约并没有乡约的组织、职务、活动、处所等含义，在这些意思上，乡规民约显然不能代替乡约。因而，“乡约”是包含“乡规民约”的，其集合范围大于“乡规民约”的集合范围。

通过以上分析，明确区分了“乡约”与“乡规民约”的内涵，两者既有联系，又有区别。

乡规民约与乡约有着十分密切的联系。首先，“乡约”与“乡规民约”都是中国古代小农经济决定的上层建筑的重要组成部分，是社会发展到一定阶段的产物。它们有着共同的社会目的与使命，即调整维护乡村社会秩序。明清时期，乡约制度盛行，将乡规民约这种自治性的社会规范推到了历史的顶峰。其次，中国乡村社会，是个无“法”的社会，“乡约”与“乡规民约”都是以传统儒家文化为指导思想，通过教化的方式，改善乡民的道德风俗。最后，“乡约”与“乡规民约”这两种不同的文化现象又有交集之处，都是指乡村人民共同制定的行为规范。这一点也是多数学者将二者相混淆的根源所在。

尽管乡规民约与乡约有着十分密切的联系，但乡规民约和乡约毕竟是不同的社会现象，二者的差别更为明显。第一，“乡规民约”与“乡约”的形成条件和时间不同。大多数学者认为，北宋《吕氏乡约》是我国第一个成文的“乡规民约”，但《吕氏乡约》不同于一般意义上的乡规民约，一般的乡规民约只有行为规范，然而《吕氏乡约》中还构建了一套乡约组织和乡约礼仪，以保障乡约的施行。在这以后，乡约的内涵开始逐渐扩大化，不仅仅是指乡民共同制定的规约，还有民间基层组织的内涵。第二，二者的性质不同。乡约是一种以教化为目的的基层社会组织，其专门的主管人员被称为乡约长，或者约长，主要负责一个自然村或者几个自然村的教化活动，其上司被称为总乡约长，主要负责乡里的教化活动。而乡规民约是一种社会行为规范，是乡约制度下推行教化的具体的行为准则。第三，二者内容内涵不同。乡约的内涵丰富，具有规则、组织、职务、活动、处所等多种含义，而乡规民约仅仅只有规则一种意思。

3.1.2.2　乡规民约与村规民约

中国的“乡村社会”是一个熟人社会，受中国传统儒家思想的影响，乡规民约自古以来作为社会中的一种行为规范，是乡民长期生活实践和乡土文化共同作用的产物，是乡土社会生活经验的累积。

在一般意义上，乡规民约涉及的范围较村规民约更广，乡规民约包含村规民约、村民自治章程、风俗习惯、宗法礼仪等不同形式，村规民约可以视为乡规民约的一部分。从字面含义上，即可以将乡规民约理解成乡民自治的各类行为规范，例如，命名为“××乡规民约”“××村规民约”等的村民行为规范、村民自治章程、红白理事会章程等。并且，乡包含了很多村庄，而村规民约一般仅适用一个村。张广修在谈论村规民约的历史起源时，认为应将其追溯到以地缘关系为纽带的异性杂居村落形成之时。[①] 前文中提到，“乡规民约”这一名词是由“规约”演变而来，“乡”与“民”是“规约”的修饰词，指出了该规约的适用范围和制定主体。由此可以类推，“村”[②] 也起着同样的修饰作用，可以视为该村规民约的适用范围。

也有学者认为乡规民约与村规民约是同义的，他们具有不同的名称、相同的含义，认为无论从内容上，还是从表现形式上来看，二者都是一个意思，都是指村民基于生活需要共同制定的行为准则。因而，认为在我国现行的行政机关组织体系中，乡镇是国家的基层行政机关，村民委员会是我国的基层自治组织，村规民约是指村民依据宪法、法律法规和国家政策，基于社会共同需要共同制定并共同遵守的规则，也包括本村村民长期生活实践中自发形成的风俗习惯，这些风俗习惯可以通过成文或不成文的形式体现出来。村规民约的主要目的是维护农村社会秩序的和谐稳定，保障村民的利益，在社会主义制度下的村规民约是民主自治的体现。如果从这样的角度理解的话，乡规民约与村规民约是同义的。

---

① 张广修：《村规民约的历史演变》，载《洛阳工学院学报（社会科学版）》2000年第2期。

② 村：指村民委员会所辖地域和有集体所有制农用地或有农业户籍的居民委员会所辖地域。参见《第二次全国农业普查主要数据公报（第一号）》。

本书中的村规民约主要是指《村民委员会组织法》中提及的“村规民约”①，是由村民会议根据一定的程序制定的适用于本村村民的行为规范。1980年，广西壮族自治区河池市宜州区屏南乡合寨村村民成立村民委员会，并制定《村规民约》《封山公约》，这被认为是现代社会我国农民首次制定作为自治规约的村规民约，并从此开启我国的村民自治之路。② 现代乡规民约从广泛的意义上来讲，不仅仅包括村民制定的各类村规民约，也包括村民自治章程等其他类型的村民自治规约以及宗法礼仪、风俗习惯等，因而，村规民约是乡规民约的重要组成部分，乡规民约的范围要大于村规民约。

3.1.2.3　乡规民约与民间规约

什么是民间规约？它的基本内涵包括哪些内容？学者们有不同的理解，比如，刘笃才认为民间规约既不同于私人契约，又不同于国家法律，是民间社会组织的自治规范。③ 随着研究的深入，刘笃才教授重新界定了民间规约的含义，认为民间规约为民间组织、机构与团体有关组织运作的自治规范以及公共事务管理方面的成文规则。④ 还有学者认为民间规约是习惯法的具体表现形式。“民间”可以视为规约的生成环境和适用范围，民间规约泛指适用于社会大众的、国家法之外的公共性规则的总和。

不难看出，民间规约是独立于国家制定法之外的一种社会规范，是产生于民间的，由民众自发形成或者各种民间组织自觉制定的。根据目前学者的研究，历史上的民间规约多种多样，呈现出不同的特点。刘笃才教授在《民间规约与中国古代法律秩序》一书中，列举了乡约、村社规约、村寨（部

---

① 《村民委员会组织法》第10条规定：“村民委员会及其成员应当遵守宪法、法律、法规和国家的政策，遵守并组织实施村民自治章程、村规民约，执行村民会议、村民代表会议的决定、决议，办事公道，廉洁奉公，热心为村民服务，接受村民监督。”第27条规定：“村民会议可以制定和修改村民自治章程、村规民约，并报乡、民族乡、镇的人民政府备案。村民自治章程、村规民约以及村民会议或者村民代表会议的决定不得与宪法、法律、法规和国家的政策相抵触，不得有侵犯村民的人身权利、民主权利和合法财产权利的内容。村民自治章程、村规民约以及村民会议或者村民代表会议的决定违反前款规定的，由乡、民族乡、镇的人民政府责令改正。”

② 有关合寨村《村规民约》《封山公约》的内容，可见本书第三章的3.3.1.3。

③ 刘笃才：《中国古代民间规约引论》，载《法学研究》2006年第1期。

④ 刘笃才：《民间规约与中国古代法律秩序》，社会科学文献出版社2014年版。

族）规约、寺庙规约、书院规约、行会规约、帮会规约、士林社约、善会规约、宗族规约十类古代民间规约。[①]

民间规约的范围非常广泛，不仅适用于乡村，也适用于城镇，对民众的行为予以规范，还有大量的民间规约存在于各种民间组织中，发挥着重要作用。更重要的是，民间规约主要表现为一种成文的规约，是人为制定的，是自觉形成而不是自然形成的，这些规约意义明确并且条理清晰。

乡规民约与民间规约在性质上都属于国家法之外的民间行为规范，相对于国家制定法的普适性而言，仅仅适用于特定的环境、组织或地域，离开了特定的区域则失去了效力。但乡规民约与民间规约是不同的，二者在其类型上有交叉，乡规民约中那些不成文的宗族礼仪、风俗习惯不属于民间规约，而民间规约中的行会规约、帮会规约、寺庙规约也不同于乡规民约。乡规民约具有地方性，有其适用的地域范围，适用主体之间往往具有地缘、血缘等社会关系，民间规约虽也有此特点，但是民间规约中还包括因业缘关系而产生的规约，如行业规约适用于某一行业范围，寺庙规约适用于某一寺庙范围等，这些均不属于乡规民约。

3.1.2.4　乡规民约与习惯法

关于习惯法概念的界定，站在不同的角度立场上就有不同的理解。学界关于法律本质问题的争论主要体现在法律的阶级性与社会性，进而对习惯法的界定也就有了国家论和社会论的看法。

一些学者站在国家法的立场上去定义习惯法。认为所谓习惯法，是指被赋予法律效力的习惯，即经有权的国家机关以一定的方式认可，赋予其法律规范效力的习惯。当然，并不是所有的习惯都会成为习惯法，只有那些被社会广泛认可并经国家确认其具有法律效力的习惯才是习惯法。在这个意义上的习惯法实际上属于国家法的范畴内，是在国家强制力的保证下实施的。比如依据《民法典》第510条的规定，当事人可以按照交易习惯确定相关合同内容。[②] 交易习惯在合同约定不明的情况下就起到法律的作用，对合同双方

① 刘笃才：《民间规约与中国古代法律秩序》，社会科学文献出版社2014年版。

② 《民法典》第510条规定："合同生效后，当事人就质量、价款或者报酬、履行地点等内容没有约定或者约定不明确的，可以协议补充；不能达成补充协议的，按照合同相关条款或者交易习惯确定。"

具有约束力，这种习惯法也是我国最早得到普遍认可的习惯法。

还有一些学者基于法社会学的立场，认为法是一种社会现象，把习惯法置于广阔的语境中使用，从更广泛的意义上去理解习惯法，而不限于国家法律的范畴。高其才认为："习惯法是独立于国家制定法之外，依据某种社会权威和社会组织，具有一定的强制性的行为规范的总和。"① 杨堃认为习惯法是"维持一定的社会关系和社会秩序，用某种公共的强制办法，保证使人人都按照一定的传统习俗逐渐自然形成的，不成文的行为规则"。② 这种观点认为习惯法就是习惯规范，是被多数人认可并遵守的一种社会行为规范。

本书中对习惯法的理解采取社会学对习惯法的认识思路，将乡规民约与习惯法的关系放在这样一种思路和语境下探讨。立足于中国的本土社会，在非国家法的体系和范围内，高其才把当代中国习惯法分为宗教习惯法、村落习惯法、行会习惯法、行业习惯法、宗教寺院习惯法、秘密社会习惯法、少数民族习惯法七类。③ 不成文的乡规民约可以看作是习惯法的一种具体表现形式，作为习惯法的不成文乡规民约特指乡民长期在社会生活中自发形成的习惯、风俗等，乡村生活中的习惯与习俗是不成文乡规民约的直接表现形式。而成文乡规民约，例如各村制定的《村规民约》《村民自治章程》等则不应归于习惯法中，否则就造成了对习惯法与乡规民约这对概念在理解上的混淆。

3.1.2.5 乡规民约与民间法

学者们对民间法含义的理解并没有一致的定论。有学者认为民间法很难用抽象的语言去界定，甚至还有一些学者就根本不承认民间法。④ 从马克思主义法律观关于法的本质阐述的角度来看，民间法尚不能称之为法。因为民间法并不是统治阶级意志的体现，未经过国家制定或认可。在此意义上，民间法只能解释为一种民间社会规范，具有社会规范属性，而不具有法律属性。而从法社会学的视角来分析，我们将"法"的内涵可以作扩大解释，将民间法这个语义理解为"民间"和"法"这两个部分。在此语境下，"民间"是

① 高其才：《习惯法与少数民族习惯法》，载《云南大学学报（法学版）》2002 年第 3 期。

② 杨堃：《民族学概论》，中国社会科学出版社 1984 年版。

③ 高其才：《中国的习惯法初探》，载《政治与法律》1993 年第 2 期。

④ 孙国华、杨思斌：《"习惯法"与法的概念的泛化》，载《皖西学院学报》2003 年第 3 期。

相对于“官方”而言的，是指非官方的。民间法也是一种“法”，是一种调整民间社会关系的行为规范。

日本学者千叶正士认为，非官方法是非由官方权威正式认可、而是由某个圈子的人们（无论是一个国家的人们，还是一个国家之内的人们，或是超越一个国家包括他国的人们）在实践中通过普遍的一致同意所认可的法律体系。① 这里的“非官方法”就是民间法。

我国学术界较早提出“民间法”概念的是梁治平教授，作为最早一批研究“民间法”的学者，他认为，所谓“民间法”即“这样一种知识传统，它生于民间，出于习惯，乃由乡民长期生活、劳作、交往和利益冲突中显现，因而具有自发性和丰富的地方色彩”。②

从上述学者对于民间法的定义可以归纳出民间法特有的属性。首先，非国家性。民间法是独立于国家法体系之外的，非国家性是民间法的第一属性，是判断一个社会规范是否是民间法的基本标准。其次，社会性。社会存在决定社会意识，民间法的运行依赖于社会生活实践的支撑。民间法是先于国家法产生的，源于社会生活，具有很强的灵活性，民间法具有维护社会秩序，解决协调纠纷的作用。最后，地方性。民间法是地方文化的一个产物，它不同于国家制定法具有普遍性的特点，而是具有地域性，其适用范围局限于一个地方或者特定区域。

乡规民约是民间法的一种具体表现形式，乡规民约本身来源于民间，属于国家法律体系之外，可以将其归属于民间法的范畴。乡规民约的适用范围比民间法的适用范围要窄一些，仅仅适用于基于地缘和血缘关系形成的乡村，而民间法则不同，它可以囊括所有非国家法律体系的社会规范，除了乡规民约之外，还包括宗教法规、行业规章等。

3.1.2.6　乡规民约与非正式制度

国内学者对于非正式制度的界定，大多数都沿用了诺斯的思路，主要是对其表现形式进行罗列。比如，罗能生、胡舜认为非正式制度是指人们在长期的社会生活中逐步形成的习惯习俗、伦理道德、文化传统、价值观念、意

① ［日］千叶正士：《法律多元——从日本法律文化迈向一般理论》，中国政法大学出版社1997年版。

② 梁治平：《清代习惯法、社会和国家》，中国政法大学出版社1996年版。

识形态等对人们行为产生非正式约束的规则。[①] 陆铭、李爽认为非正式制度是人们在长期交往中形成的，它具有持久的生命力，并且构成了代代相传的文化的一部分，主要包括价值信念、伦理规范、道德观念、风俗习惯、意识形态等。[②]

非正式制度是与正式制度相对的一个概念，它们是相互依存和互补的。正式制度和非正式制度共同的目的就是引导、规范社会行为，构建社会秩序。非正式制度往往是约定俗成的，基于文化传统，产生于民间基层，主要依靠民众内心的道德感和羞耻感来推动其发挥作用。非正式制度的表现形式是复杂多样的。主要包括意识形态、民间观念、风俗习惯、村规民约等重要形式。当然，这种行为规范是人与人之间在长期交往中自发产生、无意识形成的，大量存在于民间社会和人们内心信念中。非正式制度具有地域性、民族性特点，不同的文化会滋生出不同的非正式制度。中国上下五千年的文化，不同地域、民族所展现的文化差异，正是这些非正式制度产生的根源所在。

乡规民约是乡村或乡民的自治规约，主要是指基于一定的地域关系，由这一地域的乡村居民们共同协商产生并共同遵守，是能够维护该地域社会稳定的规范或准则。乡规民约是非正式制度的一种表现形式。首先，乡规民约是乡民长期生活实践和乡土文化共同作用的产物，是乡土社会生活经验的累积。乡村生活中的习惯与习俗是乡规民约的直接渊源；其次，乡规民约是乡村社会内生的一种社会秩序，是基于乡民社会生活的共同需要而制定的，体现本乡村的风土人情，只在本乡村的范围内有效，它不同于正式制度具有普遍性的特点，而是具有地域性；最后，从制定主体来看，无论是传统的乡规民约，还是现代意义上的村规民约，都是乡民对自己行为的约束，他们既是制定者也是执行者，从而反映出乡规民约的非国家性特征。因此，非正式制度中包含乡规民约，乡规民约就是适用于乡土社会的非正式制度。

---

① 罗能生、胡舜：《制度、非正式制度与经济发展》，载《湖南财经高等专科学校学报》2001 年第 6 期。

② 陆铭、李爽：《社会资本、非正式制度与经济发展》，载《管理世界》2008 年第 9 期。

3.2　中国传统社会的乡规民约——基于农村社会治理视角

3.2.1　乡规民约的萌芽

3.2.1.1　乡规民约的早期孕育阶段

周朝时，夏商两朝因崇尚天命神权而产生的专任刑罚被推翻，周朝的统治者建立起非常完整、严密的农村组织，推崇“敬德保民”和“慎刑”的思想，对民众进行教化，并且进一步加强了中央集权。《周礼》中保存了很多周朝史料，其中记载有“读法”之典。在周朝，聚集民众读法是乡官们的重要职权。根据《周礼・地官司徒・乡师/比长》的记载，在乡以下，州长、党正、族师、闾胥分别掌管本州、本党、本族、本闾的教育、行政、禁令、治理等事宜①，其共有的一项职权就是“读法”，具体来说就是聚集本地的民众，向他们宣读国家法令，用以考察民众的德行和道义，对其加以劝勉，并告诫民众纠正过错。读法往往是在规定的时日进行：州长于周历的正月初一、春秋二季祭祀州的社神的时候以及夏历的正月组织州民读法；党正每到四季的第一个月的初一、春秋举行祭祀的时候以及夏历的正月组织本党民众读法；族师在每月初一组织本族民众读法；闾胥在春秋举行祭祀、田猎、乡射礼或饮酒礼、丧事等事聚集民众的时候，以及四季校比民众的时候，都要向民众宣读法令。②

《周礼》是儒家经典，内容丰富，主要通过对周朝官宦制度以及职权掌握的介绍来表达治国方案。周朝由大司徒对乡大夫进行教化，乡大夫再将教法颁布给乡吏们，普通民众则由受到乡大夫司法教化的乡吏们进行教化，而教化的方式主要是通过读法活动来进行。教化是实施道德教育的方式，《周礼・地官司徒・大司徒》中提到对民众“施十有二教”，也就是从十二个方

---

① 据《周礼・地官司徒・大司徒》记载，周的农村组织和关系具体为：“令五家为比，使之相保；五比为闾，使之相受；四闾为族，使之相葬；五族为党，使之相救；五党为州，使之相赒；五州为乡，使之相宾。”

② 参见《周礼・地官司徒・乡师/比长》。

面对民众进行道德教育，这十二个方面渗透百姓生活的细节，比如祭祀、饮酒、婚礼、礼乐、礼仪、习俗等。根据贾公彦对《周礼》的注疏，“读法”中的“法”就是国法和十二教。周朝时，普通民众基本目不识丁，因此，读法活动能够起到很好的传播法令、教化民众的作用。法律的宣讲有利于维护社会稳定，普通民众因对周礼“内化于心，外化于形”，故而能更好地应用于当时的社会生活之中。《周礼》的“读法”活动被儒家文化所推崇，并且在后来的乡约中发挥着重大作用。通过这种礼节制度的教化，不仅能够维护当时的社会秩序，对于其礼制的思想文化也能够起到广泛的宣传作用。因此，学界普遍认为周朝的“读法”正是乡约的起源。①

秦的法律制度深受法家思想的影响，秦朝重法制，用严刑峻法来镇压百姓，维护社会秩序。高压统治使人们之间的关系也变得谨小慎微，比如连坐制度导致人们互相监督、互相揭发，这与乡治建立的基础，即互相信任、友善互助、以礼相待的社会关系是相悖的，因而周朝的乡治到秦朝就失去了作用。

3.2.1.2 西汉时期至唐代——私社的出现和社邑规条的形成

汉以后开始推行儒道，乡规民约于西汉至唐代的这段时期虽没有较大的发展，但历史不会突然发生“质”变，乡规民约的出现自然有许多“量”的积累。秦汉时，周朝严密的农村组织不复存在，也没有了周朝时的各级乡官，所载乡官只有三老、孝悌和力田。② 三老是掌教化的乡官，当选三老需“年五十以上，有修行，能帅众为善”③。孝悌要孝顺父母，尊敬兄长。力田要以农为本，勤于农事。所以三老、孝悌和力田都要能为民表率，有值得民众信任的品行。这些人成为乡官，可以改变民俗，引人向善，并使民众形成和睦良好的相处氛围。秦汉之后，“只有官吏而无乡官，只有差役而无乡老，乡村自治永远没有跑到县的那个阶级”。④ 农村组织采取乡亭制度，乡亭是行

① 张中秋：《乡约的诸属性及其文化原理认识》，载《南京大学学报》2004 年第 5 期；董建辉：《明清乡约：理论演进与实践发展》，厦门大学出版社 2008 年版。

② 据《后汉书·明帝纪》记载：“其赐天下男子爵，人二级；三老、孝悌、力田，人三级。”李贤注：“三老、孝悌、力田，三者皆乡官之名。”

③ 出自《汉书·高帝纪上》。

④ 杨开道：《中国乡约制度》，商务印书馆 2015 年版。

政权下延的治域空间，五里一邮，十里一亭，十亭一乡，县下置乡。虽然乡以下实行自治，但是由于官府的干预，乡以下的制度也具有了“官”的性质。

“社”通常指土地神，西汉至唐代，宫廷、官府都组织祭社，设有社坛，民间则根据官府的规定，以二十五家为一社（后还有一百家为一社、五十家为一社），共祭一个社神，立有社坛，这二十五家（或一百家、五十家）就成为一个“里社”。里社是官府认可的基层组织。但老百姓为了生产、生活、祭祀的需要，私下还会结成纯民间组织的私社，私社是里社之外的自发组织，是不被官府准许和认可的，但私社利于百姓互助，对维持农村社会秩序起到实际作用。私社自汉代产生之后，在三国两晋时期，由于战乱频发、社会极度不稳定，官府认可的乡里组织大受摧残，但私社组织数量却增加了。老百姓根据生产生活的需求成立了多样的私社，如葬亲社、香火社等，其主要功能是嫁娶、丧葬、社会救济等方面的互助，目的在于保证民众生活的相对稳定和秩序。至隋唐五代，甚至宋代之初，私社都发挥着在农村生产生活中的组织作用。

私社组织的运行必须有一定的保障，但是私社并非像以往以户或以宗族形成的农村组织那样，成员之间有地缘或血缘关系，私社是超越地缘关系以及血缘关系而存在的。这种情况下，地缘或血缘关系对成员的天然约束在私社中就难以实现，因而，要保障私社组织的运行，就只能靠成员们的共同约定，形成成员们都能接受并自觉遵守的组织行为规约，从而保障私社的运行和发展。这种规约就可以看作是最初的、用以调整农村基层组织秩序的乡规民约。但是，或许是由于时间久远未有留存，或许是当时的私社组织规约为口头约定，目前并未见到有形记载的类似规约。

现存于河南省偃师商城博物馆的东汉《侍廷里父老僤买田约束石券》可以说是我国迄今发现的历史上最早的成文的民间规约。[①] 该石券主要记载的

① 学者们对乡规民约的理解有不同之处，广义上，农村民众约定的国家法之外的行为规则，无论是口头形式还是书面形式，都可以看作是乡规民约，但是如果从是否为乡治手段、是否具有道德教化功能来考察，又会得出不同的结论。因而，有学者认为《侍廷里父老僤买田约束石券》是最早的成文乡规民约，也有学者不认同。

是东汉侍廷里百姓共25人，为了解决负责集体事务的“里父老”所需的经费，自发组织父老僤，共同出资置办土地82亩，土地供组织成员使用，并约定下一代有继承权。石券上还记载了立约时间和立约人署名，立约时间为“建初二年正月十五日”，“建初二年”即汉章帝建初二年；25位立约人的姓名刻于石券末，以示对该规约的同意与遵守。该石券立于田头，是立约人对农业生产活动和经济利益的共同约定，自发以此种形式协调立约人之间的社会关系，以形成和谐的社会秩序。

图3－4　《侍廷里父老僤买田约束石券》整图①

魏晋南北朝时起至唐朝五代是一个混乱时期，农村组织形式不断被改变，乡治精神也基本丧失。至唐末五代，社会动荡不安、战争不断，私社在这种环境下进一步发展，基层民众为了对抗外患多自行成立社邑组织，以保证民众生活的相对稳定。为了保证社邑组织稳定发展，大部分的社邑还设立了社长、社官、社录来管理社邑事务，社邑组织成员资格还可以世

① 彭作飚：《汉〈侍廷里父老僤买田约束石券〉赏读》，载《东方艺术》2011年第20期。

袭。随着私社的发展，社邑规条也日渐完备，其内容包括立社目的、立社原因、社邑的宗旨、活动的准则、处罚规则等。私社社邑规模并不大，至多几十户，是民众帮扶互助的形式，社邑规条从一个侧面反映出当时的民间结社情况。

社邑规条是一种初萌形态的早期民间规约，虽不是乡里公约，却为后世乡规民约的出现开启了探索之路。

3.2.2　《吕氏乡约》的产生与发展

《吕氏乡约》产生于宋神宗熙宁九年，即1076年，是我国历史上第一部成文乡规民约[①]，其诞生对后世乡治影响非常大。《吕氏乡约》为“蓝田四吕”中的吕大钧所撰。“蓝田四吕”又被称为“吕氏四贤”，即吕大忠、吕大防、吕大钧和吕大临四兄弟。吕氏为儒学世家，吕氏四兄弟均受儒家学说熏陶，无论从政还是从学，均有大成。关于《吕氏乡约》的制定者，有学者认为是吕氏四兄弟合作，有学者认为是兄弟之一吕大钧所作。根据宋朝著名的理学家朱熹考证，虽然《吕氏乡约》文末署名为长兄吕大忠之名，但是吕大钧文集中收录有《吕氏乡约》原文，而且另有吕大钧关于《吕氏乡约》的问答诸书佐证，因而朱熹确认《吕氏乡约》为吕大钧所定。[②] 另外，《宋史·艺文志》的子类“儒家类”明确记载“《吕氏乡约乡仪》一卷，吕大钧撰”，据此也可判定《吕氏乡约》出自吕大钧之手。

---

① 多数学者认为《吕氏乡约》是我国第一部成文乡规民约，但也有学者有不同意见，例如，王铭铭认为范仲淹为官时于1030年为羌人所立条约为最早的乡规民约。（王铭铭、王斯福：《乡土社会的秩序，公正与权威》，中国政法大学出版社1997年版。）董建辉认为“作为基层社会组织行为规范的乡规民约，其出现应在春秋战国与秦汉之间”，而汉《侍廷里父老僤买田约束石券》是已知最早的乡规民约原件。（董建辉：《“乡约”不等于“乡规民约”》，载《厦门大学学报》2006年第2期。）党晓红认为西汉时就已有成文化的乡规民约。

② 朱熹认为：“此篇旧传吕公进伯（大忠字称）所作，今乃载于其弟和叔（大钧字称）文集，又有问答诸书，如此知其为和叔所定不疑。篇末著进伯名，意以其族党之长而推之，使主斯约故尔。”因而，据朱熹考证，《吕氏乡约》是吕大钧起草的，文末署长兄吕大忠的名字是为了以其名义发布推行。

鄉約

藍田呂大鈞和叔撰　三原王承裕校勘

德業相勸

德謂見善必行聞過必改能治其身能治其家能事父兄能教子弟能御僮僕能事長上能睦親故能擇交游能守廉介能廣施惠能受寄託能救患難能規過失能爲人謀能爲衆集事能解鬬爭能決是非能興利除害能居官舉職凡有一善爲衆所推者皆書于籍以爲善行業謂居家則事父兄教子弟待妻妾在外則事長上接朋友教後生御僮僕至于讀書治田營家濟物好禮樂射御書數之類

鄉約　一　關中叢書

图 3－5　《吕氏乡约》书影①

图 3－6　“蓝田四吕”石碑②

① 图片出自民国宋联奎主编的《关中丛书》。

② 图片来自笔者调研。

3.2.2.1 《吕氏乡约》产生的背景

《吕氏乡约》的产生与当时的政治、学术思想和社会背景是分不开的。

首先，《吕氏乡约》的诞生与当时的政治制度有关。北宋王朝结束了封建割据，但却在其发展中面临着边疆危机、社会安定、经济重建等问题，熙宁二年（1069 年），为了改变当时国家积贫积弱的局面，王安石实行变法，采取一系列变法措施以富国强兵。比如，青苗法是政府开放粮仓，贷款给青黄不接的农民，以保证其从事农业生产，实质上是农民向官府借贷的一种制度，目的是使农民免受当时民间高利贷的盘剥，保证正常农业生产，增加国家财政收入。保甲法是一种兵农合一的户籍管理制度，这种户籍制度还包含有抽丁、训练的军事管理职能。保甲法对维护社会治安、扩大士兵数量、节省军费开支有一定作用。但是，王安石改革措施重税收、治安而不教化乡民，而且变法的失败扰乱了原有的乡村社会秩序，本意为“民不加赋而国用饶”的变法反倒带给农民们新的负担，国民道德缺失使农村基层社会秩序难以维持，经济也难以发展。在这样一种背景下，民众对有序生产生活的渴求就很好理解了，通过道德教化以提升个人修养，通过治田营家以改善家庭经济，通过邻里互助以共度危难，进而改变乡村风气，维护社会秩序，《吕氏乡约》因而就有了产生并推行的空间。

其次，《吕氏乡约》与北宋关学的发展分不开。北宋思想家、教育家张载在陕西关中创立了理学流派——关学，关学是儒学的重要学派，是传统儒学转型发展的重要成果。《吕氏乡约》的制定者吕大钧与张载本来是同一年考中进士的，但出于对张载实学风格和为人气节的钦佩，吕大钧于是拜张载为师，“一言而契，往执弟子礼问焉。”[①] 吕大钧随张载学习关学，并成为关学传人之一。吕大钧传承先贤，学以致用，将关中理学重实践礼仪的思想大为推行。吕大钧认为民间秩序的维护不能靠官府的强制，而应重“礼”，以“礼”教化乡民，感化乡里，从而使民众“明礼教、敦风俗”；在这样的教化中，乡贤应承担起敦化乡风乡俗的责任。于是，吕大钧躬行礼教，倡行儒家治世理念，以变化风俗。他认为校有校规、行有行规、村有社案，那么乡也应该有乡规，遂“条为乡约”，制定《吕氏乡约》以引导民众知礼习艺，睦

① 出自宋朝范育的《吕和叔墓表》。

邻友好。在关中理学发展兴盛的蓝田，《吕氏乡约》实际上是儒家治世思想的实践应用。因而，北宋关学的发展，为《吕氏乡约》的产生奠定了学术思想背景。

最后，北宋重建宗族是《吕氏乡约》产生的社会背景。北宋时，门阀士族群体日益没落，宗法人伦道德也逐渐弱化，北宋统治者开始探索宗族重建，希冀以此重整伦理道德，进而减少社会矛盾，稳定封建统治。[①] 宋儒们倡导敬宗收族，重新修建宗族组织和宗族规制，认为只有“收宗族”才能“厚风俗”。宋代宗族组织在国家权力之外，通过设族田、创义庄、办义学、编族谱、立祠堂等举措，在宗族内部，甚至不限于宗族内部，倡导和睦亲善，对农村基层社会秩序进行有效调控。这样的社会环境下，吕大钧所作《吕氏乡约》强调以礼教民，通过精神感化的方式引人向善，规范群体行为，从乡约的内容到推行乡约的过程，都是在教化民众，让民众懂“礼”、学“礼”、用“礼”，以淳民风，建秩序。重整宗族与《吕氏乡约》的产生互利互惠，重建宗族为吕大钧制作和推行《吕氏乡约》创建了良好的社会氛围，《吕氏乡约》的产生正好契合宗族重整的需要，恰逢其时，有利于农村基层社会秩序的构建。

3.2.2.2 《吕氏乡约》的特点

《吕氏乡约》不同于以往的社条、规约，其体现出独有的特点。

首先，《吕氏乡约》是一种乡治手段。《吕氏乡约》之前出现的民间规约，比如唐末五代的社邑规条，由社邑成员自己制定对其有约束力的规约，社邑是民众自发组织的民间结社，社条是为了保证社邑正常运转的约定，有利于成员们通过组成社邑的方式进行自我帮扶和自我管理。而《吕氏乡约》是吕大钧所代表的士绅为了改善乡风民俗而在乡间推行的一种社会秩序调控手段，通过儒家礼教的推行来教化乡民，进而规范乡间秩序。《吕氏乡约》的加入和退出是自愿的，体现出其“乡人相约，勉为小善”[②] 的功能。因而，《吕氏乡约》具有国家公权力之外的乡民自治的特点，通过乡约在乡间实行有限度的自治，以构建和维护乡村和谐秩序。

---

① 王善军：《宋代宗族和宗族制度研究》，河北省教育出版社 2000 年版。

② 杨开道：《中国乡约制度》，商务印书馆 2015 年版。

其次，《吕氏乡约》既有约束乡民行为的规范，又有保障乡约得以贯彻的组织和制度。《吕氏乡约》虽只有两千余字，但涉及内容却比较广泛，包括四类行为规范和三类保障制度。四类行为规范中，第一是“德业相劝”，从“德”和“业”两方面教人行善，引导乡民提升自身道德操守；第二是“过失相规”，涉及“犯义”“犯约”“不修”三类过失，规劝乡民勿犯过失，否则就要受到处罚；第三是“礼俗相交”，对乡民在日常生活中待人接物的行为予以规范；第四是“患难相恤”，乡民在遭遇七种患难情形时，要互相帮扶，互相救助。乡约从这四方面约束乡民的行为。三类保障制度分别是“罚式”——惩罚规则；“聚会”——聚会的频率、费用承担和聚会内容；“主事”——负责主持实施乡约和料理乡约杂事的组织。这是一套保障乡约得以实践的机制，构建了一套乡约组织，设有负责决断是非和赏罚的约正一到二人，约正是以大家推选的方式产生的；料理乡约杂事的叫作“直月”，每月按照年龄大小轮流担任。这样的组织构成和制度保障体现出乡约所具有的民间基层组织的性质。

图 3-7　蓝田县三里镇乔村四吕故地的《吕氏乡约》牌匾①

最后，《吕氏乡约》通过礼仪教化的方式提升乡民道德，改善乡风。《吕氏乡约》包括“乡约”与“乡仪”两部分。“乡约”是对乡民道德的倡导和行为的规范，通过修身、立业，而后齐家，进而和睦相邻，才能形成良好的乡间风俗，乡民才能安居乐业。“乡仪”包括宾仪、吉仪、嘉仪和凶仪，主

① 图片来自笔者调研。

要是日常交往中的见面相遇、长幼之礼、待客之道、迎来送往等礼仪，以及进行祭奠、婚礼、丧礼等应遵守的规矩。《吕氏乡约》以儒家理念为处事之首，以文字的形式将人们应遵循的礼教规则记述下来，“乡约”“乡仪”倡导儒家思想中的以礼相待、恭友睦邻、尊老爱幼、相亲相爱，引导乡民依约而行，带动乡里重视教化以正民风。

3.2.2.3　《吕氏乡约》的社会影响

宋代士绅意识到自己所负有的社会责任，他们怀有一定的社会抱负，不仅仅满足于独善其身，更希望能够推己及人，尤其是通过科举走上仕途的中下层知识分子，他们有回馈乡里的愿望，希望能够以自己所学有所为，改善乡风，经世济民，这也是那时贤士们的立世准则。《吕氏乡约》正是由宋代士绅发起而成，一定程度上也是当时农村基层民众自我管理需求的表达。自从《吕氏乡约》施行后，“关中风俗，为之一变”①，张载也肯定吕大钧的功劳，说道“秦俗之化，亦先自和叔有力焉”②。《吕氏乡约》在当时的具体推行情况因史料原因不可考，但是这些赞扬的话语从侧面反映出《吕氏乡约》对当地民风改变的作用。

南宋朱熹是乡约制度的继承人，对《吕氏乡约》进行编考和增损，完善了乡约的内容，弥补了乡约的缺憾，使后世人重新认识到《吕氏乡约》的重要性，并对后世乡治产生影响。随着朱熹《增损吕氏乡约》的传播，官方逐渐认识到乡约的重要性，乡约于是成为一种官府推行的乡村治理手段，明朝各地仿行乡约大多是官府倡行蓝田《吕氏乡约》的结果。“明代举行乡约，除讲演明太祖教民六谕外，其他一切仪式，要皆仿蓝田吕氏之法。”③ 受《吕氏乡约》启发，王守仁以朝廷大员身份颁布了《南赣乡约》，另外，地方乡约也纷纷仿效《吕氏乡约》。嘉靖时期，有地方县志里的乡约写道“月朔，约众具礼服至约所……设先圣先师，及蓝田吕氏，晦翁朱氏神位于堂……儒者一人谒香案，讲读诰谕及蓝田乡约。”④ “务依蓝田吕氏乡约次第举行”，万

① 黄宗羲：《宋元学案》，中华书局1986年版。

② 《河南程氏遗书》卷十。

③ 王兰荫：《明代之乡约与民众教育》，载《师大月刊》1935年第21期。

④ 王兰荫：《明代之乡约与民众教育》，载《师大月刊》1935年第21期。

历年间也有乡约写道“其以圣谕为主，兼采吕氏乡约”。[①] 明朝更是构建了一套以包括乡约、保甲、社仓、社学在内的乡治体系，可见对明代乡村治理的影响之大。清朝延续明朝的乡村治理方法，仍重视乡约的作用，绝大部分乡村都有乡约，乡约的影响甚至一直到民国时期，《吕氏乡约》几乎成了各时期乡约的范本。《吕氏乡约》影响甚广，清末民初，关中大儒牛兆濂在《吕氏乡约》的诞生地蓝田宣讲《吕氏乡约》，并著有《吕氏遗书辑略》。民国时，米迪刚的村民自治、梁漱溟的乡村建设等也受到《吕氏乡约》启发。《吕氏乡约》被钱穆先生赞为中国人的“精神宪法”。

《吕氏乡约》的内容甚至被朝鲜、日本等国家学习借鉴，朝鲜王朝成宗、中宗年间的学者金安国谚解《吕氏乡约》，将其传到朝鲜，日本的乡村自治也曾借鉴《吕氏乡约》的做法。今天，从农村社会管理到农村社会治理，从农村社会管理体制创新到乡村振兴战略，乡规民约总被视为非常重要的治理手段，在引导乡风民俗、改善农村面貌、构建和谐农村社会中发挥作用。

3.2.3　明清时期的乡规民约

3.2.3.1　明朝乡规民约的发展——从自发到官办的各类乡约

明朝建立之初就有复兴儒学的举措，认为“道德仁义，教化之源”[②]，非常注重礼教，希望以道德培育、构建乡里秩序，故而以各种方式申明“三纲五常”，以增进道德，改变风俗。在颁布大诰和教民榜文之外，还设立申明亭、旌善亭，以读法明理、书写善恶、处理争讼。书写善恶的做法与北宋《吕氏乡约》所推行的约众聚会时“书其善恶”的做法相似，不过按照《吕氏乡约》的做法是将善恶记录在纸上，而申明亭、旌善亭是建筑，乡民往来经过都会看到，这比记录在纸上更有影响，效果更明显。申明亭、旌善亭虽然后来因种种原因被废弃，但是对后世仍颇有影响，后世举办乡约所设约所、约亭应是发源于此。明成祖在永乐年间开始宣传推行《吕氏乡约》，至明朝，乡约的发展已非常普遍。出于不同的目的和利益诉求，明朝举办和推行乡约的主体不同，上及君主，下到地方官府、宗族、乡绅，都采取乡约的方式治

---

① 王兰荫：《明代之乡约与民众教育》，载《师大月刊》1935 年第 21 期。

② 朱棣：《圣学心法》。

理国家和社会，明朝乡约已经超出《吕氏乡约》的士绅主导、民众相约的举办方式，更多地体现出国家政权力量的干预和渗入，这与明朝国家政权下移，加大对基层乡村的控制有关。明代乡约的举办可从以下四方面反映出来：

首先，君主颁行规约进而化为乡约。明太祖颁布的圣谕六言可以看作是以君主为代表的国家为国民制定的规约。圣谕六言的内容为“孝顺父母、恭敬长上、和睦乡里、教训子孙、各安生理、毋作非为”，以此教化人民。为了让圣谕六言达及乡里，朝廷要求乡里选年老之人或失明之人，手持木铎（一种以木为舌的铃铛），沿路反复宣传圣谕，以使圣谕深入民心。嘉靖年间，圣谕六言成为乡约的内容之一，在乡约聚会中宣读圣谕六言是乡约活动的主要内容。再往后，圣谕六言被写入家规族规，在家族聚会或祭祀时，宣读圣谕六言以倡宗族和睦成为重要活动。明朝通过各种渠道宣传圣谕六言，对教化百姓起到了积极的作用，圣谕六言一直延续到清朝时期。

其次，官办乡约。面对一次又一次农民的“犯上作乱”以及基层社会中的无序状态，当时的南赣巡抚王阳明逐渐意识到，应当实施思想引领，使人们行善去恶，从而去除心中之“贼”。①正德十五年（1520年），王阳明受《吕氏乡约》的启发，举办乡约。他将《吕氏乡约》和圣谕六言融为一体，再根据当时社会所需，针对当时有的民众因高利贷而被迫为贼、向盗贼传递情报等情况，增加了具体的规范内容，此乡约名为《南赣乡约》。《南赣乡约》将王阳明知行合一的心学思想化为百姓的具体行为规范，针对当时基层社会的民风民情，因地制宜地提出约束之策，对改善民风大有裨益。

《南赣乡约》颁行后，当地风气为之一新。但是，官办乡约并非源自民间，因而，这是一种自上而下的社会控制，这一点，从《南赣乡约》的内容表述中就可见一斑。《南赣乡约》开篇即为“咨尔民”，并多次以“尔”来称呼乡民，显示出一种官府的居高临下、不与乡民为一体的距离感，是从官府的角度为他所统治的百姓制定乡约，是为了有利于官方对农民的管理，而并非作为农民的一员来维护其自身利益。虽然《吕氏乡约》也并非纯粹地出自乡民之手，但吕大钧是将自己置身于农民中来制定乡约的，这体现出《南赣乡约》与《吕氏乡约》在制定的出发点和目的上的不同。

---

① 王阳明认为“破山中贼易，破心中贼难”，也就是说，要平定山中贼寇容易，但要去掉心理的阴暗面比较难，所以他提倡以教育的方式引导人心向善。

除《南赣乡约》以外，明朝吕坤的《乡甲约》也影响深远，通过保甲、社学和社仓的协助来举办乡约。此时的乡约运行与基层社会组织制度相结合，共同发挥乡村管理的作用。

再次，乡绅举办乡约。明朝乡绅对农村基层社会的管理起到重要作用，作为学习儒学并通过科举考试的特殊群体，他们在农村基层社会推行儒家礼教，践行儒家价值取向，同时，又协助官府开展各项事务，为乡约的举办和推行发挥了重要的作用。他们有文化，有威望，愿引领乡民改善乡风，体现其“齐家治国平天下”的远大抱负。比如明代学者王之士，不但善其身，而且制定宣讲乡约，宣传良好风俗，还著有《正俗乡约》，当时人们把他比作吕大钧再世。[①] 一些德高望重的乡绅往往被推选为乡约职员，率领乡民运行乡约。从表3－1关于明朝乡约职员资格可以看出，乡绅往往在乡约组织中有一席之地。

表3－1　明朝乡约职员资格[②]

序号	职员	资格	出处
1	约长	年高有德，众所推服者	嘉靖龙岩县志上王守仁乡约、天启江山县志二乡约
2	约正	年长有德者	帝乡纪略五王陞乡约
		公正果断者	嘉靖龙岩县志上乡约
		年高有德众所推服者	万历绩溪县志六乡约
		有德，明通礼义，公道服众者	万历平原县志乡约
3	约副	与约长同	嘉靖龙岩县志上王守仁乡约
		与约正同	其他帝乡纪略、万历绩溪县志
4	约史	通达明察者	嘉靖龙岩县志上王守仁乡约
		与约正、副同	万历平原县志上乡约

① 冯从吾：《关学编》卷三，中华书局1987年影印本；冯从吾：《冯少墟集》卷二〇，江苏巡抚采进本。

② 此表依据王兰荫所著《明代之乡约与民众教育》中的内容整理而成。王兰荫：《明代之乡约与民众教育》，载《师大月刊》1935年第21期。

续表

序号	职员	资格	出处
5	约讲	以约正副兼充，或以社师充任	帝乡纪略五王陛乡约
		以社师兼充	天启江山县志二乡约
6	约赞	以社师并社学所教生徒充之	帝乡纪略五王陛乡约
		礼义熟习者	嘉靖龙岩县志上王守仁乡约
		通知礼文者	万历绩溪县志六乡约
7	约警	以保长副充之	帝乡纪略五王陛乡约
8	约巡	以各庄头甲长副充之	帝乡纪略五王陛乡约
9	知约	精健廉干者	嘉靖龙岩县志上王守仁乡约
10	约干	平日无过犯知事体者	天启江山县志二乡约

最后，宗族乡约。明朝举行乡约，主要是官府推行的结果，而民间自发的较少，即使是宗族乡约，也往往是官府倡导所致。官府为推行官办乡约，对于大的宗族，要求制定族约、族范，并设立族长，以有利于乡约施行。族约、族范都是宗族内部规约，是因血缘而成，约束本宗族人员。为执行乡约，并与乡约的价值观保持一致，有的族约吸纳乡约的内容，用以规范族人行为；因圣谕六言在明朝的广泛传播，有的族约将圣谕六言也列在其中。这样，化为族约、族范的圣谕六言、官办乡约、乡绅举办的乡约与族约等一并倡行，以规范乡风。族约不仅有规则，有的也会设约正等管理人员，形成完备的组织系统，以保证族约的施行。明朝的方孝孺提出乡族自治，将“家族之制”和“乡党之制”相结合，将乡约内容、仪式甚至组织嵌入家族，在宗族内开展乡约活动，并“自族而行之乡”，组织讲约，并依约嘉贬善恶。方孝孺的乡族自治被认为比《吕氏乡约》更具有地方自治的特点。① 明朝后期，族约家谱兴起，宗法族规的建立对乡里秩序的构建以及乡约的施行起到了积极作用。

① 萧公权：《中国政治思想史》，新星出版社 2005 年版。

明晚期，在官府的支持和引导下，民间乡规民约盛行。乡约所涉内容广泛，类型多样，除了以儒家伦理和礼节对人民的思想进行教化以外，还涉及农业生产、社会治安等方面。比如有保障农业生产的乡约，规定在禾苗生长时不许放牛马鹅鸭践踏啄食；有为了保护祖宗神灵安宁的坟山禁约，规定不得盗伐坟山树木；有为了保护农业生产成果的禁盗田园瓜果菜蔬约、禁盗笋竹约、禁盗鸡犬约等，通过禁约保护农业生产活动；有为了维护社会治安的禁赌博约，规定禁革赌博；等等。乡约所数量增多，例如，根据万历年间平原县县志记载，该县共有155个乡约所。虽然明朝乡约主要为官办，但是乡约中的约长、约正等各职员却并不是官府指定的，还需民众推选，这种官民结合的方式体现出明朝农村基层社会治理的特点。

明朝乡约的丰富多样和切实运行打下了明朝农村社会治理中的道德基础，但是，由于朝廷和地方官府对乡约的主导，明朝基层社会自治显然是出于国家统治的需要，而非以保护民众利益为目的。

3.2.3.2 清朝乡规民约的发展

清朝时，为加强对民众思想的控制，官府倡导儒家学说理念，并以此进行社会管理，对乡约进行了更深入的干涉。清世祖仿效明太祖颁行圣谕六言的做法，在顺治九年（公元1652年）颁布六谕卧碑文，其内容与明太祖的圣谕六言完全相同。康熙九年（公元1670年），清圣祖康熙颁布《圣谕十六条》对民众进行道德训诫，提倡仁慈、服从、俭约等美德，并对社会等级秩序进行规范。为了宣传《圣谕十六条》，每月朔望日在义学进行宣讲。后来，为贯彻《圣谕十六条》的精神，很多家谱、家规、族规中首先就列明《圣谕十六条》。为了让民众更好地理解掌握其内容，雍正二年（公元1724年）颁布了万字《圣谕广训》，以通俗的话语解释《圣谕十六条》，便于民众学习。《圣谕广训》成为乡约宣讲的主要内容，官府还专门编写讲稿，加入故事、绘画，便于民众理解。农村设立专门的约亭、约所，作为宣讲《圣谕广训》的场所。下面两图是位于海南省澄迈县华侨农场大丰村内的封平约亭。

图 3－8　封平约亭大门

图 3－9　封平约亭大门门楣处的“封平约亭”四字

约亭大门外额雕刻有“圣谕”两字样，右至左行楷“封平约亭”，门两边有字联一副，左联为“圣治揽乾罡 封建平均 披丹扆纶贲 三章法约”，右联为“谕条重巽命 多士峰列 听黄堂梆鼓 廿里长亭”。这副字联把“圣谕”、“封平”、“多峰”、“约亭”、约亭离县治距离、约亭用途等都藏于其中，是一副不可多得的字联。①

① 封平约亭的图文源自海南社区网，https：//www. hainanhi. com，2018 年 10 月 12 日访问。

清朝时，乡约长失去了其乡民自治推选产生的途径，而是由官府任命或批准同意，成为替官府传达政令、调解民间纠纷的乡中小吏。此时的乡约丧失了其民间色彩，已为官府控制，以宣讲圣谕为主，实质上成为对民众进行教育、使民众思想跟随朝廷引导的工具，从而维护朝廷所希望达到的民间礼教秩序。

3.2.4 民国时期的乡规民约

清末，清王朝的政权岌岌可危，为了巩固统治，清政府于1908年颁布《城镇乡地方自治章程》，这是我国第一部现代地方自治国法，规定了城镇乡的自治体制，在自治过程中，可以制定自治规约。[①] 该章程对基层地方自治的规定实际上既借鉴了西方议会制度，又拾起了我国传统的乡约制度。虽然这部章程在实际的城镇乡治理中作用有限，并很快随着清王朝的覆灭而淹没于历史的滚滚长河，但它为民国时期乡间自治制度的建立提供了思路，也对民国时期学者、士绅研究和改良践行传统乡约制度有一定影响。后来，国民党于1928年颁布《县自治法》，于1929年颁布《乡镇自治施行法》，于1933年颁布《地方自治指导纲领》，这些地方自治性法律法规加强了国民党对农村的控制，并且由此建立起以保甲制度为依托的控制体系，实质上所谓的乡村自治成为对民众的束缚，传统乡规民约此时已经没落，无法在强权控制下的农村发挥作用。

民国时期，工业化、城市化、军人统治、高额税收等在促进城市经济发展的同时，农村越来越贫困、破败。革命者、实干家、学者、甚至官员意识到农村问题对经济和社会稳定带来的影响，给国家带来的危机，开始更近距离地深入考察农村社会，认识到农民教育与农村社会发展的重要性，对农村问题展开热烈讨论，并在农村开展农民教育活动、乡村改革和建设运动，希望以此能够改变中国农民和农村的面貌。他们关注的其中一个焦点就是乡规民约在乡村自治、乡村建设中的作用。

清末民初时，乡村精英米鉴三、米迪刚认为地方自治好坏直接影响着国

---

① 《城镇乡地方自治章程》第7条第1款规定："城镇乡地方，就自治事宜，得公定自治规约，惟不得与本章程与其他项律例章程相抵牾。"第14条第1款规定："城镇乡地方各设自治公所，为城镇乡议事会会议及城镇董事会乡董办事之地。"

家强弱，于是在河北省定县翟城村实行村治规划，创办农业生产合作社，制定村治组织大纲以及保卫、修路、禁毒、护林、守禾等乡规民约，将翟城村建成自治模范村。这是中国第一个村自治实例，前后推行了30多年。

平民教育家、乡村建设家晏阳初认为农民面临的核心问题是“愚贫弱私”，应当通过开展农民教育活动解决这些问题。他从报纸上看到翟城村的乡规民约，于是来到定县开展文艺、生计、卫生和公民教育工作，在公民教育方面，他通过道德教育使农民习礼仪的促进团结，这实质上体现的就是《吕氏乡约》的道德教化。

因原定县县长升任山西省长，于是把定县翟城村的自治经验带到了山西。阎锡山在山西实行村政自治，倡导“用民政治”，实施村民会议，制定乡规民约，例如，由村民会议制定人人共守的村禁约。他还撰写《整理村范歌》，希望通过思想道德教育以提升民众素质，形成良好民风①，这其实与旧时乡规民约的道德教化异曲同工。阎锡山在山西的自治是省一级的地方自治，推行了20多年。

梁漱溟认为相较于中国，西方国家更重视宗教组织和政治组织的建设，而乡约建立在中国传统伦理情谊的基础之上，体现出“人生向上”的中国人的精神，因而在乡村建设中应当发挥乡约的作用，“本古人乡约之意来组织乡村”。② 梁漱溟因此在河南和山东进行以“乡村自治”为核心的乡村建设运动，他创办河南村治学院和山东乡村建设研究院，作为现代新儒家的早期代表。他提倡以伦理为本位，在五伦③之外增加团体与个人之间的关系伦理，将中西思想融于一体，形成新的礼俗关系。他支持成立“忠义社”等道德协会，通过乡规民约引导人们改掉乡村陋习，形成良好道德风气。他通过对乡约制度进行研究，成立了村学乡学组织，认为这是类似于传统乡约的组织，“最符合中国的本来风气”。④ 梁漱溟的乡村建设运动虽然由于日本侵华而被迫中止，但却为我国乡规民约的实践和农村社会的治理取得了可资借鉴的

---

① 根据《整理村范歌》，阎锡山心目中的理想村庄是“没有开场聚赌，没有窃谷偷田。没有窝赃聚盗，没有金丹洋烟。没有持刀行凶，没有打架挥拳。没有男子不孝，没有女子不贤。没有儿童失学，没有游手少年。没有家庭不睦，没有残忍可怜。”

② 梁漱溟：《中国民族自救运动之最后觉悟乡村建设理论》，上海书店1992年版。

③ 五伦，即父子、君臣、夫妇、朋友、兄弟。

④ 梁漱溟：《梁漱溟全集》（第1卷），山东人民出版社1989年版。

经验。

除了以上实践派对乡规民约身体力行的推行，民国时期还兴起了对乡规民约的研究热潮，学者们开展起有关乡规民约的研究，并取得了一定的成果。比如，杨开道于1931年著成《中国乡约制度》一书，结合乡治研究乡约，从中国农村组织谈起，对《吕氏乡约》、明朝乡约、清朝乡约进行介绍分析，提出“好的批评，坏的判断”。[①] 王兰荫于1935年完成《明代之乡约与民众教育》，发表于《师大月刊》，从乡约的缘起——《吕氏乡约》谈起，主要介绍明朝“举行乡约之法”“乡约与社学保甲社会之联络”，最后以“明代乡约之流弊”“乡约与民众教育之关系”为结论，对明代乡约进行分析探讨。这些研究希冀通过对昔贤先觉推行乡规民约的历史进行研究，为当时乡规民约在建设乡村中的角色和功能提出些许思路。

由于国民党领导下的农村经济贫困，破产加重，农村的自治改革没有实质性突破，保甲制加强了对乡村的控制，给农民带来沉重的负担，以德化民的乡规民约此时已丧失了生存环境。

国民革命时期，在当时的湖南农民运动中，农会颁布了各项禁令，被称为“农民诸禁”。根据毛泽东在《湖南农民运动考察报告》中所述，“农民诸禁”实际上就是“农民便把他们所不喜欢的事禁止或限制起来”，牌、赌、鸦片是禁得最严的。这种禁止一方面是反抗社会恶习；另一方面是对城市商人剥削的自卫。“农民诸禁”与乡规民约有着相似之处，都是农民自发形成的行为规范，以此构建和维护社会秩序。

3.3　乡规民约的复萌新兴

中华人民共和国成立后，为发展经济、巩固政权、稳定农村社会秩序，国家对农村基层行政建制的设置降到乡、行政村一级，国家权力下沉至乡村；为了提高农民的文化水平，确立马克思主义在意识形态领域的指导地位，改善农村社会风气，进而促进农村生产力的发展，国家在农村开展农民教育运动。这一系列举措去除了封建残余，稳固了国家政权，促进了农村经济发展，

① 杨开道：《中国乡约制度》，商务印书馆2015年版。

提升了农民素养。同时，对农村社会的管控压缩了农民自治的空间，也遏制了乡规民约的生存和发展空间，乡规民约在农村社会管理中的作用微乎其微。

改革开放给中国的发展带来春风，也使农村社会焕发出新的活力。随着村民委员会作为基层群众性自治组织的地位在宪法中的确立，村民自治开始在农村社会蓬勃发展，乡规民约在这一时期复萌，成为农村社会基层管理中的有力保障。市场经济的高速发展，城市化率的逐步提高，人民物质生活水平的不断提升，农村社会结构发生变化，农村社会多元治理路径的构建，使得现代乡规民约在村民自治的社会治理模式下获得了长足的发展。现代乡规民约的建设对农村社会治理、国家治理体系和治理能力的现代化和创新发展以及依法治国等具有非常重要的意义。

3.3.1 中华人民共和国成立后农村基层政权建设中的乡规民约

中华人民共和国成立后，我国农村基层政权经历了一个发展历程：从中华人民共和国成立初到1957年，国家重构农村基层社会，通过乡政并立，国家政权逐步深入基层农村；从1958年开始，人民公社体制建立和运行，人民公社与乡政府合二为一，实行政社合一，实现了国家对农村基层社会的全面控制；1978年改革开放，1982年正式实施家庭联产承包责任制，1983年提出政社分开、建立乡政府，设立村民委员会，作为基层群众性自治组织，逐步开始实行村民自治。

3.3.1.1 乡政并立时期的乡规民约（1949—1957年）

中华人民共和国成立后，国家开始系统改造基层政权。1950年12月8日，政务院第六十二次政务会议通过了一系列关于基层政权的通则①，农村基层政权逐步建立起来。当时的区有两种形式，一种是作为一级政权的区，隶属于管辖该区的县，是低于县级政权的基层政权。区以下辖乡或行政村，乡和行政村是并存的基层行政区划，在级别上是同等的，都是低于区的一级政权，乡和行政村的人民代表会议与人民政府是人民行使政权的机关。另一种是不作为一级政权的区，设立区公所，为县一级政府的派出机关，执行县

① 如《区各界人民代表会议组织通则》（已失效）、《区人民政府及区公所组织通则》（已失效）、《乡（行政村）人民代表会议组织通则》（已失效）和《乡（行政村）人民政府组织通则》（已失效）。

政府交办事项，并指导、监督、协助所辖乡政府的工作，乡以下不再设立村一级政府。因而，虽然农村基层政权组织存在的模式有两种，但都是由两级政府对农村基层社会进行管理。

两种管理模式均使得政权在农村基层落地生根，乡政权的加强、村级政权的设立、土地革命、合作化运动等，都反映出国家政权逐步深入农村基层，这与“皇权不下县”的传统做法不同。由于乡、行政村一级设有政权组织，中央加强了对基层社会的控制，乡、村的自治权非常有限，作为实现乡民自我管理的乡规民约，本身是乡村自治的衍生物，在国家政权下沉的乡政并立时期，乡规民约的生存空间自然极其有限。

3.3.1.2　政社合一时期的乡规民约（1958—1982 年）

1958 年，我国成立第一个人民公社，随着公社化运动，国家进入人民公社时期。“农村人民公社是政社合一的组织，是我国社会主义社会在农村中的基层单位，又是我国社会主义政权在农村中的基层单位。”[①] 由于各地情况不同，公社组织可以是公社和生产队两级组织，也可以是公社、生产大队、生产队三级组织。作为农村基层政权组织，人民公社将乡人民委员会和公社管理委员会合为一体，人民公社就是乡一级政府机构，“公社社员代表大会，就是乡人民代表大会。公社社员的代表，就是乡人民代表大会的代表”[②]。人民公社具有行政管理和社会生产管理职能，国家与社会融为一体。人民公社制度加强了党在农村的政权和国家对农村的管理，实现了对基层农村的高度控制和整合。这一时期，几乎没有乡规民约存在的必要和可能。

3.3.1.3　乡政村治时期的乡规民约（1982 年至今）

1978 年 12 月，安徽省凤阳县小岗村 18 位农民签署了一份分田到户协议书，在土地经营自主权上进行大胆尝试，拉开了我国农村家庭联产承包责任制的帷幕。

1980 年初，广西壮族自治区河池市宜州区屏南乡合寨村通过民主选举，产生了我国第一个村民委员会，制定了《村规民约》和《封山公约》，开始

① 《农村人民公社工作条例（修正草案）》第 1 条第 1 款。

② 《农村人民公社工作条例（修正草案）》第 7 条第 1 款。

了村民自主管理村务的探索。①

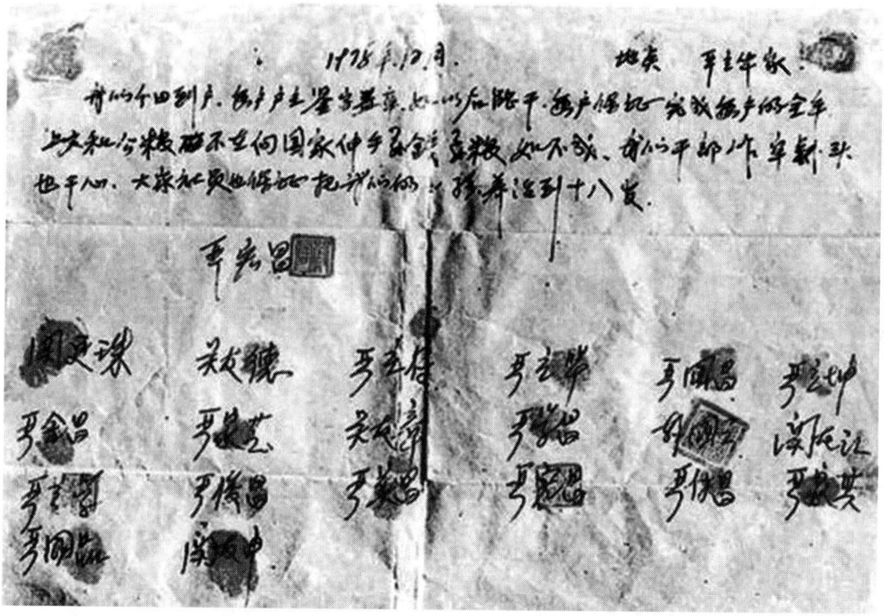

1978年12月 地点 严立华家

我们分田到户，每户户主签字盖章，如以后能干，每户保证完成每户的全年上交和公粮，不在向国家伸手要钱要粮，如不成，我们干部作牢杀头也干心，大家社员也保证把我们的小孩养活到十八岁。

严宏昌

图 3－10　安徽省凤阳县小岗村 18 位农民签署的分田到户协议书②

① 合寨村由果地村和果作村等 11 个自然村组成。1980 年 1 月 8 日中午，果地村召开群众大会，正式成立“果地村民委员会”，同时，村民起草了《村规民约》，涉及村庄治安、纠纷解决、架桥补路、村内照明、严禁乱砍滥伐等内容，并由 143 位户主分别在村规民约上按了手印；当日晚，村民选举产生村委会主任、副主任、会计、出纳等。据《宜州市志》记载：“1980 年 1 月 8 日，果地村建立村民委员会，为中国村民自治第一村。”其他的 10 个自然村也纷纷效仿果地村的做法，成立村民委员会，制定村规民约。1980 年 2 月 5 日上午，果作村 85 位村民选举成立果作村村民委员会；7 月 14 日，经过 5 个月的起草制定，果作村村民委员会召开村民大会，公布了《村规民约》和《封山公约》，并由 85 位村民分别按手印或签名盖章。后来，果地村那份由村民按了手印的村规民约以及会议留下的其他原始资料丢失了，而果作村的《村规民约》和《封山公约》则完好保留了下来，果作村委会成为全国第一个有正式记录为依据的村委会。果地村和果作村就到底谁才是“中国村民自治第一村”发生争执，都认为自己是“第一村”。广西壮族自治区民政厅认为，两村都是合寨行政村的自然村，无论谁是“第一村”，荣誉都是属于合寨村的。此后，合寨村就成为“中国村民自治第一村”。

② 小岗村共有20 户村民，到场的18 位农民要么盖章，要么按手印，未到场的两位村民也由其他两位村民担保并按上手印，另外还有农户家不止一位成员到场，故该协议书中共有 22 位村民签名。图片来源于凤凰网，http：//wemedia. ifeng. com/64856043/wemedia. shtml，2018 年 7 月 20 日访问。

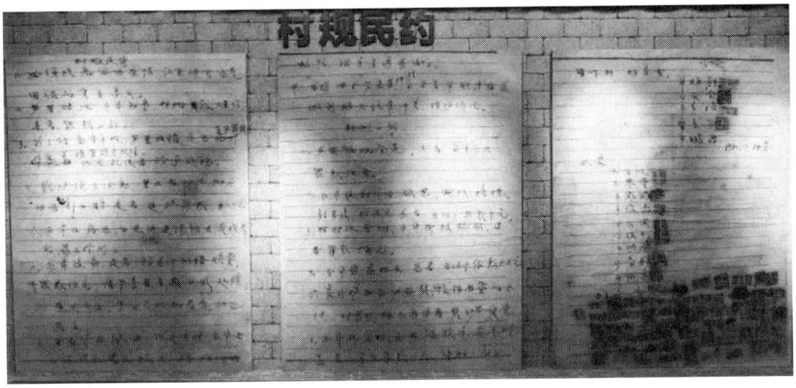

图 3－11　按有村民红手印的《村规民约》和《封山公约》①

合寨村《村规民约》和《封山公约》的内容如下②：

村规民约

1. 必须提高思想觉悟，认真体会安定团结的重要意义。

2. 严禁赌博，不准在私宅、村里开设赌场，违者罚款 10 元。

3. 为了保苗夺丰收，严禁放猪，违者罚款 5 角，并给赔偿损失处理。

4. 维护正常的娱乐活动，不准在村内、村附近对唱野山歌，违者罚款每人 10 元。

5. 不准在路边、田边、井边挖鸭虫。受损失的罚工修补。

6. 不准盗窃，违者按件加倍赔偿并罚款 5 元，情节严重者，呈报上级处理。

7. 遗失东西，拿回交给村委，归还原主。

8. 不准在泉边，河边大便，不准在上游洗衣、洗头梳发，晾晒蚊帐、床单等污染东西。

9. 讲卫生光荣，不讲卫生可耻，自觉做到码头经常冲洗，保护清洁。

---

① 图片来源于王翀鹏程：《“弄潮”·“村民自治第一村”38 年基层民主路》，载新京报网 2018 年 11 月 22 日，http://www.bjnews.com.cn/inside/2018/11/22/523900.html。

② 资料来源于米有录：《静悄悄的革命从这里开始——寻访中国第一个村委会》，载《乡镇论坛》1998 年第 12 期。

封山公约

一、严禁毁林开荒，违者每平方尺罚款5角。

二、不准在封山内砍柴、挖树根，割草皮、打石头，违者每百斤罚款10元。

三、村里风景树不准折枝乱砍，违者罚款15元。

四、不准盗窃林木，违者每百斤罚款15元。

五、实行护林有功者奖，毁林者罚的办法，对维护林木有功者奖5%的资金。

六、不准在育林区放牛羊群，每头罚款1元，外村罚2元。

1980年7月14日

小岗村的家庭联产承包责任制与合寨村的村民自治开启了农民在经济上和政治上对村民自治的改革之路。

1982年1月1日，中央指出包产到户是社会主义集体经济的生产责任制，肯定了由小岗村发起而成的家庭联产承包责任制形式。1982年12月4日，全面修订的《中华人民共和国宪法》出台，其中第111条第1款规定："……村民委员会是基层群众性自治组织"，以国家根本法的形式肯定了村民自治。随着家庭联产承包责任制的建立、人民公社体制的逐步瓦解，1983年10月12日，中共中央、国务院发出《关于实行政社分开建立乡政府的通知》，提出政社分开、建立乡政府，有条件的成立镇政府，改变政社不分的情况；同时指出，应当按照村民居住状况设立村民委员会，村民委员会的性质是基层群众性自治组织。1984年，国家废除人民公社制度，建立乡镇、村、村民小组，生产上、管理上则实行家庭承包责任制。1987颁布的《中华人民共和国村民委员会组织法（试行）》确认了村民自治的乡村社会的管理原则并使其合法化，同时确认村规民约这种农村社会治理规范。"20世纪90年代，现山东的济南市章丘区率先制定了村民自治章程，这也很快被全国农村效仿和学习"①，全国逐步开展大范围地建立和完善村规民约的活动。目

① 刘志奇、李俊奎：《中国乡规民约研究80年》，载《北京师范大学学报（社会科学版）》2016年第2期。

前，在党中央的号召及乡政府的引导下绝大多数村庄都有自己的村规民约。

3.3.1.4　新时代对现代乡规民约提出的挑战

2017 年，党的十九大报告提出中国特色社会主义进入了新时代，并提出实施乡村振兴战略。2018 年中央一号文件专门针对实施乡村振兴战略提出指导意见，其中提出深化村民自治实践，发挥自治章程、村规民约的积极作用。2018 年，民政部等七部门联合出台的《关于做好村规民约和居民公约工作的指导意见》提出到 2020 年全国所有村普遍制定或修订形成务实管用的村规民约，推动健全党组织领导下自治、法治、德治相结合的现代基层社会治理机制。2019 年中央一号文件提出，指导农村普遍制定或修订村规民约，以增强乡村治理能力。根据 2019 年 6 月中共中央办公厅、国务院办公厅印发的《关于加强和改进乡村治理的指导意见》，到 2020 年，现代乡村治理的制度框架和政策体系基本形成，乡村治理体系进一步完善，到 2035 年，乡村治理体系和治理能力基本实现现代化。在这一过程中，乡规民约为培育和践行社会主义价值观以及实施乡风文明培育行动发挥不可或缺的作用。2020 年中央一号文件在提出健全乡村治理工作体系时指出，要完善村规民约，要扎实开展自治、法治、德治相结合的乡村治理体系建设试点示范，推广乡村治理创新性典型案例经验。乡规民约在实现我国乡村治理体系和治理能力现代化中发挥助推器的作用，新时代不但对乡规民约提出新的挑战，也为乡规民约的发展带来新的契机。

乡规民约是农村基层民众的生活规则，具有良好的行为引导效果和教育功能，如何让其在农村基层社会治理中发挥实效，这是新时代背景下应该思考的问题。面对农村经济迅速发展、农村社会结构发生变化、农民思想多元化的局面，如果现代乡规民约能够在其作用层面发挥功效，真正引领农民道德向善，调整农村社会秩序合理发展，弥补国家法律及政策的不足，维护和稳定农村社会，那就具有非常重大的意义。目前的农村社会不缺乡规民约，但乡规民约是否能够真实反映乡民的意志，是否能够顺应时代的发展，是否因地制宜，这些都是需要研究并提出解决对策的问题。一份好的乡规民约可以推进移风易俗，培育文明乡风、良好家风、淳朴民风，可以起到息诉作用，助力扫黑除恶，促进社会稳定，人民安居乐业。新时代的乡规民约必然要有大局意识，必然要跟上时代的步伐，以党的领导和社会主义核心价值观为导向构建起符合新时代发展需求的现代乡规民约。

3.3.2 现代乡规民约对传统乡规民约的发展

新时代，社会的方方面面都在发生着巨大的变革，乡规民约也应适应时代的发展，满足社会发展的需求。相比传统乡规民约，现代乡规民约在内容和形式上发生了很大变化。

3.3.2.1 内容上，从传统的“合礼”到“合理”“合法”的转变

我国漫长的封建社会时期是自给自足的农业社会时期，人们聚族而居，以自然经济为主要经济形式，民风淳朴，秩序相对稳定。“礼”是符合封建统治者整体利益需求的行为准则，传统乡规民约以“礼”为核心，教导乡民行为守范，乡民们在儒家伦理道德的教育和封建宗法制度的影响下，遵守礼教，奉行礼制。现代乡规民约出于维护村庄社会秩序的需要，注重道德引领，侧重提倡精神文明建设，遵守法律制度等内容。“礼”仍是现代乡规民约的内涵，知礼仪、懂礼节是起码的规矩，今天的人们更加理性地看待传统文化，取其精华、去其糟粕，使得优秀的传统文化发扬光大而让那些糟粕文化退出人们的生活。村民越来越注重乡规民约的合理性和科学性，在蕴含“礼”的理念中更要体现现代的“理”。现代乡规民约由公共道德引导，将法律与道德体现在乡规民约的内容中，合法、合理地处理村庄事务。乡规民约必然要与时俱进，符合社会发展的需求。从内容到程序，现代乡规民约只有合理、合法，其生命力才会旺盛和持久。

3.3.2.2 对个体“权利”从漠视到重视

几千年的封建社会是在漠视个体权利的封建专制统治下发展的，传统乡规民约重视道德教化，但同时提倡忍让、服从，并辅之以刑罚。与传统的乡规民约相比，现代乡规民约更加注重个人权利保护，这是人们权利意识的觉醒，也是乡规民约逐步走向科学化、合理化的体现。国家提倡以乡规民约为引导，形成农村基层社会秩序，并对现代乡规民约的制定方式和程序予以规范，要求其合法化，以此保障村民权利。《村民委员会组织法》第 27 条第 2 款规定，乡规民约不得侵犯村民的合法权利。① 虽然有的乡规民约的内容仍

---

① 《村民委员会组织法》第 27 条第 2 款规定：“村民自治章程、村规民约以及村民会议或者村民代表会议的决定不得与宪法、法律、法规和国家的政策相抵触，不得有侵犯村民的人身权利、民主权利和合法财产权利的内容。”

有不合法之处，比如对违反乡规民约的高额罚款、任意剥夺村民合法权益等，但是人们逐渐意识到这些规约内容存在的问题，并通过修订方式使其合理、合法。现代农村社会并不是超脱于法律之外的社会，随着依法治国的推进，村民的法治意识、权利意识以及公民意识明显提高，这些从乡规民约的内容中也可见一斑。例如，有的乡规民约体现男女平等原则，约定“夫妻地位平等”“禁止歧视、虐待、遗弃 女婴”；有的乡规民约保护村民财产权利，约定“不损害对方利益，不偷、占他人的财物”“不准子女以赡养老人为由强制分老人的财产”“严禁损害他人庄稼、瓜果及其他农作物”；有的乡规民约保护村民人身自由，约定“严禁非法限制他人人身自由或非法侵犯他人住宅”；有的乡规民约保障村民民主权利，约定“积极参与村级民主管理，珍惜自身民主权利”；等等。

3.3.2.3　从传统“息讼”观念到现代法律意识的增强

《吕氏乡约》《南赣乡约》等传统乡规民约均倡导礼俗相交、息讼罢争，教导乡民要邻里和睦相处。现代乡规民约不但以道德教化人，还具有普法教育功能，体现对依法治国法治观念的弘扬，同时引导村民树立法律意识，如有的乡规民约在第一条就约定“每个村民都要学法、知法、守法，自觉维护法律尊严”。法治宣传和教育使现代乡规民约能够客观对待法律和秩序，理解法律的公平和公正，大部分现代乡规民约都约定要守法守规，例如，村民发生争议，若村民委员会等组织调解不成或者不宜调解的，则鼓励村民依法保护自己的合法权益。人类学者摩尔曾经指出，人类学家所选择的可以直接观察到的小地方绝非是封闭的，它应当是一种“半自主的社会领域”。这种社会领域的含义应当是指存在这样的事实，即它能够从其内部产生出规则、习俗惯例以及象征体系，但是它也易于受到其周围大环境中所出现的规则、决策以及其他力量的损害。因而，这种半自主的小地方，既有其自身产生和运作规则的能力，同时也会受到大环境的影响和侵入。① 国家法律对乡规民约的影响可见一斑。乡规民约中的法治思想影响着乡民的法律意识和行为，使人们在以道德作为行为标准的同时，认识到学法、知法、守法的重要性，进而了解国家法律并依法行事。

① Sally Falk Moore，*Law as Process*：*An Anthropological Approach*，Routledge & Kegan Paul，1978. 转引自赵旭东：《法律与文化：法律人类学研究与中国经验》，北京大学出版社 2011 年版。

第四章　现代乡规民约施行的理论基础：不同学科视野下的考量

有关现代乡规民约与农村基层社会治理的研究内涵丰富，内容广泛而复杂，涵盖农村经济发展、民主政治、社会秩序维护、文化传承等多个方面，涉及多元主体的不同利益。在农村社会治理中，乡规民约之所以能够成为人们行为的准则，“约”出农村社会的有序生活和良好风气，在于它符合农民的思想，契合农民的生活。在农村社会转型的重要时期，需要综合多学科理论知识，从不同学科的理论研究角度去分析农村基层社会治理创新中的现代乡规民约，将其置于多元的学科理论中，考察其施行的科学合理性。不同学科的理论为本书提供了理论支撑，法学中的民间法理论、制度经济学中的非正式制度理论、社会学中的社会治理理论、管理学中的系统管理理论、人类学中的文化人类学理论、伦理学中的规范伦理学和美德伦理学理论等都为本书提供了理论支撑，能够全面深刻地分析和认识现代乡规民约，实现其农村社会治理的功能。因此，现代乡规民约与农村基层社会治理研究应该采用多学科的研究视角分析其理论基础，为其提供理论支撑。

4.1　法学理论基础

4.1.1　规范与法

4.1.1.1　“规范”释义

根据《现代汉语词典》（第7版）的解释，“规范”可作名词也可作形容词和动词，名词意指“约定俗成或明文规定的标准”，动词则是“使合乎规范”。从行为准则的意义上使用规范时，使用其名字含义。国家和社会中“约定俗成或明文规定的标准”很多，除法律、纪律、规章制度以外，学说、理论、伦理、技术规范、学术规范等都属于广义上的规范，各行各业、各个学科、各个领域都有规范的存在，可以说“规范”充斥于社会的所有角落，约束、调整着社会生活的各个方面。

规范法学家们对规范的研究则是建立在法学理论上的，比如凯尔森的法律规范理论。凯尔森是法律实证主义的代表人物之一，也是规范法学派创始人。后世对他提出的“纯粹法理论”褒贬不一，很多英美学者，从施米特到赫勒等认为“纯粹法理论”是失败的，但庞德、哈特等学者认为他是那个时代最伟大的学者之一，是“当代法学的领军人物”。凯尔森的“规范理论”包括了规范的界定、条件、有效性、规范逻辑等。在研究初期，凯尔森将规范定义为“陈述”和“意义”，认为规范是“偶然的存在”，这种“规范”定义存在模糊性和矛盾性。在其著作《纯粹法理论》中，凯尔森直接将规范定义为“意志行为的意义”，这既强调了规范中人的主观意志的方面，又强调了规范的“语句方面”，同时他用自己的意识和语言哲学来支持该定义。①凯尔森从规范的意义上来研究法律，他所说的规范实质上就是法律，他认为法律秩序就是一个法律规范体系。

而哲学家、社会学家则从另一个维度研究规范。哈贝马斯提出交往行为理论，他认为交往行为的功能之一就是使人们认可社会规范，这样就可以形成一种社会价值导向，使人们认可该价值；规范对所有人都适用，因规范受到普遍化检验，故而能够合理存在。社会学家从社会学的理论出发，对规范的社会学意义进行考察。涂尔干认为在传统社会中，社会团结的动力是血缘关系、国家感情和宗教道德，在从传统到现代的过程中，人们会在共同利益下形成新的规范，这是在新的道德引导下所确立起来的制度。因而，必须建立起一个道德体系，以此作为规范来解决社会中的种种问题。

学者们从不同的学科理论出发对规范的解释，为我们对作为社会规范之一的乡规民约的研究开拓了视野，提供了思路。

在这里，我们还需要区分一个与规范相似的概念——规则。规则是运行、

① 刘苏：《规范，是语句还是存在？——简析凯尔森一般规范论体系中的混淆》，载《华北电力大学学报（社会科学版）》2011年第2期。

运作规律所遵循的法则。规范与规则在很多情况下是通用的，一是指导并调整人们的行为；二是在人们做出某种行为之后依据规范和规则作出相应评价。但有时候，二者又有所区别：其一，中共中央在《公民道德建设实施纲要》中提出了我国公民的道德规范[①]，而不叫“道德规则”；我们一般称“投票规则、选举规则、运动规则”，而不说“规范”。所以，规则是比较详细、明确的行为规定，可操作性和实践性更强，规范是相对比较抽象、宏观的规定，主体对规范的遵守和执行有很大的灵活性，受到经济、政治等外部环境和自身条件的影响。因此，规范的范围大于规则，对行为规定比较具体的规范可称为“规则”。其二，规则在某些情境下有“规律”之义，比如寒来暑往的季节交替规则、月缺月圆的变换规则等，“规范”并不能适用于这些情境。[②]其三，技术性规则也不能称之为“规范”，哈贝马斯认为“规范”与“言语有效性”有必然联系，技术性规则不存在人与人之间的互动和约束。[③]

社会活动不可缺少规范，社会发展离不开规范。既然人与人之间存在着不同的关系，他们之间适用的规范也就种类繁多，但是由于不同的人之间的核心社会关系有所不同，因而适用的主要规范也就有所区别，例如，亲戚朋友关系适用的主要社会规范与仅仅出于商业合作需要而形成的关系所适用的主要社会规范就会有差别；家训不适用于家族之外的人；宗教规范不适用于宗教以外的人士；等等。当然，法律规范具有普遍适用性，对国家的所有成员都适用。

4.1.1.2　什么是法？

关于什么是法？这是一个不容易回答的概念，因为不同的法学流派对法有不同的解释，不同的法学家也对法有不同的认识。

法是西方文明的标志，西方关于法的概念，存在着不同的学说，可谓精彩纷呈，有神意法说、自然法说、命令法说、历史法说、正义法说、社会连带关系法说、国家制定法说、统治者法说等。这些学说在西方法的发展长河

---

① 公民道德规范具体表述为“爱国守法、明礼诚信、团结友善、勤俭自强、敬业奉献”。

② 徐梦秋、曾炜琴：《规范理论的若干基本概念辨析》，载《厦门大学学报（哲学社会科学版）》2015 年第 6 期。

③ ［德］哈贝马斯：《在事实与规范之间：关于法律和民主法治国的商谈理论》，童世骏译，生活·读书·新知三联书店 2003 年版。

中，逐步演进，随着社会环境的不同体现出时代的特点，并随着学者们对法的认识的逐渐深入而日臻完善，从不同的角度构成西方法的理论。

博登海默认为，在原始时代，法律与宗教、道德、习惯等是同一的，没有区别，它们紧密联系在一起。但是随着社会发展，社会支配方面便发生了“分工”作用，国家及其机关等有组织的政治团体开始产生，并将法律由自己掌握，而将道德、习惯、伦理准则等的推行留给其他社会组织，这些行为规范便开始“各司其职”，在其各自的领域发挥作用，这时，就必须区分法律和其他规则之间的不同。①我国学者也认为，法律与原始的禁忌、习惯在规范的性质上是一致的，禁忌、习惯是孕育法律的胚胎或种子；习惯、惯例、族规、祖训与法是不能截然分开的。②

作为一种文化现象，法的产生不是一蹴而就的，它有其自身产生和发展的规律。在我们国家，“酋邦之间的战争是中国古代法形成的特殊形式，战争中刑的使用是法产生的重要根源”。③五千年的中华文明孕育了我国的法律传统，所以，西方的“法”仅仅是法的意思，而我国的“法”则含义丰富，包含着“理”“礼”“法”“制”等方面的意思，在不同的语义环境中有不同的理解，这是我国的珍贵历史文化赋予法的内涵。

要对法作出一个严格精准的定义是困难的，不过我们可以确定的是，现代社会，学者们对法有一些共性的认识，无论如何定义法，学者们对法的认识和研究基于以下两点：首先，法应当是公意的体现；其次，法应当是理性的普遍正义。因而，法通过对权利和义务的规定，体现共同意志，调整利益关系，进而影响人们的行为和社会关系。

具体来说，“广义的‘法’在制度层面上可以囊括一切规章制度，上至朝廷纲纪，下到乡规民约”④，可以涵盖一切规则，这其实是从规范层面对法的认识，认为法就是一种规范或者等同于规范。而狭义的法，则仅指国家公权力所颁行的、依靠国家强制力保障实施的行为规范。

从世界范围来看，法的发展在近代以来显现出趋同化特点，在人们逐渐

① ［美］博登海默：《博登海默法理学》，潘汉典译，法律出版社2015年版。

② 王学辉：《从禁忌习惯到法起源运动》，法律出版社1998年版。

③ 王学辉：《从禁忌习惯到法起源运动》，法律出版社1998年版。

④ 马小红：《礼与法：法的历史连接》，北京大学出版社2004年版。

打破自己的生活环境，进入更广阔的的世界领域时，文化的交流变得普遍，法的趋同化的出现当然与不同文化之间的相互影响、相互借鉴不可分割。但是，不同国家和民族的人们也同时认识到自己文化的独特性与某些客观优势，法在发展过程中应当保有自身优秀文化，体现出其在各自文化环境中的长处和适应性，这也成为现代法文化的必然趋势。因而，现代的法应当是各种优秀文化的集合，无论这种文化来自国内还是国外，出自国家还是民间。

4.1.1.3 国家法与民间法

“法”是多元的，不但包括国家法，还包括民间法。

这里的国家法以国家的产生和存在为前提，是相对于民间法而言的。狭义的国家法是由掌握国家立法权力的机关所制定的法，在我国即指全国人民代表大会及其常委会依照立法程序制定的规范性法律文件。广义上的国家法不仅仅包括国家立法机关制定的法律，还包括有法律效力的解释以及行政机关为执行法律而制定的规范性文件，因而，司法解释、地方性法规、部门规章、地方政府规章都是广义的法。学者们从不同角度对国家法进行了探究。李可从国家法的产生前提、性质进行分析，认为国家法以国家的产生为前提，以一定的立法程序为中介，具有普适性、权威性和强制性。[①] 李保平采取时代划分法，将国家法分为“古代国家法与现代国家法两种历史形态”，并认为在对习惯法、民间法等公共法则进行研究时应兼顾古代国家法和现代国家法两个层面，不可偏废其一。[②] 杨林刚认为，国家法是由立法权的机关制定或认可的法律和法律规范的总和。[③] 易军从国家法与其他法律规则的关系角度进行分析，认为国家法是任何习惯法、村规民约都不应违背的底线。[④] 戴小明、谭万霞认为对待国家法要摒弃法律万能的思想，不能把解决争端的重

---

① 李可：《习惯法与国家法的关系探析》，载《法制现代化研究》2006 年第 00 期。

② 李保平：《从习惯、习俗到习惯法——兼论习惯法与民间法、国家法的关系》，载《宁夏社会科学》2009 年第 2 期。

③ 杨林刚：《国家法与习惯法在村庄治理中的路径选择》，载《四川行政学院学报》2015 年第 5 期。

④ 易军：《论习惯法与国家法的辩证关系》，载《哈尔滨工业大学学报（社会科学版）》2010 年第 4 期。

担全部寄托在国家法上。①

在我国，“民间法”一词的提出已有20余年。大多数学者认同“民间法”这一称谓，但对民间法的界定持有不同观点。梁治平认为民间法主要是一种生于民间的“知识传统”，具有“自发性和丰富的地方色彩”，具有多样的形态。② 苏力称民间的法律资源为“本土资源”，包括观念、行业模式、习惯、惯例等。③ 郑永流认为民间法是在社会中形成的一种行为规则，这种行为规则并不是国家制定的。④ 田成有认为民间法是独立于国家之外的行为规范。⑤ 刘作翔认为民间法是法律的一种民间记忆。⑥ 也有学者对“民间法”的提法持否定态度。马小红在研究我国传统法时认为“民间法”的用法不仅混淆了“法”的概念，而且犯了历史常识性错误，在中国古代政治高度统一的传统社会，国家与社会、国家法和民间法是很难区分的。⑦

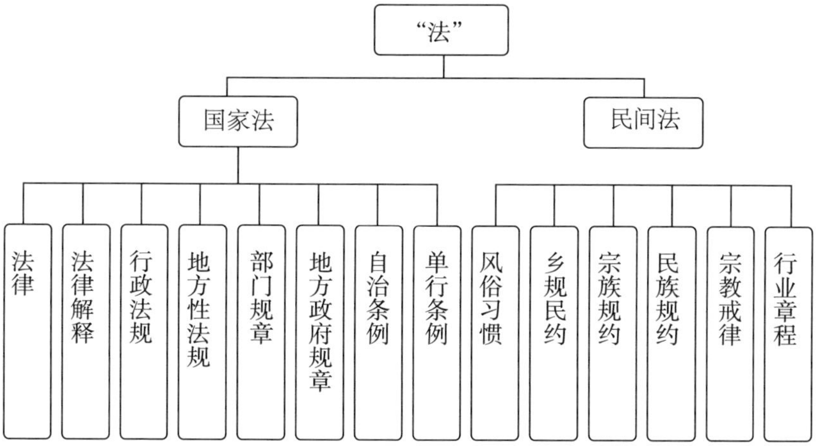

图4－1　我国的国家法与民间法

① 戴小明、谭万霞：《论民族习惯法与国家法的冲突及整合》，载《广西民族大学学报（哲学社会科学版）》2006年第6期。

② 梁治平：《清代习惯法、社会和国家》，中国政法大学出版社1996年版。

③ 苏力：《法治及其本土资源》，中国政法大学出版社1996年版。

④ 郑永流：《法的有效性与有效的法——分析框架的建构和经验实证的描述》，载《法制与社会发展》2002年第2期。

⑤ 田成有：《乡土社会中的民间法》，法律出版社2005年版。

⑥ 刘作翔：《具体的“民间法”——一个法律社会学视野的考察》，载《浙江社会科学》2003年第4期。

⑦ 马小红：《礼与法：法的历史连接》，北京大学出版社2004年版。

笔者认为，在现代法中，国家法是国家制定的规范性文件，其制定机关是有权机关；民间法与国家法相对，是在民间生成的规范，并非国家提供的行为准则。国家法“作为一种特殊的人们社会行为规范是文明进步的标志，也是社会特有的一种文化现象”①，在国家的治理中举足轻重，“故治国无法则乱，守法而弗变则悖，悖乱不可以持国”②。民间法从其生于民间、作用于民间的自生性来看，其产生主体、产生方式、效力范围、施行机制等都不同于国家法。民间法与国家法共同维护社会秩序，都是我国法律文化中不可或缺的重要部分。③ 同时须明确的是，广义的法是一种行为规范，民间法和国家法都是规范的种类，但规范并不仅仅只有法。基于人与人之间繁杂多样的种种社会关系，规范的种类便具有多样化，礼俗、宗教、习惯、理论、学说、民间规约、国家法律等都可以纳入规范的范畴。而这其中的礼俗、宗教、习惯、民间规约都是民间法，乡规民约就属于民间规约中的一种。

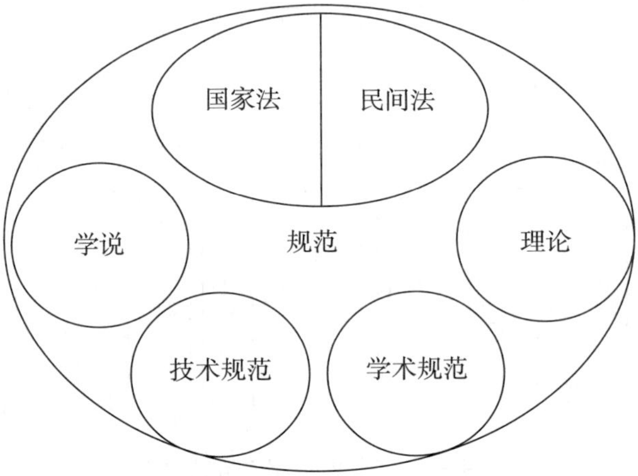

图4－2　规范与国家法、民间法的关系

4.1.2　民间法与国家法的关系

国家法和民间法都是构建社会秩序的规范依据。现代社会中，国家法对

① 王学辉：《从禁忌习惯到法起源运动》，法律出版社1998年版。

② 出自《吕氏春秋·察今》。

③ 本研究对民间法含义的具体界定，可见本书第三章“3.1.2.5”。

社会关系起着主要的引领和规范作用，体现出国家法治的精神，但国家法有其自身局限性，这给民间法的生存和发展带来空间。国家法是调整社会关系的主要规范，但却并非唯一规范，其调整的社会关系局限在一定范围内，例如，朋友关系、邻里关系等并不受国家法的调整。国家法不能朝令夕改，但社会生活总是不断变化的，国家法具有相对稳定性和存在的滞后性，社会的变动性和法律稳定性之间存在不可避免的矛盾，导致国家法难以应对纷繁复杂、不断变化的社会生活。因而，就需要民间法在自己的场域内调整社会关系，以弥补国家法的局限性。

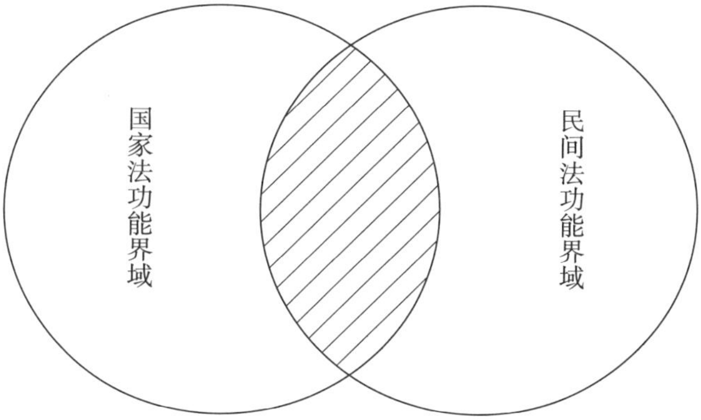

图 4－3　国家法和民间法的功能界域

国家法具有普遍性，适用于全国范围；民间法则在相对有限的情境和范围内适用。国家法和民间法在农村社会的管理中应各司其职，互相配合。转型期农村社会发展迅速，多元思想激烈碰撞。就好似一匹马，国家法好比马缰绳，缰绳是松还是紧，是左还是右，牵制着农村社会的发展速度和方向；民间法就像马辔头，从思想上教化民众，从内心上引领民众，防止农村社会在发展过程中出现问题而引起的社会混乱。

4.1.2.1　民间法与国家法的差异

民间法和国家法都是人们的行为规范，但是二者在产生方式、内容规定、效力范围、施行机制等方面存在差异。

（1）产生方式不同。国家法可以看作是一种建构理性，它是由国家作为制定主体而产生的行为规范，是国家意志的表现。国家通过制定法律表达其所认可的理性，体现其在国家治理方面的精神和指导思想，并通过具体的法律规定使之成为每个人自觉或不自觉认可的行为规范，并遵照服从。为了使这种理性表达更为规范，国家法在制定时必须遵循一定的程序，以使国家的理性能够正确表达而不被歪曲。比如，《中华人民共和国立法法》专门规定了法律、行政法规、地方性法规、自治条例、单行条例等的制定程序，以规范国家法的产生。民间法可以被看作是一种进化理性，它并非由国家主导产生，而是在社会发展过程中，基于历史的发展、社会的实践、人们的经验而逐步形成的，因而，民间法来自“民间”，而非“国家”。哈耶克认为，应该用经验来检验理性。民间法中，无论是风俗习惯也好，民间规约也好，无不是不同民族、不同地域的人们在其日常生活中，基于其生活方式、社会交往而构建起的社会秩序。这种构建并非如国家法一样有严格的程序，严密的逻辑，而是人们基于日常生活实践，在不断地试验、纠错、发展、完善的过程中慢慢总结和认同的，它的产生有一个非常漫长的过程。

（2）规定的具体内容不同。国家法的终极目标是追求公平正义，并在公平正义的思想下保障权利，维护利益。因而，国家法从实体和程序两个方面进行规范性约束，规定人们的权利义务，规定如何用规范的方法保护这些权利义务，以实现国家法认可的公正。民间法捍卫道德伦理，以风俗习惯、乡规民约、宗族规约、民族规约、宗教戒律、行业规章等对生活日常、人际交往、环境保护、村容村貌、护林节水等进行规范，以“礼”和“理”考量人的行为是否符合世道人心，尊重在社会发展中慢慢演进而成的这种理性。“入国问禁，入乡随俗”，实际上就是通过了解当地的忌讳、禁忌、风俗习惯而尊重地域文化，将自己的行为自觉地纳入当地民间法调控的范围，这个道理古时适用，今天也不为过。

（3）效力范围不同。国家法和民间法都是人们的行为规范，但两者在适用的效力范围上有所不同。国家法具有普遍性，在国家范围内普遍适用，一般情况下，国家法适用的空间范围为这个国家的所有领土，适用对象范围为这个国家的所有自然人、法人和其他组织。国家法以其在全国范围内的普适性，营造国家法律制度的大环境。但是，“百里不同风，千里不同俗”，相对于国家法的普适性，民间法具有地域性，往往适用于有限的地方、有限的人群，甚至有限的时间。所以，以民间法中的乡规民约为例，具体到某个村的村规民约来说，即使是相邻的两个村，也都有适用于自己本村的村规民约，与别村的村规民约是不同的。民间法在传统礼教的文化背景下产生，以此来维护道德伦理，以其民间理性来辅助和弥补国家理性。国家法追求法律正义，而民间法要实现社会正义，虽然都是追求正义，但是民间法对正义的理解因其视角的不同，因而与国家法的正义不完全相同。国家法在实现法律正义时，有时也要兼顾社会正义，这其实也就是现在要求法院的裁判实现法律效果与社会效果有机统一的用意。

（4）施行机制不同。代表国家权威的国家法所形成的“规矩”是非常严格的，不容置疑的，因而国家以强制力保障国家法的实施。国家中的法院、检察院、公安机关、监狱等都是保证国家法施行的国家机关，当然，这并不意味着国家法的施行一定要通过国家强制力来实现，也并不意味着国家强制力是国家法施行的唯一手段，政治、经济、文化等因素也会在一定程度上促使国家法得以实施。民间法的自治性更强，它的实施主要靠民众自觉或舆论监督来实现。由于民间法衍生于民间生产生活的需要，是乡民们为了维护自己所身处的社会秩序而共同达成的“契约”，具有自发性。因而，乡规民约体现出乡民们共同的价值取向，他们对乡规民约有着强烈的认同感。自觉受制于乡规民约，自觉地按照乡规民约生产、生活、交往，不需要外力的强制。如果因种种原因出现违反乡规民约的情况，社会舆论自会维护乡规民约，维持乡村秩序，以形成人们认可的家风、村风、乡风等民风。当然，这种社会舆论的功能有限，乡规民约因此也可能在制约无效的情况下面临施行不力的窘境。

4.1.2.2 民间法与国家法的共性

民间法是以伦理道德为价值导向而形成的社会规范，国家法实质上也是以道德作为其基本支撑的。德国法学家耶林曾说，“法律是最低限度的道德”，可见，国家法这种社会规范是社会中最低的道德标准，从这一点上来看，民间法与国家法在道德维护上是一致的。乡规民约与国家法并非彼此对立的关系，而是相辅相成、互相配合、共同维护社会秩序的行为规范。国家法从国家治理的角度，以整个国家为视角，从宏观上对社会秩序进行调整；乡规民约从社会本身出发，以一定的地域为视角，从微观层面维护社会秩序，实现社会治理。

（1）国家法与民间法的同源性。国家法与民间法都与国家的传统文化息息相关。我国古代早期，法的渊源实质上就是表现为习俗、道德、伦理等形式的民间法。人们依靠这些民间法调整社会关系。现代社会，国家将现代法治思想融入国家法中，形成国家法所调整的社会秩序。法的创制过程中，民间法中蕴含的传统文化必然是我国法律文化的重要内容，它成为今天国家法的文化基础，并对国家法的内容产生一定的影响，甚至被国家法吸纳。因而，“从根本上而言，习俗和民众的信仰是立法者所制定的法律的来源”①。

（2）共同构成多元的“法”。依照法律多元理论，多层次、多类型的社会规范共同组成社会中的“法”，社会秩序的构建并不仅仅基于单一的法律规范。民间法是特定区域的人们在长期的生活中积淀而成的，约束这一区域人们的行为，从而达到维护社会秩序的目的；国家法是国家强制力保证实施的，其适用范围覆盖于全国，维护全国社会秩序。无论我们对国家法的期待有多高，在价值多元、结构多元、地域文化多元的社会中，多元的“法”的存在已成为不能否认的事实。国家法并不是唯一的社会规范，它和民间法都是多元“法”的组成部分，在共同的作用下形成社会秩序。民间法追求的是具体的、民间的正义，国家法追求的是普遍的、法律的正义，国家法为民间法提供现代法学理念与思维，民间法为国家法提供社会本土资源和更广阔的规范视角，多元社会控制视角下的国家法和民间法在社会治理中共同发挥作用。

（3）国家法与民间法具有共同的价值目标。国家法和民间法有着共同的文化传统、生长根基以及价值目标。从现代法理上来看，民间法或许是老旧的、不成熟的，甚至是“冥顽不化”的，但是民间法为什么能在看似如此落伍的理念下依然生命力旺盛？因为它扎根于社会的土壤之中，与社会水乳交融，民间法离不开社会，社会也离不开民间法。同时，民间法在发展中也在与时俱进，适应社会的发展。现代法治国家中，国家法当然是主导，民间法应当从国家法中学习现代规范理念，并在国家法的大背景下发挥作用，当然，国家法也要从民间法中借鉴其社会适应性。在传统与现代并存的今天，仅仅只有国家法是不能满足社会需要的，对地方性、民间性的社会秩序，仍需民间法发挥其力所能及的作用。民间法与国家法不是对立的，两者都是以维护社会秩序为基本目标。基于共同价值目标的国家法与民间法在相互理解中对

① ［德］弗里德里希·卡尔·冯·萨维尼：《论立法与法学的当代使命》，许章润译，中国法制出版社2001年版。

话，并在相互理解中进步，两者从各自的角度合力调控社会关系，共同构建和谐发展的社会，共同推进文明社会前进的脚步。

4.1.2.3 民间法中的现代乡规民约

民间法类型多样，现代乡规民约是其中的一种。农村社会管理制度创新中，现代乡规民约对农村社会秩序的构建和维护起着非常重要的作用，有些情况下，乡规民约的社会治理效果甚至是国家法不可比拟的。

(1) 现代乡规民约是传统文化积淀的现代表达

虽然现代乡规民约在形式、内容上已经与传统的乡规民约有很大差异，但是，现代乡规民约仍是我国传统文化的一种表达形式。我国的传统文化历史悠久，博大精深，经过五千年历史的积淀，体现出中华民族特有的文化内涵。儒家的“仁”“义”“礼”“智”“信”，道家的“天人合一”，构建出中华文明的主体内容。现代乡规民约主要以我国传统文化思想为核心，并赋予其现代意义，以此实现社会治理。比如，现代乡规民约中，诸如“邻里互助，相互守望”“尊师长，爱幼小；邻里间，和为贵；外来客，如亲友”“诚实守信促和谐”“弘扬美德，彼此谦让”等，反映的正是我国优秀传统文化的内容，形成农村的“礼治秩序”，构建和谐社会。除了约定人与人的和谐相处之外，现代乡规民约还约定保护自然环境，提倡人与自然的和谐相处，如“垃圾不乱倒，粪土不乱堆，污水不乱流”“严禁带火进山；严禁在山边、林缘、田边烧草”“爱路护路，人人有责”“不毒鱼炸鱼”“严禁私自开口、建坝挡水”等，这实质上就是“天人合一”思想的具体表现。我国农村社会保有丰厚的文化传统，蕴含着“尚祖情结”和“传统韵味”，现代乡规民约本身就是传统文化发展的现代形式，作为民间行为规范，弘扬优秀传统文化，教化人心，改善民风，以形成良好社会秩序。

(2) 现代乡规民约是农村民间生活逻辑的反映

乡规民约是自治性规范，以农村生产生活为主要内容，由于我国乡村地域广阔，包含农村、渔村、山村、牧村等多样化乡村聚落类型，而且，每个村庄也有自己的特点，社情民意各不相同，因而现代乡规民约的内容往往会反映出地域特色、村庄特色，临河村庄的乡规民约往往会约定对河流保护的内容，靠山村庄的乡规民约一般会约定对山林的保护，旅游产业较为发达的村庄的乡规民约通常包含倡导村民热情好客、文明诚信经营、提高服务水平、提升服务质量等内容。例如，贵州省铜仁市碧江区和平乡和平社区距河道较近，该村就专门制定了河道管理保护村规民约，规定“禁止在河道及滩涂内倾倒、堆放掩埋、丢弃生活垃圾、建筑物垃圾、畜禽粪便及排放生活污水等污染物”，否则，“责令其立即清除并负责本河段环境卫生 10 天”。再如，福建省宁德市周宁县有一个古老的村子——浦源村，村中溪水里游弋着上万尾鲤鱼，称为“鲤鱼溪”，人鱼共处 800 余年，为了保护鲤鱼，明清时期就制定了护鱼禁约，今天的浦源村人仍爱鱼、敬鱼，村中《禁约》第一条就规定“族民应该提倡爱鱼、护鱼，人人有责。祖先曾以生命保存下来的遗产，决不能在这一代出了问题，好向列祖列宗交代”，并规定有罚则，违反《禁约》者“无论戚族亲友概不留情”，以乡规民约的形式维护人鱼和谐相处的传统；除此之外，为保护林木，规定不许“盗罚松杉”；并且还约定不许破坏村中公共财物和风景名胜，村籍山场不许外人葬墓建坟等。这些规定体现出浦源村对其独特的自然环境的爱护，对其特有的风俗习惯的传承。

乡规民约的内容都是与乡民生产生活相关的内容，反映出乡民日常的人际交往、村庄发展的需求等内容，比如家庭关系、邻里关系、村容村貌、村风民俗、村庄治安，以此引导乡民行为。例如，某村的乡规民约规定：“不乱堆乱放，要养成良好的卫生习惯；不乱搭乱建，要维护好屋前屋后秩序；不乱丢垃圾，要落实好门前‘三包’[①] 责任；不乱倒污水，要保持河道整齐清洁；不乱踩花木，要做好庭院绿化美化；不破坏卫生设施，要维护好村公共设施”，以此引导乡民爱护环境卫生，培育倡导村庄文明新风，形成良好村容村貌。

另外，作为民间自生产物的乡规民约，其内容往往也反映出时代的特征，并随着社会的发展不断与时俱进。例如，20 世纪 80 年代，某村为倡导乡民完成国家的公粮任务，在本村村规民约中规定“坚持科学种田，勤劳致富，按时完成国家集体的各项任务”；2006 年，因该村有自办企业，村民也积极进行各种产业经营活动，经济发展较好，为了提升村民的纳税意识，于是在村规民约中规定村民应“诚实纳税”；2018 年，国家开展扫黑除恶专项斗争，该村在修改村规民约时，将“扫黑除恶”加入村规民约中。

① “三包”即包卫生、包设施、包秩序；有的也理解为包环境卫生、包公共秩序、包绿化美化。

（3）现代乡规民约是对法律适用性的考量

有学者认为法律与乡规民约的适用范围是此消彼长的关系，法律的适用范围越小，乡规民约的适用范围就越大；法律的适用范围越大，乡规民约的适用范围就越小。但是，实质上，法律与乡规民约各自是在不同层面和领域维护社会秩序的，两者调整的社会关系既有交叉，又有不同。法律是公权力对社会秩序的调控，是对基本社会关系的调整和维护，不可能深入社会的每一个毛孔；在法律不应当也不可能干预的空间里，比如家庭成员应该如何相处、邻里关系怎样才能融洽、村容村貌怎样维护、村庄治安如何来保障、违反村规民约承受什么样的处罚等领域，正是乡规民约施展拳脚、实现其社会治理功能的范围。乡规民约在其功能领域内发挥作用，不能超越其调整范围，也不能触碰法律的底线。国家法与乡规民约有着不同的功能界域，共同发挥社会治理作用，有时候，国家法的规定不但没有压缩乡规民约适用的领域，反倒为乡规民约的存在和发展创造了空间。比如，按照《村民委员会组织法》的规定和精神，在村民自治中，村民可以通过村规民约等形式实现乡村秩序的有序化，国家法的规定，给村规民约的存在和作用的发挥以法律支持，使村民能够依法通过村规民约等形式行使自治权，村规民约因而也有了能动的空间。

乡规民约是人们心中的理性，法律体现现代法治理念，国家制定的法律是否符合社会需求，需要通过司法实践来检验，法律与现代乡规民约的关系在一定程度上反映出法律在农村社会的适用性。以纠纷解决为例，刑事法律关系是专属于国家刑事法律的调整对象，乡规民约不能适用于刑事案件；随着民事诉讼立案门槛的降低，几乎所有的民事纠纷法院都可以立案并适用相关法律进行审判，但是，在农村民事纠纷未进入诉讼系属时，乡民们就可以按照乡规民约来处理。为了更好地与民间合理做法相契合，国家法律也会从乡规民约中汲取经验，将原本属于民间乡规民约调控的内容转化为国家法调控。比如，纳彩是我国结婚礼俗中的传统做法，现代民间社会中，送彩礼仍是一项婚嫁习俗。在民间做法中，男女双方初步达成结婚意向时，男方会给女方赠送彩礼，之后，如果男方悔婚，女方不退还彩礼；如果女方悔婚，则应当返还男方的彩礼。如果以现代法治的理念来看，彩礼应该属于赠与之物，一旦赠与的动产财物交付给受赠与方，即视为赠与完成，不得撤销赠与行为，除非法律有特别规定。农村社会的彩礼纠纷频发，如果起诉到法院，能不能按照法律关于一般赠与物的规定来处理呢？司法实践中，因法律对一般赠与物的处理规定与民间彩礼习俗不同，在处理彩礼返还时一度产生了很多社会问题。2003 年 12 月，《最高人民法院关于适用〈中华人民共和国婚姻法〉若干问题的解释（二）》中对此专门作了规定，原则上支持了当事人返还彩礼的请求①，这显然与通常的法律理念是相悖的。可见，国家法律也会顺应农村社会的需求，并在必要的时候将乡规民约纳入法律中。同时，乡规民约在一定程度上也能反映出国家法律的社会适应性。

4.2 社会学理论基础

4.2.1 乡规民约是社会控制的手段之一

作为社会主体，人具有社会属性。社会学家认为，人们在共同生活中建立起来的制度和社会规范是指导人们行为的准则，人们按照这些制度和规范去实施行为，社会就表现出秩序，社会秩序能够保障人们的正常生活和社会的正常运行。那些违反制度和规范的行为，应该得到控制和约束，而发挥这种控制和约束作用依靠的不仅是内在的心理机制，更主要的是外在的社会力量。运用社会力量对人们的行动实行制约和限制，使之与既定的社会规范保持一致的过程就是社会控制。社会控制主要表现为外在的力量的施加，但它并不排除个人内在约束力的发挥。② 社会控制的手段包括习俗、道德、宗教、政权、法律、纪律、社会舆论、群体意识等，这些手段可以预防、约束和制裁可能发生或已经发生的违规行为。③ 如果将管理对象看作社会控制的主体，

① 《最高人民法院关于适用〈中华人民共和国婚姻法〉若干问题的解释（二）》，第 10 条规定："当事人请求返还按照习俗给付的彩礼的，如果查明属于以下情形，人民法院应当予以支持：（一）双方未办理结婚登记手续的；（二）双方办理结婚登记手续但确未共同生活的；（三）婚前给付并导致给付人生活困难的。适用前款第（二）、（三）项的规定，应当以双方离婚为条件。" 2021 年 1 月 1 日起，《中华人民共和国民法典》开始施行，同日，《最高人民法院关于适用〈中华人民共和国民法典〉婚姻家庭编的解释（一）〉同时施行，其中第 5 条的规定与《最高人民法院适用〈中华人民共和国婚姻法〉若干问题的解释（二）》第 10 条的内容基本一致。

② 王思斌：《社会学教程》（第四版），北京大学出版社 2016 年版。

③ 王思斌：《社会学教程》（第四版），北京大学出版社 2016 年版。

把他们的参与和能动作用考虑进来，社会控制就走向了社会治理。社会治理是高水平的社会控制方式。[①]

乡规民约具有社会性，它是对群体行为的约定，是乡村成员合意的表达，是指导乡民行为的社会规范。从社会控制和社会治理的视角分析，乡民们为了形成良好社会秩序，而以乡规民约这种外在力量约束其行为。因乡规民约本身就是乡民自发形成的，因而它也是乡民从内心认同的行为规则，并自愿予以遵守。乡规民约是对群体成员日常交往、生活方式、习惯养成等方面的约束，体现出其社会性。以色列特拉维夫大学的利昂·谢莱夫认为，社会生活取决于人们是否有能力制定规则来指导他们的日常活动，这些规则本身就体现了人们的共同价值观。除了法律之外，会有一些人们认同的民间规则发挥作用，人们的某些争议问题将由这些在生活和社会现实中直接产生的标准和程序来解决。对一个社会的法的全面理解必须适当考虑到这些国家法律之外的、对某一群体具有约束性的规范。人们保护其传统习俗，同时使其文化的各个方面适应现代生活的挑战。[②] 乡规民约就是人们在社会生活中自发形成的这类规则，受传统习俗的影响，或者说乡规民约本身就是传统，虽然不是国家颁布的法令，但却在一定范围内规范人们的行为，引导人们的生产生活。

乡规民约本身所具有的价值功用在某种程度上决定了乡民的善良风俗，引导乡民向着良性和健康的风俗习惯发展，虽然传统的乡规民约依然在我国某些地区根深蒂固，发挥着其固有的秩序构建作用，但随着现代法治及其所衍生的社会新秩序对传统社会乡规民约效力基础的不断冲击，乡规民约已经远远不能体现出传统意义上的价值功用。当前，我国社会经济和城市化不断发展，越来越多的农民离开家乡涌向城市寻找新的天地，城市的扩张建设又逐渐向乡村蔓延，城市化的快速发展与农村地区经济、文化等的缓慢前进产生了矛盾，各种思潮吞噬着农村已有的价值体系与观念，农村地区的传统习俗又与这些错综复杂的观念难以调和，对现代乡规民约的社会学考察有其研究的必要性。

---

① 王思斌：《社会学教程》（第四版），北京大学出版社2016年版。

② Leon Sheleff, *The Future of Tradition: Customary Law, Common Law and Legal Pluralism*, Great Britain: Frank Cass Publishers, 2000: 3.

4.2.2 乡规民约的社会控制作用

奥地利法社会学家埃里希认为："无论是在现在或者是其他任何时候，法律发展的重心不在立法、不在法学，也不在司法判决，而在社会本身。"[①]法社会学认为法律现象是社会现象中的一种，其研究焦点在于法律与社会的关系。法社会学反对传统法学视国家为法律的唯一渊源的主张，认为法律存在于"社会之中"，它超出了国家的界限与范围，有国家的法，也有非国家的法，国家的法只是法的一部分，而且并不必然是最重要的一部分，除国家的法以外，还有大量的其他的法，法律存在于群体生活的实际规律性里，即"活法"，那些由权威机关如国家、教会、公司、学校或其他社会团体确认并保障实施的规则就是法律。[②]从社会学的观点来看，作为"活法"之一的乡规民约强调其社会现实性作用及其社会效果，研究乡规民约就应当将其置于乡民社会之中，考察乡民社会的历史、文化、经济、心理等一系列因素对乡规民约的影响，进而有效地发挥乡规民约的社会治理功能。

（1）形成乡民社会的规则文化和习惯

社会学家认为，自然环境、人口、文化三个基本要素构成了社会。乡民社会的历史、文化、传统、习俗孕育并教化出乡规民约。乡规民约生长的土壤就是乡民社会，它成为乡民社会整体文化的一部分，同时反映并解读乡民社会的文化。形成乡规民约的文化基础是伦理法文化，是一种世俗的宗法人伦。现代乡规民约将传统法文化习惯中所蕴含的符合现代法治观念的思想摘取出来，结合当代乡民社会的需要形成规则，成为乡民行为的守则。例如，位于《吕氏乡约》发源地的陕西蓝田某村乡规民约中就涉及"辛勤劳动，艰苦奋斗""尊老爱幼，夫妻和睦""勤俭持家，邻里团结"等带有传统文化色彩的内容，同时又包括"遵守法纪""教育子女学科学、学文化，做有理想、有道德、守纪律的好乡民""讲文明，除陋习，树新风，提倡社会主义新风尚"等与现代法治理念较为契合的部分。在国家权力对正统法律思想推动的压力下，带有乡民社会文化色彩的民间规则及其正义信仰被迫发生转变，或

① Eugen Ehrlich, *Fundamental Principle of the sociology of law* (*English edition*), Harvard University press, 1936: 1.

② 刘焯：《法社会学》，北京大学出版社2008年版。

者消亡，或者淡化，或者潜伏，或者在公权力无力触及的范围内发挥作用，传统文化的影子在现代乡规民约中总是可以很容易捕捉到，伦理、礼治、习惯、血缘、地缘等因素或多或少地仍在影响着现代的乡民社会。现代乡规民约在传统文化和现代文明的双重影响下，形成乡村的具体规则，规范乡民的行为并使之成为符合时代发展的习惯。

（2）内化乡民社会的规则意识

规则意识首要的是要了解和掌握有关规则的知识，但是，“规则意识不仅仅是一个了解规则之内容的问题，也不仅仅是懂得‘遵守规则’意味着什么的问题，而是把规则当作自己行动的理由和动机的问题”。[①] 传统乡民社会的治理依靠传统实行自治，这种传统通过耳濡目染、潜移默化等方式一代一代传承，成为乡民自觉或不自觉约束自己行为的规则。法国著名社会学家孟德拉斯认为，传统农民不会怀疑“传统”，而是将“传统”视为理所当然的“生活和工作必须遵循的正常方式”。[②] 不需要明文规定，乡民也对这种生活规矩的传统烂熟于心并将自己纳入其中，不自觉地形成一种规则意识。但是，由于没有具体的外在表现形式，传统规则一般很少积极主动地去进行普遍地社会调整。成文的当代乡规民约将传统融于法治之中，并且通过张贴、上墙、立碑等方式将乡规民约公布于众，要求乡民予以遵守，通过积极普遍调整的方式将规则呈现于乡民面前。乡规民约作为民间法的存在形式之一，在一定程度上具有法的影子，调节着乡民的行为。乡规民约中所提倡的大部分价值理念正是我国当前法律所保护和宣传的，在农村地区发挥着“法律”宣传的作用，意在以乡规民约的内容来规制乡民的行为，最初是以社会权力为后盾的规制形式，一旦乡民的行为超出乡规民约的规制范围或者远远超出乡民的承受能力，就需要依靠国家权力为后盾的法律来制裁。这对培养乡民的规则意识，内化乡民社会的规则价值观念，乃至法治价值观念有推动作用。

（3）表现乡民社会的自发秩序，在其效力范围内具有社会控制力

乡民社会的秩序是乡民在其长期生活交往中逐步形成的，并在传统上以乡规民约等民间法规则的形式表现出来，形成乡民社会的自发秩序。这种原生

---

① 童世骏：《批判与实践：论哈内马斯的批判理论》，生活·读书·新知三联书店2007年版。

② ［法］H. 孟德拉斯：《农民的终结》，李培林译，社会科学文献出版社2005年版。

的自发秩序与国家的制定法不同，传统乡规民约的产生和效力并不是因为国家权力的植入，而是乡民之间利益博弈的结果。社会秩序并不是一成不变的，表现当代乡民社会秩序的乡规民约，其形成往往是“在政府指导下自觉制定的，因此就避免了自发性的可能”。[①] 虽然现代乡规民约是乡民在政府指导下自觉制定，但是大部分都尊重乡民原本保留下来的自发秩序，结合当代社会价值取向，形成当代乡规民约，当代乡规民约已经吸纳更多的国家法律思想于其中。

在通常情况下，社会生活秩序的维持大都是依靠人们内在的自我控制而达到的，而实现这一社会控制形式的条件，则在于社会能通过各种教育、宣传手段，使既定的社会生活准则与社会规范内化为广大社会成员的行为标准，成为他们的习惯、生活方式及自觉要求。[②] 乡规民约是乡民们之间在利益整合过程中形成的一种社会契约，是一种内生的社会权力，通过其社会调节功能规范乡民秩序。乡规民约表现的是对乡民日常生活的规范和调控，形成乡民社会的价值体系。大多数情况下，传统乡规民约因其自发于乡民社会而为乡民们自觉或不自觉地遵从。现代乡规民约仅依赖于乡民的自觉是难以完全贯彻的，并且可能因为乡民固守传统而不利于当代乡民秩序的构建。当然，即便是国家权力的介入，也并不能否认乡规民约在其效力范围内所具有的社会控制力。

4.3 经济学理论基础

4.3.1 成本效益分析——以乡规民约在纠纷解决中的适用为例

虽然国家法适用于并应当适用于整个国家的方方面面，但由于法律的限度，国家法在某些领域或某些地区并未发挥出其应当具有的价值，相反，这些领域或地区内自生秩序的作用更为明显。作为农村社会内生的民间行为规则，乡规民约的内容更符合农村社会的现实状况，在农村社会中的秩序调控功能也更易显现，这其中有农村社会历史和现实状况的因素，也有经济的因素，农村社会中纠纷发生后当事人所选择的解决方式即证明了这一点。下面，

① 谢晖：《当代中国的乡民社会、乡规民约及其遭遇》，载《东岳论丛》2004年第4期。

② 袁亚愚：《乡村社会学》，四川大学出版社1990年版。

即以乡规民约在农村纠纷解决中的作用为例，分析乡规民约的经济学价值。

预期收益大于投入成本是人们的期望，在农村纠纷解决方式选择中，人们同样怀有这一期望。作为国家法的诉讼法在农村当然是有效的，但是农村纠纷发生后，通过乡规民约进行规范却是人们首先考虑的，也是绝大多数情况下的最终选择，这其中一个重要因素就是诉讼的成本要大于乡规民约进行社会控制的民间非诉讼成本。诉讼成本分为可预期成本和不可预期成本两大类，可预期成本主要包括诉讼费用、诉讼所耗费的时间和精力、诉讼的机会成本以及诉讼所带来的对双方关系的损害等成本；不可预期成本主要包括败诉的风险成本、司法腐败所带来的成本、执行难所带来的成本等。① 是否通过诉讼途径解决纠纷？在作出决定前，当事人往往会将其纠纷解决后的预期收益与投入成本进行对比，在成本大于收益时，当事人会放弃诉讼而选择其他解决方式。

乡规民约给乡民们提供的非诉讼纠纷解决方式无论是从金钱成本、时间成本、精力投入成本还是从风险成本上看，其投入都比诉讼方式要小得多。首先，金钱成本方面。当事人将案件起诉至人民法院，以诉讼方式解决纠纷，必然要缴纳案件受理费；如果在诉讼中涉及财产保全、强制执行，还需要缴纳申请费；如果当事人申请证人出庭作证、复印案卷材料，还会有具体的实际支出费用。但是，当事人若适用乡规民约等民间规约，以私力救济或社会救济的方式来解决纠纷，从总体上看比诉讼方式花费要小：如果当事人自己协商解决纠纷，基本上没有什么金钱花费；如果采取调解方式，当事人一般选择村里德高望重的权威人士或者村干部做调解人，从中调和矛盾，这种情况下花费较少或没有花费，因而，这些解决方式成本低得多。其次，时间成本方面。诉讼法规定的程序和审判期间是一定的，法院会按照法律规定的程序和期限进行审判活动，而不得擅自改变审理程序或期限；而乡规民约的民间解决方式法律并无强制性规定，程序灵活便捷，如果能够达成合意，在很短的时间内即可解决纠纷。再次，精力投入成本方面。对于效率较高的民间纠纷方式，既然金钱成本和时间成本比诉讼方式投入小，当事人花费在其中的精力相对也要小些。最后，风险成本方面。诉讼风险是那些在诉讼过程中，

① 吴洪淇：《法理学视野中的中国民事纠纷解决机制》，载法律教育网 2011 年 9 月 10 日，http：//www. chinalawedu. com/news/16900/170/2006/8/zh2972547441986002135OO－0. html。

当事人可能遭遇的与争议事实无关的，可能影响案件审理和执行，致使合法权益无法实现的风险因素，比如因为当事人举证不能，虽然客观事实确实存在，但是根据证据制度，法院却无法认定该案件事实，负有举证责任的当事人就会承担败诉风险。而适用乡规民约为纠纷解决依据的和解或调解，纠纷的解决依赖于双方当事人之间的合意，并没有严格的程序限制，因而在风险成本方面要更小。此外，公正和效益相结合是体现法律价值的标准，诉讼的结果一般符合法律公正，但在传统农村社会往往难以实现，通过乡规民约解决的结果看似不符合或不完全符合法律公正，但是在乡村社会，却能为人们所接受，有利于实现其实践价值。邻里纠纷和家庭纠纷在农村纠纷类型中占比较大，这两类中，当事人双方之间有着长期的相邻而居或共同居住的关系，民间方式解决有利于其以后相邻或共同生活的继续，在看重血缘和地缘关系的农村，从效益上讲大过诉讼取得的效益。在农村，发生纠纷后，绝大多数乡民会依据乡规民约，通过双方协商和解或找中间人调解的方式解决而非直接诉诸法院，这其中的影响因素之一就是民间解决方式要比诉讼解决方式的花费小、耗时短，在成本的投入上更少。

4.3.2 制度经济学理论——以非正式制度在农村社会治理中的功能为视角

制度经济学是建立在对新古典经济学批判的基础上的，制度经济学家认为制度包括正式制度和非正式制度。非正式制度是制度经济学中的概念，在人们生活中就好比经济学的主要创立者亚当·斯密说的那只“看不见的手”，调节着社会秩序。

新制度经济学家道格拉斯·诺思认为非正式制度是与法律等正式制度相对应的，包括价值观念、社会习俗、道德伦理等概念。与正式制度不同，非正式制度依靠人们内心所共同信仰的信念、追求、价值而对其内部成员形成一种“软性”的约束力，这种“软性”约束力没有强制执行的效力，而是具有一定程度的可协商性。从经济学视角来看，非正式制度的惩罚效果因违规者个人的观念、价值及心理承受力等因素各异而对其产生不同的成本或负效益，因此，非正式制度的惩罚效果也因人而异。据此理论，乡规民约属于非正式制度范畴，下文对非正式制度本身以及非正式制度与正式制度之间关系的理论分析当然适用于乡规民约。

下面，笔者具体分析非正式制度在现代农村社会治理中的功能。

4.3.2.1　正式制度的作用及其在农村社会的局限性

在“三治”背景之下，作为正式制度的法律是根本，在维护整个社会秩序安定、解决矛盾纠纷等方面起到了宏观调控和指引的作用，同时也为非正式制度的制定和实施划定了范围和底线。但我国农村社会因血缘、亲缘、地缘等关系的存在形成复杂的伦理规则和情理规则，如果仅仅依靠正式制度的作用，在农村社会治理的严峻形势之下，往往难以药到病除，彻底解决问题。国家在农村社会治理中使尽浑身解数，尤其在近年来，国家连续出台了一系列帮扶政策，力图解决农村发展落后问题，消除贫困，实现共同富裕。但是，在国家政策法规这类正式制度实施的过程中，却产生了一些新的问题，这些问题在基层尤为突出。笔者在某县调研时发现，“争当贫困户，抢当低保户”“频频出入麻将场，还要政府送小康”等不良风气十分严重。本着公平、统一原则的正式制度却在农村社会难以有效执行，因而，在诸如转变思想观念、改善行为作风，甚至评选贫困户、帮扶对象等农村基层问题上，还需要非正式制度的助力。

在农村社会，正式制度存在以下局限性：其一，正式制度涵盖力度不足。虽然城市与农村无论是发展水平、治理机制，还是人们的价值观念和文化水平都存在着明显的差异，但是正式制度在制定时，需要考虑到整个国家的现实问题，不会侧重于城市或农村，除非那些专门适用于某一领域或针对某种情况而制定的正式制度。另外，虽然正式制度具有普遍性，但从整体上来说，农村社会因其保留更浓厚的传统色彩，正式制度在农村的适用“障碍”会更多，比如风俗习惯、乡规民约等，可能会给正式制度的施行带来困难，因而其实施效果也会打折扣。其二，正式制度的“外来性”不易为农村社会所接受。正式制度虽然体现现代法治的公平、正义理念，但当它进入农村社会时，如果不符合农村社会的运行逻辑，就会显得“格格不入”。比如，农村社会中，人情、面子、关系是处理和解决问题需要考虑的重要因素，这些因素往往建构起农民的行动逻辑。虽然随着法治国家的建设，人们法律意识不断增强，但中国人传统观念里的“无讼”思想仍然影响着多数农村人的生活，因为如果去法院“打官司”，就会不顾人情、没有面子、断了关系。因而，发生纠纷后，绝大多数都是以民间的方式解决，不到“撕破脸”的时候，是万万不会去法院的。其三，行政考核机制使正式制度在农村的适用动力不足。笔者在陕西省某县调研时发现，上级政府将上访率作为评估下级政府工作绩效的一项重要指标，基层政府在很多情况下，为了降低上访率，不得不无条件地满足上访人员的各种要求，由于未按照法律法规秉公处理，最终往往造成政府“有理也无理”的现象，导致上访潮愈演愈烈，政府权威越来越低，甚至在农村社会管理中处于尴尬境地，国家正式制度也无用武之地。其四，正式制度固有的弊端导致其适用不力。正式制度虽然更权威、更稳定，但同时也更呆板，换句话说，就是其灵活性、变通性不足，因而，有可能导致的结果是，适用正式制度虽然合规，但却难合情。另外，适用正式制度所耗费的时间、人力、物力、财力等成本较大，再加上结果风险，因而人们在有其他更适宜的选择时，往往不会适用正式制度。

4.3.2.2　农村非正式制度的表现形式和功能

（1）农村非正式制度的表现形式

非正式制度具有地域性、复杂性、多样性等特征，从其外在表现形式上来看，可以将农村非正式制度分为不具有外在表现形式的价值观念、社会信仰、宗教信仰、道德伦理等非成文化类型和具有外在表现形式的乡规民约、家法族规、家风家训等成文化类型。

不具有外在表现形式的非正式制度在现代农村社会表现为价值观念、道德伦理、风俗习惯、宗教信仰以及人情观、面子观等多种形式。这些非正式制度并非一蹴而就，不是一朝一夕就能形成的，漫长的形成过程使它们深入人们生活中，并在潜移默化中影响着人们的思想、行为甚至感情。从礼节习性到穿衣打扮、从节日习俗到饮食习惯都会受到非正式制度的影响。这是一种深入生活而不自知的制度，是一种“潜在”的制度，但是却广泛地存在于农村社会并影响着人们的生活。非正式制度具有深厚的群众基础，因此能长期流传下来。好的风俗习惯也能产生良好的治理效果，如在嫁娶礼仪上对长辈行跪拜礼，实质上是对中国传统孝道文化的宣扬；现在农村普遍建立起来的道德评议是道德伦理外化的表现形式，道德评议活动主要依据村庄内大家共同认可的“道德观”对先进典型进行褒扬，对后进典型进行帮教，俗称“好坏大家评，落后大家帮”，以利用非正式制度达到道德教化、维持社会秩序的作用。

现代农村社会中，乡规民约、家风家训往往以书面形式（参见图 4 - 4、

图4－5、图4－6）形式在乡间传播，以便村民或家庭成员熟知，进而用于指导日常生活、生产，这些非正式制度在农村社会治理中同样发挥着十分重要的作用。家风家训是小家自我激励、自我约束的规则，乡规民约是由村民自愿合意制定的有约束力的行为规则，在近些年农村社会移风易俗活动中起着至关重要的作用。无论是乡规民约还是家风家训，都是自生于民间的，是村民根植于内心的行为准则，因而，村民或家庭成员自觉将自己置于这些非正式制度之下，使其成为评判自己行为的准则，并在其引导下以其认同的价值观行事，无须强制执行，这大大减少了非正式制度在农村社会治理中的成本。

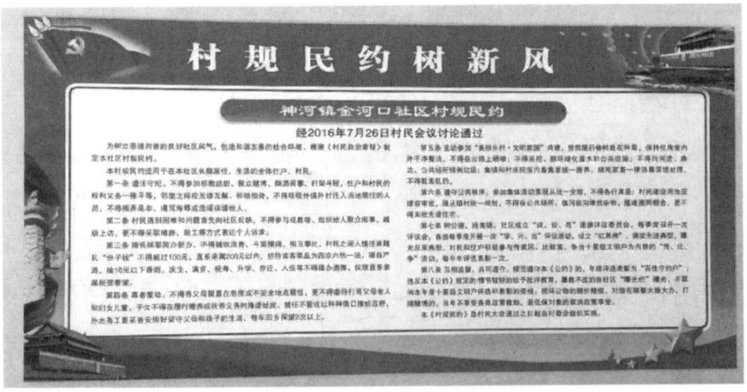

图4－4　乡规民约①

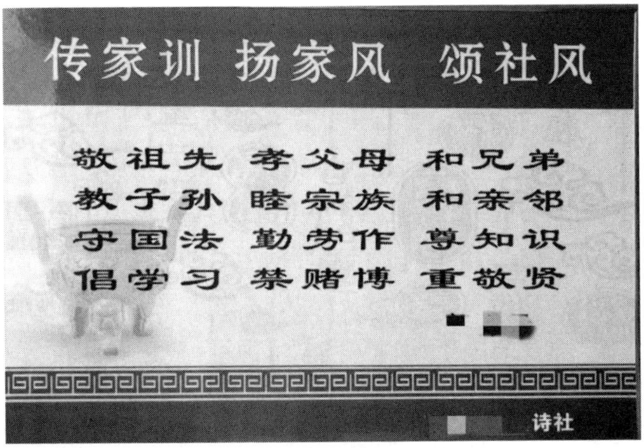

图4－5　家规家训家风②

① 图片来自笔者调研。

② 图片来自笔者调研。为保护隐私，图片中已将相关信息进行了模糊化处理。

图4－6　杨氏家规家训家风①

（2）非正式制度与正式制度在农村社会治理中的不同功能

任何制度的生成都需要一个长期的过程，正式制度的产生更是取决于多个环境因素。正式制度环境主要指它的法律制度和政治制度传统，而这种传统归根到底也是一个国家社会政治文化传统、价值观念和意识形态等这些非正式制度环境的基础上产生的。② 因而，正式制度建立在非正式制度所营造的环境之中，非正式制度形成的文化传统、价值观念等社会环境直接影响正式制度的具体内容。从这个角度来看，非正式制度与正式制度是有关联性的。

从功能来看，非正式制度与正式制度具有不同之处。首先，类比法律所具有的规范作用，推而广之，正式制度具有指引、评价、预测、教育、强制五大功能；非正式制度具有凝聚、指引、约束、评价、预测、教育功能，虽然其中也有指引、评价、预测、教育功能，但是却不具有强制性功能。非正式制度体现的是一种软性约束力，以其约束功能在农村社会治理中发挥维持社会秩序、解决纠纷的作用，实践中难免会出现执行力较弱的问题。其次，正式制度与非正式制度都具有指引功能，但是正式制度是以法律、法规、政策、规章等的内容作为指引，而非正式制度则依赖人们内化于心的观念信仰而存在，对于人们日常行为起到相应的指引、导向作用。再次，正式制度与非正式制度都有评价功能，但是在评价功能的具体表现上有所不同。正式制度是理性设计后的产物，其评判标准趋于理性，并能预测出确定的评价结果；而非正式制度的评价功能受制于村民个人文化水平、价值观念及道德信仰，往往会包含一些非理性的因素，其评价功能不具备正式制度评价功能的理性和确定性特点。又次，非正式制度功能所体现的道德色彩要多于正式制度。正式制度作为国家出台的规则，体现出社会治理的客观需要和要求，以社会发展的科学合理需求为导向；而表现为道德伦理、风俗习惯、宗教信仰等形

① 图片来自笔者调研。
② 伍装：《非正式制度论》，上海财经大学出版社2011年版。

式的非正式制度，主要以道德标准、宗教信条等从思想上对人们进行约束，使人们自觉或不自觉地以其作为评判行为的标准，并受其引导。最后，非正式制度具有凝聚功能。非正式制度大多在血缘、亲缘、地缘关系范围内形成并发挥作用，其规则制度往往为该领域内特定的人们所熟知，因此，会在这些人中形成相同或相似的文化心理。例如，现代农村社会中家族内的关系、村庄内的关系都是凝聚功能的典型体现。非正式制度特有的凝聚力优势表现为，具有相同文化心理的人们以该非正式制度为行为标准，自发构建他们认同的社会秩序，无须付出额外的制度成本便可取得社会治理的收益。

非正式制度与正式制度虽然在功能作用上有所不同，但是两者在各自的功能界域内以其各自特有的方式形成“规矩”，共同构建社会秩序。没有正式制度，社会会变得无序、混乱，人们的权利难以保障，公共秩序无法维持；没有非正式制度，正式制度也难以有效运行，正如荀子所说：“礼者，政之挽也；为政不以礼，政不行矣。”[①] 可见非正式制度的重要性。

表 4－1　正式制度与非正式制度的表现形式和功能

	正式制度	非正式制度
表现形式	法律	价值观念
		道德伦理
	法规	风俗习惯
	政策	宗教信仰
		乡规民约
	规章	家法族规
	……	家风家训
		……
功能	指引	凝聚
	评价	指引
	预测	约束
	强制	评价
		预测
	教育	教育

① 出自《荀子·大略》。

4.3.2.3 非正式制度在农村社会治理中的运行机理和价值

（1）非正式制度在农村社会治理中的运行机理

非正式制度的运行机理包括内在机理和外在机制两个方面。

非正式制度运行的内在机理表现为成员们共同认可的道德价值体系和社会舆论。非正式制度能够在长期发展过程中得以传承下来，主要得益于其自身的存在具有一定合理性，来自传统的道德权威和社会舆论作用是非正式制度具有延续性的两个重要原因。首先，农村社会与城市不同，其封闭性更强，血缘和地缘关系联系更为紧密，因此，以村落为聚居方式的农村社会成员内部存在着一套独立于外界的价值体系和道德标准，农村社会的传统风俗习惯得以延续下来正是得益于此，这些传统风俗习惯作为非正式制度在日常生活中对人们的行为起到了十分重要的规制作用。根据马克斯·韦伯“传统型权威”的观点，社会成员受到权威力量的震慑，通常都会自觉遵循传统，以这种传统习惯和惯例来支配自身的行为，并在内心形成特定的评判标准，进而对自己和他人的行为加以约束。其次，非正式制度能在农村社会运行的另一内在机理则是舆论控制机制。熟人社会中，凡违反非正式制度的人会被认为是不合群的人，在农村社会这个集体型的社会，违反群体的道德共识不仅会使自己失去“面子”，而且将会对自己的生活产生重大的影响。

外在机制是非正式制度能够运作的外在环境因素，主要指的是整个国家大环境允许非正式制度的存在，给予非正式制度以生存空间。例如，《村民委员会组织法》中确定了村规民约这一非正式制度存在的合法性，并赋予村民以相应的自治权利，鼓励村民制定村规民约治理村庄，积极采取村规民约方式开展一系列“移风易俗”和“扫黑除恶”活动。近年来的中央一号文件中，乡规民约多被提及，这些政策鼓励发挥现代乡规民约这一非正式制度在农村社会的秩序构建和维护作用，完善乡村治理。2019 年中央一号文件提出要“指导农村普遍制定或修订村规民约”，2020 年中央一号文件提出要“完善村规民约”，这些政策为村规民约这一非正式制度的适用加强了“马力”，构成了良好的外部环境，这正是非正式制度运行的外在机制的表现。

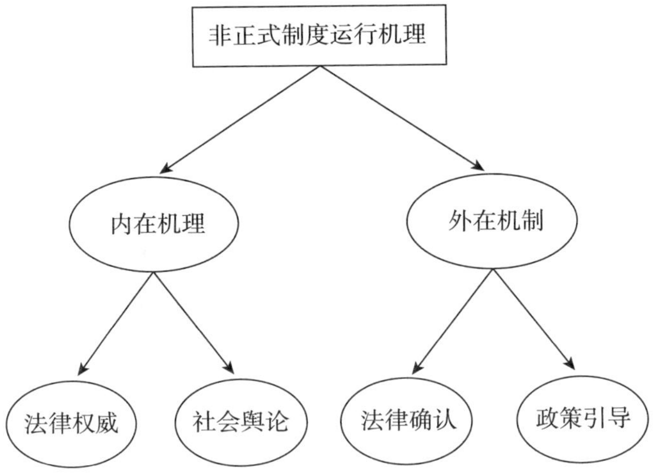

图 4－7　非正式制度的运行机理

非正式制度作为人们日常生活的行为准则，在维持社会秩序、解决纠纷等方面发挥着重要的作用。内在机理赋予非正式制度延续的可能，依靠传统权威及道德舆论约束机制，才能使非正式制度在农村社会治理中真正发挥有效的作用，而外在政策、法律等环境为非正式制度提供“生长”和发展的丰沃土壤和良好机会。

（2）非正式制度在农村社会治理中的价值

第一，文化传承价值。作为一种主要依赖人们内心道德信仰、价值观念而延续的制度，非正式制度规范着每个个体的行为，并随着历史的发展被人们传承下来，体现出其文化继承的价值。例如，现代农村社会“移风易俗”活动重建的家风家训中就有继承祖辈家训的例子。在笔者的调研中，魏氏家族的家训就很好地说明了这一点。魏氏家族祖祖辈辈都是做生意的，以诚信无欺建立起了良好的口碑，更是建立了“诚实守信，童叟无欺，不占他人便宜”的家训，这条家训在魏氏家族中一直延续下来，成为家族成员认同并严格遵守的规范守则，并悬挂在家门外墙上以提醒家人谨记。

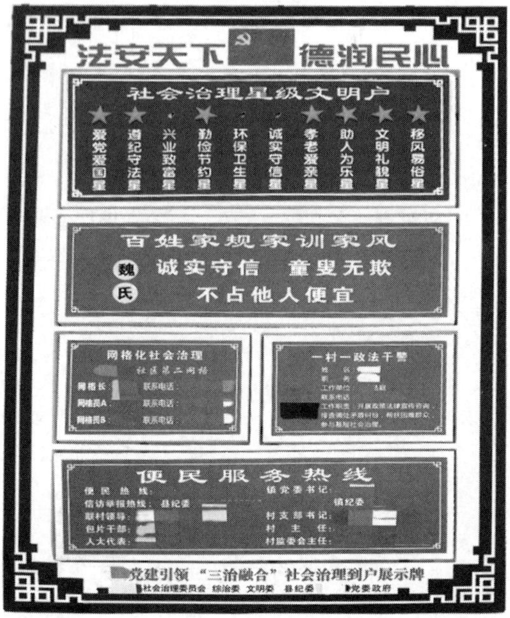

图4－8　魏氏家规家训家风①

我国农村社会非正式制度将中国传统文化中的“礼”“理”“仁”“和”等伦理思想观念传承下来，引导村民自发向善，减少社会治理成本，实现治理效果的最大化。例如，在“移风易俗”活动中，农村举办的道德评议会，对于脱离大众共同道德观的后进典型，采取帮扶、教育的措施使其积极改正错误。虽然惩罚力度没有正式制度大，但仍能帮助村民区分是非美丑，辨别善恶，以实现农村社会的“善治”。非正式制度的文化传承价值正是以一种潜移默化的方式在无形中改变人们的价值观念，提升人们的思想道德水平。

第二，社会秩序维护价值。在农村社会治理中，非正式制度发挥的价值在一定程度上大于正式制度。根据前文分析，正式制度在农村社会治理中存在种种局限性，非正式制度作为软性的约束机制，能够“以柔克刚”，在处理农村公共事务、解决纠纷等方面都体现出其秩序维护的价值。首先，在处理农村公共事务上，非正式制度的凝聚功能可以调动农村社会成员参与公共事务的积极性。现代农村治理面临农民参与度不高，积极性不足的问题，国

① 图片来自笔者调研收集。出于隐私保护的需要，图片中已将姓名、联系电话等相关信息进行了模糊化处理。

家即使使尽浑身解数，也无法获得有效的治理成果。由于非正式制度是在农村社会生活长期实践过程中产生和传承下来的，其本质上符合农村社会的特点和农民的根本利益，人们对其具有较高的认同感和遵循度，相比正式制度，非正式制度在农村社会具有先天优势，因此，若以非正式制度来处理农村公共性事务，可以充分激励村民参与其中，最大限度发挥村民的集体智慧，有效解决目前村民对某些集体事务参与度不高的问题。其次，在解决纠纷问题上，非正式制度具有天然的优势。与正式制度复杂冗长的程序不同，非正式制度没有繁杂的程序，灵活性较强，处理纠纷时限短，效益高，具有“低成本高收益”的特征，再加上非正式制度惩罚措施偏“道德化”，能够使纠纷解决后的村民关系得到较好修复。因此，相对于正式制度，农村社会成员对非正式制度的认同度更高，有利于农村社会秩序的维护。

第三，对正式制度适用环境的优化价值。正式制度调整的一般都是最基本、最核心的社会关系，农村社会治理中涉及的许多更具体化和生活化的问题，如家庭和谐、老人赡养、村容村貌、保护环境等问题，这些是正式制度难以发挥作用的领域，此时，非正式制度的优势就凸显了出来。在移风易俗问题上，非正式制度在农村社会治理中处于不可替代的位置。如某村在其村规民约中规定“份子钱”（礼钱）上限，并将红白事中的菜品、烟酒等的标准都一一规定在列，同时村内设立红白理事会，由“大总管”管事并进行表态发言，记账的人遏止超标准礼金，厨房定菜品标准，既不违反正式制度，又能填补正式制度的空白。正式制度建立在非正式制度营造的社会风气环境之上，非正式制度中的价值观念、道德伦理等范畴是对现实农村社会的反映，人们在改进现有正式制度的时候反过来也会受到这些因素的影响。因此，非正式制度中的优秀内容是优化正式制度生存环境和改进正式制度时应该着重考虑的因素。

4.3.2.4　非正式制度在农村社会治理中功能实现的障碍

非正式制度产生于农村社会，依靠一套自生的道德评价机制存在并运行。虽然在现代农村社会治理中发挥着十分重要的作用，但由于非正式制度自身的某些缺陷，同时也存在一定的功能障碍，只有认识并排除这些障碍，才能更好地发挥其在农村社会治理中的功用。非正式制度的功能障碍表现在：

其一，非正式制度难以应对新时代农村社会治理的复杂性。城市化导致的农村出现“空心村”、村民的逐利性思想、村民政治参与的积极性不高等一系列问题给农村自治带来障碍。农村社会治理必然是政府、精英人士及村民等多元主体参与的治理，而现代农村首先缺乏治理主体，有些村民缺乏对正式制度的政治认同感，同时，社会的发展使人们的思想变得多元化，并非所有村民都认同非正式制度的理念，这使那些不能与时俱进的非正式制度受到漠视。

其二，有些非正式制度存在消极导向因素。实践中，正式制度与非正式制度难免会产生冲突，非正式制度中那些固有的消极导向因素会制约正式制度的运行，同时给农村社会带来负面效果。我国农村社会正如费孝通先生所描述的那样，是“乡土社会”“熟人社会”，在血缘、亲缘、地缘主导的农村社会，人情交往既是符合人性本能需求的合理存在，也是契合公共秩序维护功能的重要手段。传统农村社会的人情往来主要表现在日常生活交往及婚丧嫁娶领域，随着农村经济的不断发展，现代农村社会人情往来逐渐从婚丧嫁娶扩大至出生满月、老人过寿、升学入伍、大病小患、盖房乔迁、节日拜访等各个领域。人情往来在融洽社会关系的同时带来的是人情物质化和利益化，人情异化在农村突出的表现形式即为“面子观”。熟人社会的“面子观”是人们内心渴求“同圈子”的人对其有高度评价的外在化表现。一方面，人们为了在农村这个“熟人社会”获取面子必须努力地创造财富，认真生活；另一方面，随着城市化进程的不断发展，这种“面子观”催生了人们的虚荣心理、自我膨胀心理，人情往来成为人们地位、财富、名誉的主要象征。对于有些村民，面子甚至成为其生活的全部意义，为了撑门面、图虚荣，即使负债累累也要盖“小洋楼”；为了面子，相互攀比，超过负担能力去随礼，有的人甚至因此走上犯罪道路。在调研中，笔者了解到这样一起案例：山东某村的小伙子甲和乙两人在外地打工，年关时分，两人相约抢劫了一家金店，销赃后买了一辆二手汽车开回家乡。案发后，关于作案动机，甲、乙两人交代说，在他们村，如果谁家孩子能给家里开回一辆汽车来，就说明这家的孩子有本事、有出息，为了过年回家给家里人“长脸面”，两人才谋划了这次犯罪行为。可见人情面子给人带来的虚荣心有多强。农村非正式制度中类似“面子观”的消极内容会给村民以不良指引，不利于良好社会秩序的构建，这也对实现非正式制度的社会功能带来障碍。

其三，非正式制度执行力不足。非正式制度与正式制度相比，缺乏强制功能，其执行和惩罚措施仅仅依靠道德权威和社会舆论维持，有时实施效果并不理想。同时，被惩罚个体的价值观念、心理承受能力也直接影响实施效果，再加上缺乏相应的监督和救济机制，往往导致非正式制度流于形式，影响其功能发挥。

4.3.2.5　现代农村社会治理中非正式制度的功能重塑

（1）压力与机遇并存的非正式制度

如前文所述，非正式制度在农村社会治理中具有正式制度所不可比拟的先天优势，能够有效化解矛盾，解决农村社会中的大量现实问题。近年来，国家为非正式制度提供了一系列政策上的支持，肯定非正式制度在农村社会治理中的价值和作用，鼓励非正式制度的制定和实施，这为非正式制度的发展带来了机遇。但与此同时，非正式制度的发展也面临着一系列的挑战。一方面，虽然非正式制度对农村社会而言具有较强的社会认同感，但由于非正式制度一般缺乏强制力，对村民的不良行为和村庄的无序状况只能通过思想感化、行为指引等方式慢慢引导改变，无法做到“立竿见影”，导致社会调控效果在有些情况下并不理想。另一方面，非正式制度一般是在血缘、亲缘、地缘等联系紧密的小范围群体内形成并施行，而这些相对独立和封闭的村落往往会保留大量的古老传统，其中不可避免会有一些悖于主流价值观的内容，既导致非正式制度本身存在缺陷，难以跟上社会发展的步伐，也不利于正式制度的施行。

（2）现代农村社会治理中非正式制度与正式制度的功能协同

非正式制度与正式制度理念不同，相互独立，但两者并不是非此即彼的关系，在农村社会治理中，非正式制度与正式制度各自在不同的场域发挥作用，互相弥补，互相促进，“协同共治”。正式制度具有非正式制度所不具备的强制功能，非正式制度具有正式制度所没有的文化认同功能、凝聚功能。虽然正式制度具有权威性和正统性，调整国家最核心、最根本的社会关系，但在乡民的本土生活方面，非正式制度的作用更强一些，文化认同和群体利益的需求使非正式制度在我国农村社会治理中具有不可替代性。正式制度更具普遍性，而非正式制度则更具特殊性，两者各有各的功能界域，所调整的主要社会关系也各自有所侧重。比如，如果涉及刑事犯罪案件，只能适用正式制度，而无法适用非正式制度，但如果在有违道德却不违法的情况下，非正式制度的评价功能就发挥了作用，而正式制度一般不介入。虽各有侧重，但正式制度与非正式制度调整的社会关系也有重合之处，二者在更多方面体现出一致的价值取向，如倡导尊老爱幼、邻里和谐，禁止偷盗、抢劫、伤害、杀人等。因此，对于正式制度与非正式制度的适用，应当分情境看待。如对于民事纠纷的解决，可以通过法律程序，依据正式制度解决，也可通过和解、调解这些诉讼以外的程序，依据非正式制度解决，此时需要综合考虑制度执行的成本。随着社会的发展，正式制度和非正式制度都不可避免地会发生变迁，从制度经济学理论来看，制度变迁是一个“需求—供给”的过程，这也是制度的发展过程。

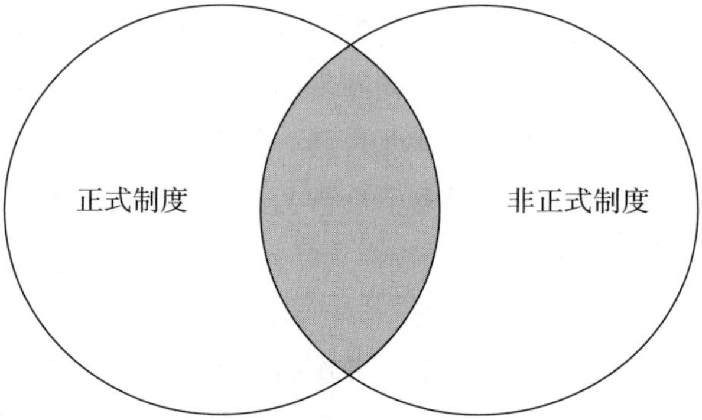

图 4－9　正式制度与非正式制度的功能界域

（3）发挥非正式制度的正面导向功能

如上文所述，由于非正式制度一般是在较为封闭和独立的农村群体中产生并延续的，其中难免会存在一些不合时宜的因素，这些因素会在非正式制度的实施中产生负面导向功能。传统农村社会治理实行“精英治理”，村民们选举能力较强、威望较高的人担任村主任和村支书，但实践中，长期的“领导人”角色和利益的诱惑下，有些村干部的品德慢慢发生了改变，背离了初衷，“村官变村霸”的情况时有发生。2018 年 5 月 23 日，中央召开全国扫黑除恶专项斗争领导小组会议，明确指出黑恶势力其中一类是控制基层组织的“村霸”，该问题的严重性可见一斑。因此，非正式制度在发展过程中要注意剔除那些不良因素，而对于在非正式制度中存在的优秀传统文化，如儒学中的“仁、义、礼、智、信”等观念应当着重提倡，吸收这些合理的成分以发挥非正式制度的正面导向作用，不仅对农村社会治理有着积极的意义，也有助于正式制度的设计和运行。

（4）重视非正式制度对现代农村社会的秩序构建功能

虽然国家正式制度更具权威性、强制性，但是非正式制度为基层社会治理提供了灵活的空间，是刚性公权力治理之外的柔化手段，无论是在传统农村社会还是在现代法治农村社会，非正式制度都是不可或缺的。因此，在农村社会治理中，对于那些正式制度一时难以介入的领域，可以通过采取过渡性的制度安排方式，暂时弱化正式制度功能，主要发挥非正式制度的功能，待时机成熟时再执行正式制度，会大大降低当前正式制度强制执行的成本。如我国推行的丧葬火化制度，由于强制性火化推行效果不佳，故政府在某些情况下默许人们火化后又建造墓穴的行为，给那些保留着传统丧葬风俗地区的非正式制度以生存的可能。如此一来，通过弱化正式制度，为非正式制度的社会调控提供了空间，减少了社会矛盾，并且取得了良好的治理效果，待正式制度获得更大认同度时，即可予以适用。

4.4 管理学理论基础

管理是管理者有意识、有目的的活动，具体来说，管理就是在特定的环境下，对组织所拥有的资源进行有效的计划、组织、领导和控制，以便达到既定的组织目标的过程。① 乡规民约在某种程度上是一种对乡村社会管理的措施，人们根据乡规民约的内容规范自身的行为，从而达到稳定乡村社会秩序推动乡村发展的目标。管理措施的形成过程是一种意识的形成过程，这种意识的形成是建立在对管理客体以及周围环境等相关因素正确认识的基础上。②

4.4.1 我国农村基层管理模式：从国家主控到自我管理

我国自秦始皇实现了大一统之后，历朝历代的普遍政治特点便是君主专制、中央高度集权，但是由于我国地域有着幅员辽阔、地形多样且山区面积大的特点，即使在中央层面上国家实现了有效的管理，皇帝颁布的法令、国家颁布的法律等对于偏僻地区的作用仍较小，因此，在中国古代才会有“天

① 戴淑芬主编：《管理学教程》，北京大学出版社2009年版。

② 杨伍栓：《管理哲学新论》，北京大学出版社2011年版。

高皇帝远”这一说法。为了弥补中央权力无法掌控偏僻地区的不足，中国历史上自周朝开始，民间一直有着乡里自治的传统。直到宋朝的宋神宗熙宁九年时，吕氏兄弟在陕西蓝田地区制定了中国历史上最早的成文乡规民约。成文乡规民约的出现，使得我国古代的农村基层社会治理有了民间自发的成文规约，促进了农村社会秩序的稳定发展。“到了明代，乡治制度已发展成由保甲、乡约、里社、社学、社仓五大部分组成的组织体系。在这其中，保甲规范乡村组织，乡约主导乡治的道德基础，里社代表宗教，社学代表教育，社仓代表经济。”① 乡约与保甲、里社、社学、社仓一起发挥在基层社会管理中的作用，形成明朝乡治的一整套体系。清朝时期，虽然大力推行乡约，但是却以圣谕宣讲为中心。明清时期的乡规民约实质上是官治的工具，国家以此加强了对基层农村的控制。

中华人民共和国成立初期，国家刚刚从战争状态解放出来，社会秩序尚不稳定，因此，农村需要得到更加高效的治理。在这一社会背景下，我国农村由封建时期的乡里自治传统进入了高度行政化的人民公社时期。人民公社是以农村集体所有制为基础、以政社合一为特点的农村社会管理的组织形式。随着农村人民公社治理模式的推进，农村的生产力得到了极大的提升，不仅推动了农村基础设施的建设进程，也为当时的城市建设输送了一定的农村资源。但是随着农村生产力的提高，人民公社逐渐暴露出管理集中僵化、经营方式过于单一的缺点，使得人民群众的生产积极性大大降低。由此，为了解决人民公社制度日趋僵化的问题，国家一方面开始在全国范围内推广家庭联产承包责任制的经济模式；另一方面撤销了人民公社时期基层政权机构和集体经济组织的领导机构合为一体的政社合一的模式，乡村区域被重新确立为农村基层行政单位。

在这一社会背景下，我国农村基层社会治理中行政化的特点逐渐削弱，基层的管理模式也逐渐多元化，即从人民公社时期的一元化向“三治”并行的多元化治理模式发展。在“三治”并行的治理模式下，农村治理的主体主要由五个方面的代表组成，包括农村基层党组织代表、基层政府代表、基层企业代表、农村组织代表以及村民代表。这五方代表分别从不同方面推动农村基层社会治理，以达到促进农村更好发展的目标。其中，村民代表所进行

---

① 杨开道：《中国乡约制度》，商务印书馆2015年版。

的村民自治模式对农村基层社会治理有着重要意义。

村民自治是由人民群众直接行使自己的民主权利选举管理者并受《村民委员会组织法》规范的一种基层治理模式。村民自治的推进，对农村社会具有多重意义。其一，村民自治使得自身的民主意识逐渐增强，具体体现在村民越来越注重村中事务自我管理，且在思维模式上也逐渐认同村民自治组织的地位。其二，因村中事务往往关乎村民自身的切身利益，且村民自治的实施使得其在农村社会治理中有了更多的自主权，由此这一治理模式大大提升了他们的自主性，推动了农村经济的进一步发展。其三，村民自治通过民主的方法，能够更加有效地解决农村自身的发展问题。自治模式相较于单一的行政命令模式，能够充分发挥村民进行农村建设的能动性，而不是使其被动地接受指挥。多元主体共治的村民自治制度中，发挥村民自身的治理作用非常重要。

4.4.2 乡规民约社会管理作用的基础

4.4.2.1 现代乡规民约是农村基层社会管理的需要

近年来，随着新农村建设、村民自治的推进以及中央对“三农”问题的重视，乡规民约作为乡里自治实践经验之一，其在推进法治中国建设中的作用得到了更多关注，使得现代乡规民约在传统乡规民约的基础上有了进一步的发展，并对当前的乡村社会治理有着重要意义。现代乡规民约是根据基层社会管理的需要，由基层组织的成员共同制定，并对成员有一定约束力的社会规范。区别于国家法律等强制性规定，乡规民约更加侧重于基层组织中社会成员的自我规范与自我管理，与国家法律在不同的领域发挥着各自的社会治理功能，因此，法治与自治都是社会秩序建设中不可或缺的因素。为了进一步发挥乡规民约在社会治理以及推动法治中国建设中的作用，应当注意以下几点事项：在宏观层面，乡规民约应当以中国法治建设为主导，在符合中国基本国情的基础上进一步发展；在中观层面，应当明确乡规民约在社会治理中的职能，在不与国家法律冲突的前提下发挥其特有的作用；在微观层面，应当完善制定和实施乡规民约的具体制度，使其在合理的程序中运行。

具体而言，在当前农村社会，乡规民约在推进基层社会秩序建设、化解基层社会矛盾、维护基层居民安全等方面发挥着重要的社会管理职能。

在农村社会管理中，可从农村的组织文化和管理环境两方面来分析乡规民约的作用基础。

4.4.2.2　乡规民约社会管理作用的组织文化基础

组织文化（Organizational Culture），是指一个组织共有的价值体系，包括组织共有的价值观念、价值准则、习惯、作风、道德规范等。[①] 乡村是一种社会组织，也是一个以农业为主的经济实体，人们在生产活动中有更多的往来与交流，在此基础上形成的物质成果与精神成果的总和即为乡村文化。乡村文化不仅包括乡村物质文化，如传统乡村建筑、生产工具、服饰及艺术品等，还包括乡村非物质文化，如风俗习惯、民间方言、民间艺术、宗族观念、乡规民约等。

乡规民约作为乡村非物质文化的一部分，其对乡村管理有着重要意义。首先，乡规民约是在乡村一定的共同文化基础之上形成的，促进了乡民对乡村这一社会组织的认同感与归属感，建立起了乡民与乡村之间的信任与依存关系，使得乡民的行为、思想、习惯等与乡村社会有机地结合在一起，并形成了一种无形的凝聚力，促使乡民为建设更好的农村环境而共同努力。其次，乡规民约作为乡村共同的价值观，是一种“软性”的行为约束，这一点与国家法律不同。乡规民约通过对精神层面的教化，对乡村成员进行抽象性理念的渗透，并由此实现共同价值观向个人价值观的转变，从而实现由总体向个体、再由个体向总体进行引导的效果。即通过乡规民约逐步引导个人行为的理智化，再通过越来越多个体行为的改变推进乡村社会秩序的发展。最后，乡规民约的形成往往蕴含着一定的历史继承性，因此，乡规民约对乡民的影响相较于形成历史较短的国家法律而言更具有持续性。而且，乡规民约的内容更贴近人们的日常行为，有些是国家法律没有涉及的，在一定程度上弥补了法律在乡村治理中的空白。

4.4.2.3　乡规民约的管理环境分析

除对乡村组织文化的分析外，对乡规民约的管理环境进行分析也是必要的。管理环境是指影响组织生存和发展的各种力量和条件因素的整合，它包

① 吴照云等：《管理学通论》，中国社会科学出版社2007年版。

括外部环境与内部环境两个方面。[①] 对于环境的分析包括识别环境不确定程度的方法与内外部环境综合分析。对于农村管理而言，农村的环境因历史的积淀往往具有一定的稳定性，在此主要对乡规民约的内外部环境进行综合分析。

SWOT 分析法，也叫态势分析法，是管理学中较为常用的对内外部环境进行综合分析的方法。SWOT 分析法在管理学中最初用来基于内外部竞争环境和竞争条件对企业进行战略分析，后来其应用范围扩大，在评估某个研究对象的优劣态势及其可行性时，往往可以适用 SWOT 分析法进行全面的分析和考量。SWOT 分析法就是从优势（Strengths）、劣势（Weaknesses）、机会（Opportunities）、威胁（Threats）四个方面进行态势分析的简称，这种分析法把环境分析结果归纳为优势、劣势、机会、威胁四部分，形成环境分析矩阵。[②] SWOT 中的优势和劣势是内部因素，机会和威胁是外在因素。内在因素存在于研究对象本身之中，是其自身所具有的特点，外部因素则来自于研究对象所处的大环境。SWOT 分析法中优势、劣势、机会、威胁四个因素之间的关系可见表 4－2。

表 4－2　SWOT 分析法中四个因素的关系

SWOT 因素	内部环境	外部环境
正面因素	优势（S）	机会（O）
负面因素	劣势（W）	威胁（T）

针对现代乡规民约的 SWOT 分析正是从其内部环境和外部环境两方面对优势、劣势、机会、威胁这四个要素进行的分析。从其内部环境来看，现代乡规民约的优势在于其在农村社会的生长有着深厚的传统文化积淀，符合乡土社会的民风民情，以内化的形式引导人们的行为，在农村社会管理中表现出持久活力；现代乡规民约的劣势表现在，乡规民约的实施主要依赖于舆论谴责、道德约束等“软性”措施，不具有国家法的强制性，乡规民约中也会有一些不合法的内容，另外，近年来随着国家对乡规民约的提倡，有的乡村在制定乡规民约的时候，尤其是本村的村民自治章程、村规民约等成文性乡

① 戴淑芬主编：《管理学教程》，北京大学出版社 2009 年版。

② 戴淑芬主编：《管理学教程》，北京大学出版社 2009 年版。

规民约时，常常不注重其制定程序，导致村民参与度降低，进而造成认同感降低。从其外部环境来看，国家重视“三农”问题，重视现代乡规民约在农村社会管理中的作用，多次出台政策推动乡规民约的发展；但是，现代乡规民约与国家法律在社会管理上有一定的冲突，二者在某些领域的管理界限较为模糊，同时，农村社会结构的变化也给现代乡规民约的社会管理作用带来一定的冲击。

现代乡规民约在农村社会管理中的内外部环境分析所形成的 SWOT 矩阵见表 4－3。

表 4－3　现代乡规民约的 SWOT 分析

内部环境 \ 外部环境	优势（S）	劣势（W）
	1. 具有深厚的传统文化积淀； 2. 符合乡土社会的民风民情； 3. 以内化的形式引导乡民的行为； 4. 在农村社会管理中表现出持久活力。	1. 乡规民约中有的内容不合法； 2. 虽然规定了罚则，但乡规民约的实施主要靠舆论谴责、道德约束等“软性”措施来推动，缺乏强制力； 3. 乡民认同感、参与度降低。
机会（O）	SO	WO
1. 国家重视农业、农村、农民问题； 2. 国家重视乡规民约在农村社会管理中的作用，多次出台政策推动乡规民约的发展。	1. 新时代农村建设中，乡规民约的发展具有良好的契机，应发扬中华优秀传统文化； 2. 国家重视“三农”问题，在农村社会管理中推行“三治”融合，现代乡规民约使农村社会管理更加贴合乡民的生产生活方式。应积极发挥乡规民约对乡村民风的良好塑造作用，教化民心，引导人们行为合法合规。	1. 国家加强对农民的普法教育，促使乡民依法制定乡规民约，从制定程序到规约内容都应当增强乡规民约的合法性； 2. 国家可将文明合理的民间做法吸纳入法律规定中，加强国家法与乡规民约的互动； 3. 乡民通过组建乡规民约评理会、红白理事会、村民自治民主议事制度等专门机构以提升乡规民约的约束力； 4. 倡导乡民积极参与乡规民约的制定，加强乡规民约的宣传，以保证乡规民约真正由乡民约定。

续表

威胁（T）	ST	WT
1. 与国家法律在社会管理上有一定的冲突，二者在某些领域的管理界限较为模糊； 2. 农村社会结构的变化给乡规民约的社会管理带来一定的冲击。	1. 乡规民约应当以法律为依据制定，不能与法律相冲突； 2 相较于国家法律，乡规民约具有深厚的传统文化基础，更加贴近乡民生活，应发挥国家法律和乡规民约在各自领域内的社会调控作用； 3. 现代乡规民约应当与时俱进，适应社会的发展，扬其长、避其短。	1. 增强乡规民约的合法性和约束力； 2. 国家在发挥现代乡规民约的社会管理作用时，应加强民间自治，提升乡民的积极性； 3. 面对农村社会结构的变化，应创新多元化社会管理，增强现代乡规民约的适应性。

基于对农村内外部环境的综合分析，可以看出，现代乡规民约对于农村社会管理虽然有一定的内部劣势与外部威胁，但在总体上来看，乡规民约在乡村社会治理中具有其特有的、不可替代的协调作用。在具体实践中，协调对于管理活动有着重要作用，它不仅是一种手段，也是这种手段本身所要达到的目标。[①] 乡规民约对乡村社会治理则是要达到协调乡民与乡民之间、乡民与乡村之间的关系，从而建设一个和谐乡村。乡规民约结合乡村特有的历史背景，促进乡民之间相互依赖、相互帮助，由此达到乡村和谐统一的社会关系的建立。此外，管理具有科学性与艺术性的双重特征，其中科学性侧重管理是以反映客观规律的管理理论和方法作为指导，而艺术性则强调实践经验的累积。[②] 现代乡规民约是在乡民的实践经验中形成发展而来的，从而形成了对乡民有一定约束力且较为合理的行为规范。由此可见，乡规民约的科学性离不开乡村社会实践经验的累积，即乡规民约的科学性离不开其艺术性，而乡规民约的艺术性也进一步推进乡规民约的合理化发展，二者是相辅相成的关系。

① 杨伍栓：《管理哲学新论》，北京大学出版社 2011 年版。

② 戴淑芬主编：《管理学教程》，北京大学出版社 2009 年版。

4.5 人类学理论基础

人类学家克利福德·格尔兹曾说："法律就是地方性知识。"[①] 因此，也可以认为乡规民约是乡村的"常识"。法律是一种文化现象，乡规民约也是一种文化现象。从文化人类学的理论分析考察，文化没有高低贵贱，传统文化与现代文明不一定相悖，传统的不一定就是落后的、不好的，现代的也不一定就是好的。西方法律是建立在西方的文化和思想之上的，西方法律的移植使我们的法律制度能够跟上世界的步伐，直接与世界接轨，但是却可能与我国的社会现状相分离，与我国的传统文化和社会根基相割裂。将现代法律价值与我们的传统文化价值融合，也许更适合我国国情。近些年对道德的重视，对传统文化的保护，对符合国情的中国社会的认知，对中华文化的发扬和导向，使我们认识到自身文化的价值，认识到在农村社会治理中乡规民约的独特作用。

4.5.1 大传统与小传统

美国人类学家罗伯特·雷德菲尔德最先在他1956年出版的《农民社会与文化》中提出了"大传统"与"小传统"的概念。所谓的"大传统"是指一个社会里上层的绅士、知识分子所代表的文化，这多半是经由思想家、宗教家反省深思所产生的精英文化；而"小传统"则是指一般社会大众，特别是乡民或俗民所代表的生活文化。[②] 简单来说，大传统集中于城市，是知识、政治的精英文化；小传统则散布在村落中，是以农民为主体的生活文化。

从这样的思考模式出发，国家法与乡规民约的关系就是这样的"精英文化"和"大众文化"的关系。在学术界，杨庆坤先生提出，中国社会实际上

---

① ［美］克利福德·格尔兹：《地方性知识：事实与法律的比较透视》，邓正来译，载梁志平编：《法律的文化解释》，生活·读书·新知三联书店1994年版。

② 朱炳祥：《社会人类学》，武汉大学出版社2004年版。

存在两个不同的结构，一个是全国性科层制度的上层结构；另一个则是庞大的无数异质性的地方社区。鉴于这个观点，我们认为，国家通过法律和正式文件所规定的规范、规章等一系列官方的意识形态与文化，即国家法，是体现国家官方意识形态的大传统文化；而小传统文化是反映社会下层、非正式的传统价值、规范以及习惯，即民间法，它是一种并没有得到国家的正式认可的民间意识。或者说，大传统文化代表国家的利益和要求，小传统文化则反映了乡村和乡民的利益、需求和感受。[①] 雷德菲尔德区分大小传统的目的在于强调重视“小传统”在文化研究领域中的地位，因为相较于大传统文化，小传统文化是保守的、封闭的，并且由于通常是属于小部分群体，因而很容易被忽视。

首先，从这个角度出发，我们必须认可现代乡规民约的存在价值。从大小传统文化的互动互补的关系中，我们应该看到的是现代乡规民约的其中一个作用——为国家法提供基本素材。在人类文化的发展历史上，世界各地的“小传统”都是先于“大传统”形成的，这些所谓的“精英文化”思想其实可以认为是从“小传统”文化中抽取出来的，于是作为文化基础的“小传统”就对“大传统”起着决定性作用。国家法亦是如此。法律来自生活，法的制定不是立法者凭空想象出来的，而是基于大量的民间调查汇总、整理出来的。从法的渊源来看，乡规民约中的习惯、公序良俗都是立法的依据和重要素材，最终成为国家法内容的一部分。同时，随着社会的发展和进步、农村人口的扩张以及城乡一体化模式的推行，农村人的思想已经逐渐开放，与大社会共融。因此，作为具有普遍性的国家法也在更多地接纳民间法的内容，与时俱进，更好地维护社会秩序和保持国家的稳定，为依法治国提供依据。所以说乡规民约是国家法的基本素材，对国家法起着决定性的作用。

其次，现代乡规民约的存在，同时体现出了国家法与这些乡土办法之间存在的断带。有很多学者在研究国家法与民间法的关系时都提出了这样的观点。瞿同祖与萧公权指出，帝国中心对边陲的社会并未发生深入的穿透，所

① 田成有、邱明：《乡土农村法文化的断裂与整合——文化人类学立场下的探析》，载《云南法学》2001 年第 1 期。

以尽管其对边陲社会施以各种控制方法，但能力顶多达到消极维持统一的地步，而不能达到凝结、动员社会力量以赴政治目标的程度。官方的权威并不直接加于民众头上，而是通过地方的中介——绅士和其他较低级别的权威人物来体现，其行政制度的范围，只停留在州级或县级。[①] 这两位学者观点归结起来就是指出我国的两层社会结构之间存在着隔阂，国家法并没有完全深入社会基层。正所谓“经济基础决定上层建筑”，由于中国城乡发展得严重不平衡以及对多年来农村保守封建观念的不断承袭，使得代表“大传统”的国家意识形态在很多方面并没有被农民所接纳，从某些方面来讲，农村对乡规民约的认可度甚至超过了国家法。

其实这个断带也是“大传统”与“小传统”的本质特征所决定的。由于“小传统”是小规模的农村群体的意识体现，因此更加贴近他们本来的生活秩序，作为“精英文化”的大传统是少数政治者、知识精英的思想体现，在某些方面，这些文化可能脱离农村的现实生活。所以，作为小传统文化表现形式的乡规民约就成为农民不可逾越的“法律”。

但值得注意的是，并不能因为民间法与国家法存在某些断带就将最具普遍约束力的国家法弃之不顾。具体说来，在农村社会生活的私域化领域，小传统文化构成农村文化的深层结构，乡规民约的规制作用是强于国家法的；然而在公共领域和私人领域的大部分空间，作为大传统文化的国家法将必然占有绝对的支配权，特别是伴随着社会的巨大转型与变迁，乡村与其外部世界紧密关联，大传统文化就会逐渐为乡民所认知和接受。

从大、小传统的角度切入来研究现代乡规民约，可以看出，一方面不能忽略乡规民约的存在价值，应认可它在农村社会中发挥的作用以及对国家法的影响；另一方面，国家法若要在乡村社区得到有效实施，一定要注意乡规民约在农村社会中的重要地位，不可仅靠国家强制变革，要多方考虑乡村社会现实存在的内外部因素，破除或者缩小城乡之间的断带，逐渐实现共通。

① 陈吉元、胡必亮：《当代中国的村庄经济与村落文化》，山西经济出版社 1996 年版。

4.5.2　大规模社会与小规模社会

人类学中小规模社会是指，社会同质性高、有简单的技术与经济、社会关系比较简单、与外界联系较少的非工业化社会。这类社会通常鲜为人知，人类学者通过对这些小规模社会的参与观察获得对多样化人类生活方式的认识与理解。小规模社会最典型的代表就是农村社会。而地理范围较大、文化同质性较弱、职业多元、社会分层、人口流动、内在关系联系增加的社会体系较为复杂的社会是大规模社会。大规模社会是随着世界经济、交通、通信、媒体和旅游等飞速发展出现的。两次世界大战期间与其后，传统的小农社会发生了急剧变迁，形成了面积巨大的发展中国家，除了少数穷乡僻壤之外，绝大多数的农耕区都更多地卷入了国家掌控、税收和市场经济的联系之中。传统的小规模社会仅仅是一个巨大的城乡连续体的一个部分。可以说最具代表性的大规模社会就是国家。[①]

国家是社会发展到一定阶段的产物，其实质就是各种小规模社会的集合。各种小型社会作为一个个小的聚集体，通常都有各自不同的生活环境，不同的文化背景，不同的利益目标，因而文化和社会同质性较弱，而且更加复杂，矛盾更容易出现。国家作为一个集合体，要想使这些不同的小规模社会都达到同样的水平是不可能的。所以只能从不同之中找到共性，设立各方都愿意接受的价值目标，从而建立起有普遍约束的国家规则，以从宏观上调和不同社会群体之间的矛盾。

农村社会作为传统且典型的小规模社会，随着我国城市的快速发展，与城市之间的联系越来越疏远，与城市之间的交流越来越少，这进一步造成农村社会技术、经济更加趋于落后的地位。国家法此时就很难做到平等地调整社会关系，通过统一的国家法从宏观上进行调整很难保证双方利益都不受侵犯，由此国家法的调整作用就削弱了。农村作为一个小型社会的优势表现在社会同质性高、社会关系简单，所以它的内部联系较其与国家之间的联系更为紧密。处在同一个小型社会中的群体的物质和精神文化追求也趋于一致，他们之间更容易建立起一种默契的关系。这种情况下，农村社会中的乡规民

---

① 庄孔韶：《人类学概论》，中国人民大学出版社2006年版。

约就发挥了比国家法更加有效的作用。作为这个群体中共同文化的一部分，乡规民约的形成是为了满足这个群体的共同需求，并且由于他们有着同样的生活环境和传统文化，从而意识形态也趋于相同，乡规民约较之国家法更加能够符合他们的共同利益追求。

因此，从这个角度来看，乡规民约作为小规模社会自己制定的规则，能够适应该社会的经济文化发展，更贴近乡民的实际生活，从而保护他们自身的利益。

4.5.3 对乡规民约的现实考察——基于个案的人类学分析

笔者于2012年初和2015年初两次赴云南省富民县罗免彝族苗族乡S村，考察该村乡规民约的制定、实施等情况。

S村是一个自然村，隶属于X村委会，是一个地处大山中的山村，村民散居于山中，一般三五户聚居在一起。该村距X村委会10公里左右，距乡政府约20公里。S村主要种植玉米、土豆、萝卜、花椒等农作物，饲养牛、驴、骡子、羊、猪、鸡等家畜家禽，因为身处山中，“靠山吃山”，村民会采摘山货到集市上贩卖，这些都是村民们的收入来源。

2012年初，笔者来到S村，先到村组长家里，向村组长了解该村乡规民约的施行情况。村组长家里堂屋墙上就挂着“X村村规民约”，一进堂屋门迎面就是这幅村规民约。X村是行政村，下辖S村和其他8个村民小组，该行政村经村民代表大会通过了《X村村规民约》，在9个村民小组统一适用。

该村规民约制成挂幅样式，上下有卷轴，纵向悬挂。该村规民约为2007年制定，挂幅上部印有党和国家领导人的肖像，下部是村规民约的具体内容。为了让村民们熟悉本村的村规民约，村委会将其制成挂轴，分发给每户，鼓励他们把村规民约挂在自己家中。村民们都很爱惜制作精美的村规民约，不但挂在家中，而且遵照执行。

以下为《X村村规民约》的具体内容①：

① 笔者只就该村规民约中的村名作了处理，其中字词和标点等错误出自原村规民约，下文中会进行解释说明。

X 村村规民约

为了保障 X 村实行自我管理、自我教育、自我服务，建立社会稳定、民族团结、经济发展的 X 村，根据《中华人民共和国村民委员会组织法》，结合 X 村实际，广泛征求村民意见，特制定本村规民约。

一、社会治安

第一条　每个村民都要学法、知法、守法，自觉地维护法律的权威和尊严，同一切违法犯罪行为作斗争。

第二条　民族平等、民族团结，村民之间应和睦相处，不打架斗殴，不酗酒闹事，严禁侮辱、诽谤他人，造谣惑众，拨弄事非。

第三条　自觉配合村民委员会搞好治安综合治理工作，管好自家的家畜、家禽和财产，发生治安案件要及时向村民委员会报告，对不熟悉的外来人员要进行盘问，发现可疑情况及时向村民小组汇报，提高警惕。

第四条　村民严禁偷盗、敲诈、哄抢国家、集体、个人财产，严禁赌博、替罪犯隐藏赃物：严禁非法生产、运输、储存和买卖枪支和爆破物品：严禁种植罂粟、大麻等有毒作物，严禁投毒毒害人畜，严禁损毁他人农作物、林木和财产。

第五条　严禁非法限制他人人身自由，非法侵犯他人住宅、侵占他人财物，不准隐匿、毁弃私拆他人邮件。

第六条　本村辖区内的矿产资源、水利资源和水源林木的一切权属及荒山使用权、转让、承包、转包、须经村委会、村民小组同意，否则无效，都属集体所有，任何人不得以任何借口占用。出租和转让。如发现乱砍水源林木罚款 1000 元，严格用水管理，未经批准，不准私自接水、接电、私自放水。严禁偷水偷电。

第七条　自觉遵守国家法律、法规、遵纪守法，依法办事，不得妨碍公务员执行公务，不做损人利己的事，顾全大局，正确处理好集体和个人的关系，服从村民委员会和村民小组的规划。

第八条　对违反上述社会治安条款者：按以下办法处理：

（一）造成影响，但本人能改正错误的，由村民委员会给予批评教育，对社会造成一定危害，但尚未触犯法律、法规的，由村民委员会给予 100 元以下处罚。

（二）触犯法律、法规的，报司法机关处理。乱砍滥伐，乱开乱挖者，除上级林业部门处罚外，由村民委员会处50－200元以下罚金，外村村民违反上述规定，从重处罚。乱建乱盖者，除报上级土地管理部门处罚外，由村民委员会处200元以下罚金。

二、村风民俗

第九条　提倡社会主义精神文明，移风易俗，反对封建迷信的及其他不文明行为．树立良好的社会风尚。

第十条　尊重各民族风俗习惯，尊重宗教信仰自由，喜事新办，不铺张浪费，丧事从俭，不搞陈规陋习，不搞宗派和宗族活动。利用传统的民族节日，弘扬民族精神．宣传党的路线、方针、政策，宣传社会主义精神文明新风尚。

第十一条　搞好公共卫生和村容村貌，不随地倒垃圾，不乱堆粪土，不乱占乡村道路及公共场地，乡村公路、坝埂、沟渠必须按原来面积留够，不得私自占用，如要为了个人利益新修路、沟等村组一律不补助。

第十二条　违反上述规定的给予批评教育，在规定的时间内不改正错误、态度恶劣的，酌情处罚。

三、相邻关系

第十三条　村民之间要互相尊重，互相帮助、和睦相处，建立良好的邻里关系。

第十四条　在经营、生活、借贷、社会交往过程中．应遵循平等、自愿、互利的原则，不得无理争水、争山场、争宅基地、争使用权，不得为小孩吵架，为家畜，家禽问题无理纠纷，应本着从大局，从长远生活着想来解决矛盾，能自行调解的自行调解，不能自行调解的由村小组，村民委员会调解。不得仗势欺人，不顾后果，无理取闹，否则一切后果自付。

四、婚姻家庭

第十五条　全村村民要自觉遵守《婚姻法》，坚持婚姻自由，男女平等，一夫一妻，尊老爱幼的原则，建立团结和睦的美好家庭。

第十六条　婚姻大事由本人做主，反对他人包办干涉。不借婚姻索取财物。

> 第十七条　夫妻双方都有自觉执行计划生育的义务，提倡晚婚晚育，优生优育。
>
> 第十八条　夫妻在家庭中的地位平等，反对男尊女卑，不准打骂妻子、儿女、夫妻双方共同承担家务劳动，共同管理家庭财产。
>
> 第十九条　对丧失劳动能力无固定收入的老人，其子女必须尽赡养的义务，明确责任，使老人平时有饭吃，生病有医疗费，能安渡晚年。
>
> 第二十条　父母、继父母承担未成年人或无生活能力子女的抚养教育，不准虐待病残儿，继子女和收养的子女，不准使小学生辍学。
>
> 第二十一条　对父母的遗产，男女有平等的继承权。
>
> 第二十二条　本村规民约，经 2007 年 4 月 19 日村民代表大会修改、表决后通过执行。
>
> X 村委会
>
> 2007 年 4 月 19 日

从以上内容可以看出，因 X 村地处彝族苗族乡，属多民族地区，又是山区，所以该村规民约考虑到多民族特点和山区环境，侧重从社会治安、村风民俗、相邻关系、婚姻家庭四部分构建村庄秩序。大到矿产资源、水利资源等的权属，小到“不得为小孩吵架”，都作了具体规定。因地理位置特殊，村规民约中还专门约定“严禁种植罂粟、大麻等有毒作物”。村规民约中约定的这些内容都是切实符合该村实际的。但笔者也注意到，该村规民约中有些内容不太恰当：其一，该村规民约中涉及罚款内容①，根据《中华人民共和国行政处罚法》的规定，村级组织没有行政处罚权，村规民约中是不能设定罚款的处罚措施的，该村规民约中罚款的约定显然不符合法律规定。其二，该村规民约第 8 条第 2 项使用了“罚金”一词，而罚金是一种刑罚方法，将罚金在村规民约中进行约定显然不当。其三，该村规民约落款为“X 村委会”，这样的落款不合适，因为村规民约是村民自己讨论制定的，所以落款应为“X 村村民会议”或“X 村村民代表大会”，而不应当是“X 村委会”。

① 该村规民约的第 6 条为“如发现乱砍水源林木罚款 1000 元”，第 8 条为“由村民委员会给予 100 元以下处罚”。

除内容之外，X村规民约中字词、标点等形式错误较多。如第4条中有两个冒号应改成分号；第6条“转包”后的标点应为逗号而不是顿号；“占用”后的句号应为顿号；“本村辖区内的矿产资源、水利资源和水源林木的一切权属及荒山使用权、转让、承包、转包、须经村委会、村民小组同意，否则无效，都属集体所有，任何人不得以任何借口占用。出租和转让。”语句不通顺；“1000元”后的逗号应为句号；第8条“对违反上述社会治安条款者”后的冒号应为逗号；第14条“家畜”后的逗号应为顿号；第14条“应本着从大局”后的逗号应该为顿号；第14条“不能自行调解的由村小组”后的逗号应为顿号；第18条“儿女”后的顿号应为逗号；第19条“安渡晚年”应为“安度晚年”；第20条“不准虐待病残儿”后的逗号应为顿号等。

关于该村规民约，笔者与村组长进行了如下对话：

笔者：“这个（村规民约）是怎么制定出来的?”

村组长：“就是由村民代表大会制定的，大家表决通过的。为了让村民都知道内容，就做成了一幅画，可以挂（墙）上。”

笔者：“执行得怎么样?”

村组长：“（村规民约）刚定出来时还要提醒（村民）哩，后来用多了，大家都知道，照着做就行了。开始谁违反（村规民约）了，就罚；现在罚的少了，基本不罚了。”

笔者：“不罚了是因为没有违反的情况了，还是违反了但是不处理了?”

村组长：“嘿嘿，有时候就不处理了。”

2015年初，笔者再次来到S村。S村发生很大变化，土路已经进行了道路硬化，直接通到家门口，好几户村民家里都买了车，方便下山去乡里、县里，有几户人家翻新了老屋，村组长也打算盖新房。村里的村规民约已于2013年重新修订，在内容上有了新的变化，每家每户仍然有一副村规民约挂幅，各自挂在自家房中。新的村规民约挂幅相比于原挂幅有了不少变化：挂幅上部增写了十八大主题及内容；下部的村规民约内容是2013年修改后的新村规民约；在村规民约下方还印有2014年的日历。

新村规民约将原村规民约中有疏漏、错误或不当的部分内容进行了修改，几乎每条都有增、删、改的内容。虽然修改后的村规民约仍有不规范之处，但是村民们根据村庄的发展加强村规民约的建设，也反映出村规民约在X村社会管理中具有重要的作用。从表4－4可以看出X村新旧村规民约的不同。①

表4－4 X村2007年与2013年村规民约对比

X村2007年村规民约	X村2013年村规民约	新旧对比
为了保障X村实行自我管理、自我教育、自我服务，建立社会稳定、民族团结、经济发展的X村，根据《中华人民共和国村民委员会组织法》，结合X村实际，广泛征求村民意见，特制定本村规民约。	为了保障X村实行自我管理、自我教育、自我服务的原则，建立一个社会稳定、民族团结、经济发展的X村，根据《中华人民共和国村民委员会组织法》，结合X村委会实际，广泛征求村民意见，特制定本村规民约。	（1）“自我服务”后增加了“的原则”。 （2）把“建立社会稳定……”改为“为建立一个社会稳定……”。 （3）把“结合X村实际”改为“结合X村委会实际”。
第一条　每个村民都要学法、知法、守法，自觉的维护法律的权威和尊严，同一切违法犯罪行为斗争。	第一条　每个村民都要学法、知法、守法。用法律解决矛盾自觉的维护法律的威严，同一切违法犯罪行为斗争。	（1）把守法后的“，”改为“。”。 （2）将“自觉的维护法律的权威和尊严”改为“用法律解决矛盾自觉的维护法律的威严”。
第二条　民族平等、民族团结，村民之间应和睦相处，不打架斗殴，不酗酒闹事，严禁侮辱、诽谤他人，造谣惑众，拨弄事非。	第二条　民族平等、民族团结，村民之间应和睦相处，不打架斗殴，不酗酒闹事，严禁侮辱、诽谤他人，造谣惑众，拨弄事非，构建一个和谐而团结的村庄。	此条后增加“构建一个和谐而团结的村庄”。
第三条　自觉配合村民委员会搞好治安综合治理工作，管好自家的家畜、家禽和财产，发生治安案件要及时向村民委员会报告，对不熟悉的外来人员要进行盘问，发现可疑情况及时向村民小组汇报，提高警惕。	第三条　自觉配合村民委员会搞好治安综合治理工作管好自己的家禽、家畜和财产，发生治安案件要立即向村民委员会报告，对不熟悉的外来人员要进行盘问，发现可疑情况立即向村民小组汇报，提高警惕。	（1）删除“治理工作”后的“，”。 （2）将“自家”该为“自己”。 （3）将“家畜、家禽”改为“家禽、家畜”。 （4）将“及时”改为“立即”。

① 文中的字词和标点等错误或问题出自两份村规民约，并非笔者失误。

续表

X 村 2007 年村规民约	X 村 2013 年村规民约	新旧对比
第四条　村民严禁偷盗、敲诈、哄抢国家、集体、个人财产，严禁赌博、替罪犯隐藏赃物；严禁非法生产、运输、储存和买卖枪支和爆破物品；严禁种植罂粟、大麻等有毒作物，严禁投毒毒害人畜，严禁损毁他人农作物、林木和财产。	第四条　村民严禁偷盗、敲诈、哄抢国家、集体、个人财产，严禁赌博、替罪犯隐藏赃物，严禁非法生产、存储和买卖枪支和爆炸物品；严禁种植罂粟、大麻等有毒作物。若发现一桩，交公安局处理外，村委会村委会不予给违反者的子女办理任何手续。严禁投毒毒害人畜，严禁损毁他人农作物、林木和财产。	(1) 将“替罪犯藏赃物”后的“;”改为“,”。 (2) 将“运输、储存”改为“存储”。 (3) 将“爆破物品”改为“爆炸物品”。 (4) 将“有毒作物”后的“,”改为“。”。 (5) 在“有毒作物”后增加：“若发现一桩，交公安局处理外，村委会村委会不予给违反者的子女办理任何手续。”。
第五条　严禁非法限制他人人身自由，非法侵犯他人住宅、侵占他人财物，不准隐匿、毁弃私拆他人邮件。	第五条　严禁非法限制他人人生自由、非法侵犯他人住宅、侵占他人财物，不准隐匿、毁弃、私拆他人邮件。	(1) 将“人身自由”改为“人生自由”。 (2) 将“人身自由”后的“,”改为“、”。 (3) 将“毁弃私拆”改为“毁弃、私拆”。
第六条　本村辖区内的矿产资源、水利资源和水源林木的一切权属及荒山使用权、转让、承包、转包、须经村委会、村民小组同意，否则无效，都属集体所有，任何人不得以任何借口占用。出租和转让。如发现乱砍水源林木罚款 1000 元，严格用水管理，未经批准，不准私自接水、接电、私自放水，严禁偷水偷电。	第六条　严格用地用水、用电管理，未经主管部门批准，不准私自用地接水、接电、私自放水，严禁偷水偷电。未经村民小组同意任何人不准在主管上开口。	(1) 删去“严格……”之前部分。 (2) 将“严格用水管理，未经批准，不准私自接水、接电、私自放水，严禁偷水偷电。”改为“严格用地用水、用电管理，未经主管部门批准，不准私自用地接水、接电、私自放水，严禁偷水偷电。未经村民小组同意任何人不准在主管上开口。”

续表

X 村 2007 年村规民约	X 村 2013 年村规民约	新旧对比
第七条　自觉遵守国家法律、法规、遵纪守法，依法办事，不得妨碍公务员执行公务，不做损人利己的事，顾全大局，正确处理好集体和个人的关系，服从村民委员会和村民小组的规划。	第七条　自觉遵守国家法律、法规、遵纪守法，依法办事，不得妨碍他人执行公务。不做损人利己的事，顾全大局，正确处理好集体个人、家庭三者之间的关系，服从村民委员会和村民小组的规定。	(1) 将“公务员”改为“他人”，并将“执行公务”后的“，”改为“。”。 (2) 将“正确处理好集体和个人的关系”改为“正确处理好集体个人、家庭三者之间的关系”。 (3) 将结尾的“规划”改为“规定”。
第八条　对违反上述社会治安条款者；按以下办法处理： (一) 造成影响，但本人能改正错误的，由村民委员会给予批评教育，对社会造成一定危害，但尚未触犯法律、法规的，由村民委员会给予 100 元以下处罚。 (二) 触犯法律、法规的，报司法机关处理。乱砍滥伐，乱开乱挖者，除上级林业部门处罚外，由村民委员会处 50 - 200 元以下罚金，外村村民违反上述规定，从重处罚。乱建乱盖者，除报上级土地管理部门处罚外，由村民委员会处 200 元以下罚金。	第八条　对违反上述社会治安条款者；按以下办法处理： (一) 造成不良影响，但本人能改正错误的，由村民委员会给予批评教育，对社会造成一定危害，但尚未触犯法律、法规的，由村民委员会给予 100 元以下处罚。 (二) 触犯法律、法规的，报司法机关、行政机关依法处理。 (三) 乱砍、乱伐，乱开乱挖者村民委员会调解不听的，除报上级林业部门处罚外，由村民委员会处 200 元以上罚款。	(1) 将“造成影响”改为“造成不良影响”。 (2) 在“报司法机关”后增加“行政机关”，改为：“报司法机关、行政机关依法处理”。 (3)“报司法机关、行政机关依法处理”后的部分，另成一条。 (4) 将“乱砍滥伐”改为“乱砍、乱伐”。 (5) 将“乱开乱挖者”后边的“，”删去，并增加了“村民委员会调解不听的”。 (6) 将“由村民委员会处 50 - 200 元以下罚金”改为“由村民委员会处 200 元以上罚款”，并删除罚金后的部分。
第九条　提倡社会主义精神文明，移风易俗，反对封建迷信的及其他不文明行为，树立良好的社会风尚。	第九条　提倡社会主义精神文明、移风易俗，反对封建迷信的及其他不文明行为，树立良好的社会风尚。各农户按户口所在地，每户自愿出 3 - 5 个义务工，若不参加者每个工处罚 60 元。	(1) 将“社会主义精神文明”后的“，”改为“、”。 (2) 在结尾增加：“各农户按户口所在地，每户自愿出 3 - 5 个义务工，若不参加者每个工处罚 60 元。”

续表

X 村 2007 年村规民约	X 村 2013 年村规民约	新旧对比
第十条　尊重各民族风俗习惯，尊重宗教信仰自由，喜事新办，不铺张浪费，丧事从俭，不搞陈规陋习，不搞宗派和宗族活动。利用传统的民族节日，弘扬民族精神，宣传党的路线、方针、政策，宣传社会主义精神文明新风尚。	第十条　尊重各民族风俗习惯，尊重宗教信仰自由，喜事新办，不铺张浪费，丧事从俭，各户村民办喜、事丧事，不得超过 3 餐，不搞陈规陋习，不搞宗派和宗族活动，不搞迷信活动，坚持抵制邪教组织活动。利用传统的民族节日，弘扬民族精神，宣传党的路线、方针和政策，宣传社会主义精神文明新风尚。	(1) 在“丧事从俭”后增加“各户村民办喜、事丧事，不得超过 3 餐，”。 (2) 把“宗教活动”后的“。”改为“，”，并增加“不搞迷信活动，坚持抵制邪教组织活动。”。 (3) 把“方针、政策”中“、”改为“和”。
第十一条　搞好公共卫生和村容村貌，不随地倒垃圾，不乱堆烘土，不乱占乡村道路及公共场地，乡村公路、坝埂、沟渠必须按原来面积留够，不得私自占用，如要为了个人利益新修路、沟等村组一律不补助。	第十一条　搞好公共卫生和村容村貌，不随地倒垃圾，不乱占乡村道路、乡村公路及公共场地。坝埂、沟渠必须按原来面积留够，不得私自占用，如要为了个人利益新修路、沟等村组一律不补助。	(1) 删除“不乱堆烘土”。 (2) 将“不乱占乡村道路及公共场地，乡村公路”改为“不乱占乡村道路、乡村公路及公共场地”。 (3)“坝埂、沟渠……”独立为一句。
第十二条　违反上述规定的给予批评教育，在规定的时间内不改正错误、态度恶劣的，酌情处罚。	第十二条　违反上述规定的给与批评教育，在规定的时间内不改正错误、态度恶劣的，酌情处罚。	将“给予”改为“给与”
第十三条　村民之间要互相尊重，互相帮助、和睦相处，建立良好的邻里关系。	第十三条　村民之间要互相尊重，互相帮助、和睦相处，建立良好的邻里关系。	此条无变化。

续表

X 村 2007 年村规民约	X 村 2013 年村规民约	新旧对比
第十四条　在经营、生活、借贷、社会交往过程中．应遵循平等、自愿、互利的原则，不得无理争水、争山场、争宅基地、争使用权，不得为小孩吵架，为家畜，家禽问题无理纠纷，应本着从大局，从长远生活着想来解决矛盾，能自行调解的自行调节，不能自行调解的由村小组，村民委员会调节。不得仗势欺人，不顾后果，无理取闹，否则一切后果自付。	第十四条　在经营、生活、借贷、社会交往过程中．应遵循平等、自愿、互利的原则，不得无理争水、争山场、争宅基地、争使用权，不得为小孩吵架，为家畜，家禽问题无理纠纷，应本着从长远的角度来考虑问题，能自行调解的自行调解；不能自行调解的由村小组、村民委员会调解。不得仗势欺人，不顾后果，无理取闹，否则一切后果自负。	（1）将“应本着从大局，从长远生活着想来解决矛盾，”改为“应本着从长远的角度来考虑问题”。 （2）将“能自行调解的自行调解”后的“，”改为了“；”。 （3）将“村小组”后的“，”改为“、”。 （4）将“村民委员会调节”改为“村民委员会调解”。 （5）将“后果自付”改为“后果自负”。
第十五条　全村村民要自觉遵守《婚姻法》，坚持婚姻自由，男女平等，一夫一妻，尊老爱幼的原则，建立团结和睦的美好家庭。	第十五条　全村村民要自觉遵守《婚姻法》，坚持婚姻自由，男女平等，一夫一妻制；尊老爱幼的美德，建立团结和睦的美好家庭。	（1）在“一夫一妻”后增加“制”，将其后的“，”改为“；”。 （2）将“尊老爱幼的原则”改为“尊老爱幼的美德”。
第十六条　婚姻大事由本人做主，反对他人包办干涉。不借婚姻索取财物。	第十六条　婚姻大事由本人做主，父母及他人不得包办、干涉。反对他人包办干涉。不借婚姻索取财物。	在“婚姻大事由本人做主，”后增加“父母及他人不得包办、干涉”。
第十七条　夫妻双方都有自觉执行计划生育的义务，提倡晚婚晚育，优生优育。	第十七条　夫妻双方都有自觉执行计划生育的义务，且都要自觉执行计划生育的政策及条列，提倡晚婚晚育，优生优育。	在“计划生育义务”后增加“且都要自觉执行计划生育的政策及条列”，其中“条列”应为“条例”。
第十八条　夫妻在家庭中的地位平等，反对男尊女卑，不准打骂妻子、儿女、夫妻双方共同承担家务劳动，共同管理家庭财产。	第十八条　夫妻在家庭中的地位平等，反对男尊女卑。不准打骂妻子、儿女、夫妻双方共同承担家务劳动，共同管理家庭财产。	将“反对男尊女卑”后的标点符号由“，”改为“。”。

续表

X 村 2007 年村规民约	X 村 2013 年村规民约	新旧对比
第十九条　对丧失劳动能力无固定收入的老人，其子女必须尽赡养的义务，明确责任，使老人平时有饭吃，生病有医疗费，能安渡晚年。	第十九条　对丧失劳动能力无固定收入的老人，其子女必须尽赡养的义务，明确责任，使老人平时有饭吃，生病有医疗费，能安度晚年。	将“能安渡晚年”改为“能安度晚年”。
第二十条　父母、继父母承担未成年人或无生活能力子女的抚养教育，不准虐待病残儿，继子女和收养的子女，不准使小学生辍学。	第二十条　父母、继父母承担未成年人或无生活能力子女的抚养教育，不准虐待病残儿童，继子女和收养的子女，不准使小学生辍学。	将“病残儿”改为“病残儿童”。
第二十一条　对父母的遗产，男女有平等的继承权。	第二十一条　对父母的遗产，子女均有继承权。	将“男女有平等的继承权”改为“子女均有继承权”。
	第二十二条　各村民严格执行省、市、县殡葬管理条例。	此处增加一条。
第二十二条　本村规民约，经 2007 年 4 月 19 日村民代表大会修改、表决后通过执行。	第二十三条　本村规民约，经村民代表大会审核通过，自通过之日起实施。	将“经 2007 年 4 月 19 日村民代表大会修改、表决后通过执行”改为“经村民代表大会审核通过，自通过之日起实施”。

随着社会的发展，《X 村村规民约》也在与时俱进，以适应村庄的发展建设，只有跟上时代的步伐，乡规民约才能保持活力，切实有效。乡规民约通过影响乡民的思想和生活，引导乡民的行为，达到对农村社会治理的作用。让现代乡规民约在农村社会治理中真正发挥作用，成为人们生活中的习惯，才是其价值所在。

4.6　伦理学理论基础

罗素认为伦理学是“关于道德的知识”。我国传统的乡规民约就是以儒家伦理观念为核心对乡民进行道德教化和人文关怀，现代乡规民约仍主要以道德为引领和导向发挥社会治理作用，体现出伦理学理论的现实价值。

4.6.1　伦理学基本理论

伦理学是一门立足人类的道德实践、着重研究道德价值和道德认识的哲学理论学科。与伦理学关系最为密切的就是道德，因此，伦理学也是关于道德的科学，但是伦理学并不是针对某个特殊的、具体的道德科学，而是对整个社会的道德进行普遍统一调整的科学。伦理道德一词经常会一起出现，作为在西方拥有相同词源的词，在中国被区分为部分与整体的关系，伦理是整体，道德是部分。伦理是人们行为事实如何的规律及其应该如何的规范；道德是人们应该如何的规范。布洛克说：“伦理学试图发现能够确证人类所有行为和最终说明使行为正当或不正当之最高层次、最一般的原因”。[①] 每个人在社会生活中有着不同的角色，发挥着不同的作用，人们把对这些角色和作用的认识和体悟转化成为道德，成为人们在社会中生存需要遵守的内容，因此，道德的实质也是一定程度的伦理现实化。作为抽象概念的伦理对于大众是陌生的，也是难以理解的，然而道德却和人们的生活息息相关并且能够得到普遍遵守。因此，伦理在社会生活中最直观的体现就是道德。

伦理学就其主要对象看，是对国家制度价值进行评价的科学；就其全部对象看，是关于道德价值优劣进行评价的科学。中国伦理学家普遍认为，伦理学理论是有关人的行为是善还是恶的道德评价的根据。[②] 王海明教授在其《新伦理学原理》一书中将元伦理学、规范伦理学和美德伦理学相结合，构

① 王海明：《新伦理学原理》，商务印书馆2017年版。

② 李晓红、张朝霞：《论网络伦理学基本理论的选择》，载《江西社会科学》2010年第10期。

成伦理学体系的三部分。[①] 元伦理学是以逻辑和语言学的方法对道德概念进行分析，对伦理用词、语句的功能和用法进行分析研究的理论。规范性伦理学对实际生活从事实出发予以指导，体现优良道德的形成制定过程，实践性更强。美德伦理学是关于优良道德实现途径的科学。

元伦理学主要通过研究“是与应该”的关系而提出确立道德价值判断之真理和制定优良的道德规范之方法，是关于优良道德规范制定方法的科学。[②] 规范伦理学是通过社会制定道德的最终目的，从行为事实如何的客观本性中推导出行为应该如何的优良道德规范。其中功利论伦理学从道德的行为效果、义务论伦理学从道德行为本质等方面进行阐述。功利论伦理学指出人做出的行为是否道德要看行为的结果给行为人带来的是利大于弊还是弊大于利，若利大于弊便是道德的，反之则是不道德。义务论伦理学指出人做出的行为是否道德，不由行为的结果决定，而是由行为动机的正确与否来决定的，若行为是正确的，那么不论结果如何都是道德的，反之则不道德。规范伦理学有关优良道德的制定涉及三方面内容，即道德价值标准、道德价值实体以及道德价值和道德规范。美德伦理学主要研究优良道德的实现，为优良道德能够实现提供了路径。伦理学的本质是关于道德的科学，是道德思想观点的系统化、理论化，因此，伦理学的诸多内容都与道德有关，道德也是乡规民约的核心内容。

4.6.2 伦理学理论在乡规民约中的体现

在中国传统农村社会的秩序维护中，乡规民约发挥着重要的作用；今天的农村社会治理中，乡规民约的作用依然备受重视，对新时代农村社会的发展发挥着愈加重要的作用。乡规民约是乡民自发形成的，对其生产生活进行自我约束和自我管理，并主动遵行的民间公约。它所涉及的内容十分广泛，通常包括社会公德、生产生活关系及与人民群众利益息息相关的内容。农村生活与城市生活的差异主要体现在，农村生活中的人们聚族而居，彼此间往往会有亲属关系，因此，适用乡规民约对人们之间关系的调整有时比适用法律更加有效。

---

① 王海明：《新伦理学原理》，商务印书馆 2017 年版。

② 王海明：《新伦理学原理》，商务印书馆 2017 年版。

乡土社会为乡规民约的产生和发展提供了沃土，而乡规民约无疑也对乡村伦理道德的形成和发展产生不可替代的作用。我国最早的成文乡规民约可以追溯到北宋蓝田的《吕氏乡约》，意味着从北宋开始，约束乡民生活的规约就对人们的道德教化产生了作用（如果追溯不成文乡规民约的历史，则更早）。北宋之后各个朝代也非常重视乡规民约，发挥其在农村社会秩序构建与维护中的作用，从而保障国家秩序的稳固。进入现代社会，随着国家的发展，市场化、城镇化进程对乡土社会产生巨大的冲击，对农村社会的伦理道德也在一定程度上提出挑战，同时，一些落后思想也伺机抬头。因此，在新时代农村的发展过程中，我们更要重视乡规民约对乡民道德教化产生的巨大作用，运用好乡规民约，改善农村伦理道德风气。

现代乡规民约作为乡民自发制定、自觉遵守、能够在一定范围内产生作用的行为准则，即是对乡民伦理道德的规范。功利论伦理学指出人做出的行为是否道德要看行为的结果给行为人带来的影响是利还是弊。人们总是趋利避害的，因此，我们尽量要做出既有利于自己又能够利于他人的行为，在乡土社会中，这一点尤为重要。大家是紧密联系在一起的团体，若大多数人都做出不利于他人或者集体的行为，那么这个团体是岌岌可危的，因此人们通过制定乡规民约用伦理道德约束所有人，保证小集体的顺利发展。美德论伦理学为优良道德能够实现提供了路径，良心和名誉是道德实现的途径。常言道：人要有良知。一个人需要有良知才能够尽量不去伤害他人的利益。伦理学有一个基本问题，即道德和利益的关系问题，即“义”与“利”的关系问题。这个问题包括两个方面：一方面是经济利益和道德的关系问题，即究竟是道德决定经济还是经济决定道德以及道德对经济有无反作用；另一方面是个人利益与社会整体利益的关系问题，即个人利益和社会利益谁处于主导地位的问题。在乡村生活中，乡规民约的制定是一个集体行为，不论在制定还是实施的过程中都存在以全局为重的观念。一个人拥有良知，才会遵守规则，不侵害他人利益；注重名誉，才能在乎他人的看法，使得自己的行为规范、有道德。当人拥有良知和名誉时，优良的道德才能够形成。而品德是优良道德实现的重要内容，品德是个人根据相应的道德行为准则进行行动时所表现出来的稳定特征，品德的实质就是道德价值和道德规范经过个人消化之后在个体身上内化的产物。因此，一个人的品德是他的行为长期遵守或违背道德所得到的结果。

4.6.3 伦理学视角下现代乡规民约的社会治理功能

规范伦理学作为伦理学的形态之一，主要是用哲学中思辨的方式对伦理学进行研究，对能够指导人们的行为、行动和决定的基本道德原则进行发现、发展以及证明。规范伦理学对实际生活的指导具有很强的实践性，它从社会现实出发，对实际生活用伦理学的方式进行导向。规范伦理学的内容对社会治理中的乡规民约具有积极的指导意义。

现代乡规民约是乡民实现自我管理、自我教育、自我服务的方式之一，根据《村民委员会组织法》第10条规定，村民委员会及其成员应当遵守并组织实施村民自治章程、村规民约。制定乡规民约是国家法律明确规定的，是维护村庄秩序、保障基层民主的重要方式。村民委员会作为我国的基层群众性自治组织，为当地的社会发展与和谐稳定做出了积极贡献，组织实施乡规民约是其职责所在。乡规民约作为乡民自发而成的产物、自觉遵守的道德准则，是形成和维护良好乡风所必不可少的。规范伦理学中的功利论伦理学认为行为的效果是鉴定该行为是否符合道德标准的重要标志，也就是说，行为人做出某一行为最终产生何种效果，是判断这一行为是否道德的依据。现代乡规民约作为约束乡土社会的道德准则，其内容应是合乎道德的。

乡规民约对村民进行道德约束，其对社会治理的重要贡献之一就是宣扬道德并予以社会教化。在美德伦理学中行为主体是道德最重要的构成，是无可替代的，任何道德行为都离不开行为主体，而行为主体是否具有良心、名誉和品德是判断行为是否道德的标准之一。在市场经济的条件下，人们的自主性急剧提升，自我意识正在不断觉醒①，反映在道德方面就是坚持自己的主张和观点的人们日益增长。乡规民约的制定和实施过程都是自觉自愿的，不同于法律的强制性约束，它更多依靠的是自觉遵守和互相监督。这就不仅需要乡规民约的制定者具有良好的道德水准，也需要执行者能够依德执行，对一些原本道德水准不高的群众，在乡规民约的约束之下，使其行为合乎道德。因此，乡规民约通过对行为主体的约束，潜移默化地提高乡民的道德水平。

① 彭怀祖：《诸伦理学理论体系协同与互补的研究》，载《道德与文明》2017年第1期。

伦理学的发展历经了千年，我国成文乡规民约也已存在千年。而乡规民约中的重要元素就是道德。伦理学作为哲学社会科学，从上层建筑层面研究道德问题，因此，通过伦理学对现代乡规民约的社会治理功能进行分析，使得现代乡规民约的制定和发展更符合道德的要求，不但为伦理学的研究提供了新思路，而且也为现代乡规民约的研究开拓了新视野。

第五章　现代乡规民约的机理机制和结构体系

5.1　现代农村社会乡规民约的存在现状

《周礼》中记载的“读法”之典被看作是乡约的起源，孕育了后来的成文乡规民约。在我国历史发展过程中，乡规民约这种民间规范与不同时期的基层管理制度相结合，作为统治者管理农村基层社会的手段之一，在社会治理中发挥作用。

现阶段，党和国家十分重视“三农”问题，在习近平新时代中国特色社会主义思想的指导和国家惠农政策的引领下，我国农村面貌发生了巨大的改变，乡规民约建设较之以往也取得了非常大的进步，在维护乡村社会秩序、促进农村经济发展和文化建设等方面具有举足轻重的作用。国家也越来越重视乡规民约的发展，2018 年 12 月，民政部等七部门《关于做好村规民约和居民公约工作的指导意见》指出，到 2020 年，全国所有村要普遍制定或修订形成务实管用的村规民约。2019 年中央一号文件提出了要指导农村普遍制定或修订村规民约，2020 年中央一号文件提出要完善村规民约。由此可见，国家意识到乡规民约在农村社会治理中的重要性，通过政策文件的引导，以发展和完善乡规民约，发挥其在文明乡风建设、基层社会秩序维护等方面的作用，增强其乡村治理能力。为了更客观和直观地了解现代乡规民约在农村社会治理中的整体状况，笔者深入我国农村地区，以调查问卷、个案访谈、现场观摩、座谈论证等形式对我国乡规民约的存在形式、作用方式、村民认可度、功能价值等进行了实地调研，获取了第一手调研数据和资料。以下将结合调研的结果，分析我国现代乡规民约存在的普遍状况以及在基层农村社会治理中发挥的作用。

5.1.1 现代乡规民约的整体状况——以调研为基础的分析

5.1.1.1 调研概况

（1）调研的主题、方法、地点和数据分析软件

本书调研主题为“农村社会管理制度创新中的现代乡规民约研究”，采用问卷调研和个体访谈相结合的调研方法，从2013年到2017年，历时近四年时间，深入农村进行实地调研。调研地为北京、甘肃、广西、海南、河南、江苏、陕西、云南、山东等省、自治区、直辖市，之所以选择这些地方，是因为：北京是我国首都，农村社会发展是在首都发展大局中开展的；甘肃地处我国西北部，有的乡村仍保留着较多传统农村社会的原始风貌、民俗风情；广西地处我国西南边疆，属于民族地区，当地农村拥有独特的人文环境；海南位于我国南端，曾发现清代官府禁约碑刻和乡规民约碑刻20块左右，为乡规民约的历史研究提供了原始资料；河南为华夏文明的主要发祥地，保留了中华优秀传统文化；江苏有丰富的传统乡规民约历史文化，清朝时江苏各县颁有乡约规条，并设有乡约局；陕西拥有丰厚的传统文化积淀，是中华文明的重要发源地，《吕氏乡约》就诞生于陕西省的蓝田县；云南少数民族众多，民族文化丰富，各类乡规民约资源也较为丰富；孔孟之乡、礼仪之邦的山东是我国儒家文化发源地，而乡规民约所蕴含的思想受儒家文化影响至深。经过调研，获得了大量的第一手数据和资料，并应用SPSS数据统计分析软件对数据进行分析，为本书提供了科学合理的研究基础。

（2）问卷数量和调研对象

本调研共发出去调研问卷1500份，收回问卷1422份，回收率为94.8%；其中有效问卷1358份，占回收问卷的95.5%，占发放的总问卷的90.5%。有效问卷中，1335份填写了年龄，23份缺失；1338份填写了性别，20份缺失；1290份填写了文化程度，68份缺失。（详见表5－1）

表 5-1 调查对象的年龄、性别、文化程度的有效问卷数

有效问卷总数（N）		年龄	性别	文化程度
N = 1358	有效	1335	1338	1290
	缺失	23	20	68

从年龄来看，在1335份填写了年龄的问卷中，调查对象分处不同的年龄段，调查显示：调查对象在46—55岁年龄段占最大比例，占1358份有效问卷的30.0%；其次是36—45岁年龄段，占比27.3%；26—35岁年龄段占比为20.8%；18岁以上25岁以下以及56—65岁年龄段分别占比8.6%和8.8%，说明这两个年龄段的人参与调研率较低；66岁以上年龄的人参与调研率最低，为2.7%。另外，由于有23位调查对象没有填写年龄，系统统计为缺失（调查对象的年龄分布详见表5-2）。调查对象的年龄段分布，表明本调研主要集中在26岁至55岁的村民中，这部分村民占有效问卷人数的78.1%，能够反映出青壮年主体对村规民约的认识和看法。

表 5-2 调查对象的年龄分布

选项		频数	百分比（%）	有效百分比（%）
有效	18—25岁	117	8.6	8.8
	26—35岁	282	20.8	21.1
	36—45岁	371	27.3	27.8
	46—55岁	408	30.0	30.6
	56—65岁	120	8.8	9.0
	66岁以上	37	2.7	2.8
	合计	1335	98.3	100.0
缺失	系统	23	1.7	
合计		1358	100.0	

从性别来看，在1337份填写性别的问卷中，男性为548人，占比41%；女性为789人，占比59%。需要说明的是，548位男性调研对象中，107位是村干部，其余441位是一般男性村民；789位女性调研对象中，有451位是村干部，其余338位是一般女性村民。没有填写性别的村干部为0人，没有填写性别的村民为21人（详见表5-3）。本次调研期间，恰好笔者有为各地

基层女村干部工作能力进行培训授课的机会，借此机会，笔者接触了一批优秀的女村干部，对她们进行了有关乡规民约的问卷调研和个别访谈，因而本调研中女村干部的比例较高，正因如此，笔者也了解到女村干部对乡规民约在农村社会治理中功能发挥的真实看法。参与调研的男女村干部共有558位，在村中担任的职务分别为村委会主任、副主任、村支部书记、监委会主任、村支部委员、村支书助理、会计、妇女主任、文书、专干等（详见表5－4）。

表5－3　调查对象的性别、身份分布

<table>
<tr><th>身份
性别</th><th>村干部</th><th>村民</th><th>合计</th><th>百分比（%）</th><th>有效
百分比（%）</th></tr>
<tr><td>男</td><td>107</td><td>441</td><td>548</td><td>40.4</td><td>41.0</td></tr>
<tr><td>女</td><td>451</td><td>338</td><td>789</td><td>58.1</td><td>59.0</td></tr>
<tr><td>缺失</td><td>0</td><td>21</td><td>21</td><td>1.5</td><td></td></tr>
<tr><td rowspan="2">合计</td><td>558</td><td>800</td><td rowspan="2">1358</td><td rowspan="2">100</td><td rowspan="2"></td></tr>
<tr><td colspan="2">1358</td></tr>
</table>

表5－4　参与调研村干部的职务分布

<table>
<tr><th colspan="2">选项</th><th>频数</th><th>百分比（%）</th><th>有效百分比（%）</th></tr>
<tr><td rowspan="11">有效</td><td>村会计</td><td>31</td><td>5.5</td><td>5.5</td></tr>
<tr><td>村委会副主任</td><td>41</td><td>7.4</td><td>7.4</td></tr>
<tr><td>村委会主任</td><td>172</td><td>30.8</td><td>30.8</td></tr>
<tr><td>村支部书记</td><td>103</td><td>18.5</td><td>18.5</td></tr>
<tr><td>村支部委员</td><td>28</td><td>5.0</td><td>5.0</td></tr>
<tr><td>村支书助理</td><td>26</td><td>4.7</td><td>4.7</td></tr>
<tr><td>妇女主任</td><td>45</td><td>8.0</td><td>8.0</td></tr>
<tr><td>监委会主任</td><td>25</td><td>4.5</td><td>4.5</td></tr>
<tr><td>文书</td><td>57</td><td>10.2</td><td>10.2</td></tr>
<tr><td>专干</td><td>30</td><td>5.4</td><td>5.4</td></tr>
<tr><td>合计</td><td>558</td><td>100.0</td><td>100.0</td></tr>
</table>

从文化程度来看，1290 份填写文化程度的有效问卷显示，调查对象中，高中和中专学历占比最大，为 41.9%；其次是初中学历，占比 22.0%；大学及以上学历占比 21.7%；小学及以下学历占比 7.1%；大专学历占比 2.2%；没有填写学历的问卷为 68 份，占比 5%。虽然被调查对象的文化程度各不相同，但大多接受了一定程度的学校教育，且受教育程度在调查对象中呈中间高、两头低的正态分布，即高中和中专学历人数比例最高，以此为基点，更高学历和更低学历的人数分别递减（详见表 5-5）。

表 5-5 调查对象的文化程度分布

选项		频数	百分比（%）	有效百分比（%）
有效	小学及以下	97	7.1	7.5
	初中	299	22.0	23.2
	高中、中专	569	41.9	44.1
	大学及以上	295	21.7	22.9
	大专	30	2.2	2.3
	合计	1290	94.9	100.0
缺失	系统	68	5.0	
合计		1358	100.0	

5.1.1.2 现代成文乡规民约存在的形式

正如笔者在第三章对乡规民约的分析，本书认为乡规民约是乡村或乡民的自治规约，是某一地域的乡村居民共同商议制定并共同遵守的成文或不成文的规范或准则。随着农村村民自治制度的不断发展和完善，农村的乡规民约类型多样，在成文乡规民约中，除了以“乡规民约”或“村规民约”命名的以外，还有村民自治章程、村民自治民主议事制度、村务公开制度、村委会干部工作守则等多种形式的自治行为规范。由于有些乡规民约是针对村庄事务中的某一方面进行的约定，比如环境保护规约、计划生育规约、保护山林规约、保护水源规约等，这些单行的村规民约在调研时就统一放到“乡/村规民约”这一大类中。在有关“您村有以下哪种或哪些村民自治行为规范”问题的回答中，调研对象可在选项中多选。经统计，共有 1214 份对该问题回答有效的问卷，各类村民自治行为规范的占比可见表 5-6。由于这个问题的选择为多项选择，只要是本村中具有的乡规民约类型都可以选择，因而调研对象可能会选择不止一种类型。从表中可见，这几种乡规民约类型的占比都在一半以上，可见大多数村中都制定了相关的乡规民约。

表5－6　问题“您村有以下哪种或哪些村民自治行为规范?”的调查结果

问题与选项		N	个案百分比
您村有以下哪种或哪些村民自治行为规范?	项1 村民自治章程	669	55.1%
	项2 村民自治民主议事制度	688	56.7%
	项3 村财务公开制度	843	69.4%
	项4 乡/村规民约	748	61.6%
	项5 村委会干部工作守则	861	70.9%

5.1.1.3　现代乡规民约的内容

现代乡规民约的内容非常丰富，几乎涵盖乡村生活的各个方面，用以规范农村生产生活及村民日常行为。为了解乡规民约的内容，课题组设计了问题“您村乡/村规民约具体包括哪些方面内容?”，并在选项中将可能出现在乡规民约中的内容一一列举，此题为多项选择题。调研数据显示，选项中所列举的内容在各村的乡规民约中几乎都有涉及，其中“村容村貌”占比最大，为74.4%；其次就是“计划生育”，占比66.3%；再次是“环境保护”，占比为61.6%；其中“乡村治安”（占比57.5%）、“纠纷解决”（占比53.4%）、“村民品行道德”（占比51.8%）、“村风民俗”（占比51.8%）、“村民权利义务”（占比51.5%）、“邻里关系”（占比51.2%）等方面的内容占比也较高，过半数调查对象所在村的乡规民约都包含这些内容。此外，乡规民约的内容还涉及婚丧嫁娶、乡村民主建设、宅基地、经济利益分配、家庭内部关系以及违反乡规民约的责任承担等。这里还需要说明两点：首先，根据本书第三章中对乡规民约的界定，我们认为乡规民约包括的内容比村规民约更广泛，村规民约是乡规民约中的一种主要形式。但是，各村在制定本村的村规民约时，有的村命名为“××村村规民约”，有的村命名为“××村乡规民约”，为了将这些乡规民约内容都涵盖，在本问题的设计上，将这种情况考虑在内，并列乡规民约与村规民约。① 其次，乡规民约中的计划生育内容在我国政策放开二胎之前，是农村的一项非常重要的工作，在2016年全面放开二胎之后，虽然我国仍实行计划生育，但该项工作已逐渐不是农村社会的重点工作，有些村在后续更新本村乡规民约时，就将计划生育内容从乡规民约中除去了。

表5－7　问题“您村乡/村规民约具体包括哪些方面内容?”的调查结果

问题与选项		N	个案百分比
您村乡/村规民约具体包括哪些方面内容?	项1 婚丧嫁娶	534	45.8%
	项2 村容村貌	868	74.4%
	项3 乡村民主建设	563	48.2%
	项4 村民品行道德	605	51.8%
	项5 邻里关系	598	51.2%
	项6 计划生育	774	66.3%
	项7 村民权利义务	601	51.5%
	项8 家庭内部关系	329	28.2%
	项9 村风民俗	604	51.8%
	项10 环境保护	719	61.6%
	项11 违反乡/村规民约的责任承担	378	32.4%
	项12 乡村治安	671	57.5%
	项13 纠纷解决	623	53.4%
	项14 经济利益分配	399	34.2%
	项15 宅基地	439	37.6%

5.1.1.4　现代乡规民约的作用

现代乡规民约在我国农村社会治理中发挥着重要作用，是村民自治的具体表现，也是村民自治的依据。乡规民约对维护乡村社会秩序、解决民间矛

① 在调研问题中，涉及“乡/村规民约”的表达的含义同此解释，后面不再一一说明。

盾纠纷、促进文明乡村建设等发挥作用。关于问题“在日常生活中，您村乡/村规民约是否发挥了应有的作用?”，在1358份有效问卷中，对本问题回答有效的问卷共有1127份，有231位调查对象没有回答此题。根据对有效百分比的统计，其中44.4%的调查对象认为在农村社会，乡规民约在部分事务上作用明显；34.4%的调查对象认为乡规民约发挥了非常重要的作用；15.1%的调查对象认为作用不明显；仅有6.1%的人认为完全没作用。可见，乡规民约在农村社会治理中具有相当的作用。

表5-8　问题“在日常生活中，您村乡/村规民约是否发挥了应有的作用?”的调查结果

问题与选项		频率	百分比（%）	有效百分比（%）
有效	项1 发挥了非常重要的作用	388	28.6	34.4
	项2 在部分事务上作用明显	500	36.8	44.4
	项3 作用不明显	170	12.5	15.1
	项4 完全没作用	69	5.1	6.1
	合计	1127	83.0	100.0
缺失	系统	231	17.0	
合计		1358	100.0	

本次调研中，受访对象有的是村干部，有的是普通村民，在以身份为标准把有效回答本题的问卷进行分类统计后发现，村干部和村民对乡规民约在农村社会中的作用认识存在差异。村干部中有497位调查对象对本题作出了有效回答，其统计结果见表5-9。数据表明，大多数村干部认为乡规民约能发挥应有作用，其中53.9%的村干部认为乡规民约发挥了非常重要的作用，38.0%的村干部认为乡规民约在部分事务上作用明显，6.4%的村干部认为乡规民约作用不明显，仅有1.6%的村干部认为乡规民约完全没作用。同样是对本问题的回答，村民中有630位调查对象对本题作出了有效回答，其统计结果见表5-10。数据显示，仅有18.7%的村民认为乡规民约发挥了非常重要的作用，与村干部的回答相差了35.2个百分点；26.8%的村民认为乡规民约在部分事务上作用明显，这个选项的结果，村干部与村民的回答相差11.2个百分点；有44.8%的村民认为乡规民约作用不明显，比村干部的回答多了38.4个百分点；还有9.7%的村民认为乡规民约完全没作用，也比村干部的

回答高出8.1个百分点。由此可见，对于乡规民约在农村社会日常生活中的作用，村干部与村民的认识是不同的，绝大部分村干部认为乡规民约发挥了重要作用或者作用明显，而大部分村民则认为乡规民约作用不明显或者没有作用。这样的结果应该与调查对象的身份有关，村干部更希望在国家重视现代乡规民约建设的大环境下，发挥乡规民约在农村社会治理中的作用，并且对其作用持乐观态度；而村民对乡规民约在乡村中发挥的作用期望值更高，在碰到实际问题而乡规民约作用又不明显的时候，就会对乡规民约的作用作出否定性评价。

表5－9　村干部回答“在日常生活中，您村乡/村规民约是否发挥了应有的作用?”的调查结果

问题与选项		频率	百分比（%）	有效百分比（%）
有效	是，发挥了非常重要的作用	268	48.0	53.9
	在部分事务上作用明显	189	33.9	38.0
	作用不明显	32	5.7	6.4
	完全没作用	8	1.4	1.6
	合计	497	89.1	100.0
缺失	系统	61	10.9	
合计		558	100.0	

表5－10　村民回答“在日常生活中，您村乡/村规民约是否发挥了应有的作用?”的调查结果

问题与选项		频率	百分比（%）	有效百分比（%）
有效	是，发挥了非常重要的作用	118	14.8	18.7
	在部分事务上作用明显	169	21.1	26.8
	作用不明显	282	35.3	44.8
	完全没作用	61	7.6	9.7
	合计	630	78.8	100.0
缺失	系统	170	21.3	
合计		800	100.0	

在农村社会治理中，乡规民约到底起到什么具体作用呢？为了了解农村

社会实践中的具体情况，本调研设计了问题“您认为您村乡/村规民约在调整村民哪些日常事务中起到比较重要的积极作用?”在1167份对本题进行了有效回答的问卷中，一半以上的调查对象认为乡规民约在环境保护、纠纷解决、邻里关系、村民品行道德、村风民俗方面发挥了积极作用。此外，乡规民约在乡村民主建设、家庭内部关系、社会福利保障等方面也作用明显。

表5－11　问题“您认为您村乡/村规民约在调整村民哪些日常事务中起到比较重要的积极作用?”的调查结果

问题与选项		N	个案百分比
您认为您村乡/村规民约在调整村民哪些日常事务中起到比较重要的积极作用?	项1 村风民俗	581	50.6%
	项2 环境保护	680	59.2%
	项3 家庭内部关系	338	29.4%
	项4 村民品行道德	589	51.3%
	项5 纠纷解决	641	55.8%
	项6 邻里关系	624	54.4%
	项7 乡村民主建设	496	43.2%
	项8 社会福利保障	296	25.8%

5.1.1.5　乡规民约施行的保障制度

为了保障乡规民约的施行，有的乡规民约中规定有惩罚性措施，有的村成立相关自治组织监督并促进本村乡规民约的执行，那么，大概有多少乡规民约中制定了惩罚性措施？都是哪些惩罚性措施呢？根据调查显示，51.8%的乡规民约中涉及有惩罚性规定，48.2%的乡规民约中没有惩罚性规定，具体可见表5－12。有惩罚性措施和没有惩罚性措施的乡规民约在比例上相差不大，可见乡规民约在农村社会治理中对村民的惩罚性规定因村而异，作为一种“软性”规范，乡规民约主要以倡导性方式发挥作用。那么，有惩罚性措施的乡规民约中具体涉及了哪些措施呢？据调查，正如表5－13所示，乡规民约中涉及的惩罚性措施主要为训责、罚款、通报批评、减少福利待遇、没收财产、限制行使村民权利等，其中采取通报批评措施的有62.2%，这是大部分涉及惩罚性措施的乡规民约都会采取的措施；训责措施和罚款措施也较常见，占比分别为43.0%和38.9%；其他的如减少福利待遇、限制行使村民权利、没收财产等惩罚措施比例依次递减，分别为18.5%、10.0%和5.2%。

表5－12　问题“您村乡/村规民约中是否有惩罚性规定?”的调查结果

问题与选项		频率	百分比（%）	有效百分比（%）
有效	有	601	44.3	51.8
	没有	559	41.2	48.2
	合计	1160	85.4	100.0
缺失	系统	198	14.6	
合计		1358	100.0	

表5－13　问题“您村乡/村规民约中主要有哪些惩罚方式?”的调查结果

问题与选项		N	个案百分比
如果有惩罚性规定，主要有哪些惩罚方式?	项1 训责	313	43.0%
	项2 罚款	283	38.9%
	项3 通报批评	453	62.2%
	项4 减少福利待遇	135	18.5%
	项5 没收财产	38	5.2%
	项6 限制行使村民权利	73	10.0%

除了在乡规民约中涉及惩罚性措施外，为了保障乡规民约的运行，使乡规民约能够在制定出来后得到切实执行，各村自发成立各种自治组织，比如乡规民约评议会、红白事理事会、道德理事会等，以督促乡民们履行乡规民约。对“您村有以下哪种或哪些自治组织?”的回答可多选，经过统计，在1136份对该问题回答有效的问卷中，村民小组会占比最大为78.4%；其次是乡规民约评议会和红白事理事会，分别占比49.2%和47.1%；道德理事会（评议会）占比22.2%；占比最小的是股事会为6.4%。可见，农村自治组织的形式较为多样，以村民小组会、乡规民约评议会和红白理事会等组织为主，为保障乡规民约的执行起到了良好作用。

表5－14　问题“您村有以下哪种或哪些自治组织?”的调查结果

问题与选项		N	个案百分比
您村有以下哪种或哪些自治组织?	项1 乡/村规民约评议会	559	49.2%
	项2 红白事理事会	535	47.1%
	项3 道德理事会（评议会）	252	22.2%
	项4 村民小组会	891	78.4%
	项5 股事会	73	6.4%

成立这些村民自治组织的目的是督促村民执行乡规民约，改善乡风，建设文明乡村，因而组成人员必须具有一定的道德素养，能起到模范带头作用，村民们才会以其为榜样，改善自己的言行，在因行为不当而依据乡规民约受到自治组织的处罚时，才会心服口服。村民自治组织一般是由村里的老党员、村干部、乡贤、德高望重的群众等组成，实践中具体的组成情况如何呢？在对“这些自治组织是由哪些人组成的?”这一问题的选择上，共有1129份对该问题回答有效问卷，经统计，村干部占比最大，为77.3%；其次是党员，占比68.8%；再次是村里有威信的人，占比62.2%；普通村民占比较小，为38.1%。从这一问题的统计结果可以看出，农村自治组织组成人员的结构是多元的，分布较为均衡，其中普通村民与村里有威信的人的参与，体现了自治组织自我管理、自我约束的特点。

表5－15　问题“这些自治组织是由哪些人组成的?”的调查结果

问题与选项		N	个案百分比
这些自治组织是由哪些人组成的?	项1 村干部	873	77.3%
	项2 党员	777	68.8%
	项3 普通村民	430	38.1%
	项4 村里有威信的人	702	62.2%

5.1.1.6　乡规民约中存在的问题

现代乡规民约虽然是农村社会治理中的重要手段，但是由于各村具体情况的不同，乡民整体文化水平存在差异，而且有的村对乡规民约非常重视，有的村只是为了完成制定乡规民约的任务，再加上各村乡规民约的制定程序和具体内容也有差异，所以，实际上各村的乡规民约在合法性、合理性上差异巨大，并存在着这样或那样的问题。通过对问题“您认为您村乡/村规民约在实践中存在哪些问题?”的回答，反映出乡规民约在实践中存在的主要问题。在1126份对本问题进行了有效回答的问卷中，51.8%的调查对象认为乡规民约实施效果不尽理想；50.7%的调查对象认为乡规民约在制定时村民参与度低；49.4%的调查对象认为乡规民约内容不够完善；30.4%的调查对象认为乡规民约制定程序不规范；还有23.7%的调查对象认为乡规民约中管制村民的内容偏多。调查显示，乡规民约在实践中存在的问题较多，在很多方面亟待完善。

表5-16 问题“您认为您村乡/村规民约在实践中存在哪些问题?”的调查结果

问题与选项		N	个案百分比
您认为您村乡/村规民约在实践中存在哪些问题?	项1 管制村民的内容偏多	267	23.7%
	项2 制定程序不规范	342	30.4%
	项3 制定时，村民参与度低	571	50.7%
	项4 实施效果不尽理想	583	51.8%
	项5 内容不够完善	556	49.4%

5.1.1.7 实践中乡规民约与国家法发生冲突时的适用问题

法律是国家颁布的具有普遍适用性的行为准则，具有公权力的权威性，乡规民约应当依法制定，内容应当合法。由于各地风土民情的不同，乡民们对乡规民约的效力理解有差异，在乡规民约与国家法发生冲突时，会作出不同的选择。通过调研，实践中对这一问题的认识有了基本呈现。对问题“您村在处理村民事务中，当乡/村规民约与国家法律发生冲突时，适用哪个的情况多些?”的回答共有1124份有效问卷中，其中46.7%的调查对象选择适用国家法律，35.4%的调查对象选择视具体情况而定，还有10.1%的调查对象选择适用乡规民约，7.7%的调查对象选择两者相当。数据表明，在农村中处理村民事务时，如果遇到乡规民约与国家法律发生冲突，近半数调查对象会选择适用国家法律。由于乡规民约又被称为村里的“小宪法”，可见其在农村社会治理中的重要地位，再加上有的村民对乡规民约与国家法律关系的理解存在偏差，因而对如何选择各有各的看法，这反映出村民对国家法律和乡规民约关系的认识不够清楚准确。

表 5－17　问题“您村在处理村民事务中，当乡/村规民约与国家法律发生冲突时，适用哪个的情况多些?”的调查结果

问题与选项		频率	百分比（%）	有效百分比（%）
有效	乡/村规民约	113	8.3	10.1
	国家法律	525	38.7	46.7
	两者相当	87	6.4	7.7
	视具体情况而定	398	29.3	35.4
	其他	1	0.1	0.1
	合计	1124	82.8	100.0
缺失	系统	234	17.2	
合计		1358	100.0	

在了解了乡规民约与国家法发生冲突时乡民们选择的普遍状况后，调查组又针对调查对象自己的选择进行了调查，对问题“当乡/村规民约与国家法律冲突时，您认为应该如何选择?”可以说明这一情况。在有关本问题的1082 份回答有效的问卷中，36.6% 的人认为应当适用国家法律，30.4% 的人认为应视具体情况而定，28% 的人认为应由国家法律对这一问题的解决作出明确规定，还有 4.9% 的人认为应适用乡规民约。根据这一结果，可以看出农村大多数的人认为国家法律相较于乡规民约更具有权威性，但也有一部分人认为乡规民约的效力等同于或是高于国家法律。可见，无论是在农村事务处理的具体实践中，还是在村民主观认识上，对国家法律与乡规民约关系的认识还有待提高。

表 5-18　问题"当乡/村规民约与国家法律冲突时，您认为应该如何选择?"的调查结果

问题与选项		频率	百分比（%）	有效百分比（%）
有效	应适用乡/村规民约	53	3.9	4.9
	应由国家法律作出明确规定	303	22.3	28.0
	适用国家法律	396	29.2	36.6
	视具体情况而定	329	24.2	30.4
	其他	1	0.1	0.1
	合计	1082	79.7	100.0
缺失	系统	276	20.3	
合计		1358	100.0	

通过对乡规民约的调研可以看出，现代乡规民约在基层农村社会有着非常重要的地位和作用。作为一种农村社会治理手段，乡规民约是国家政策和法律的宣传方式之一，是良好乡村秩序形成的依据和保障，也是乡民的呼声和共鸣，对乡民具有较强的感召力和约束力。在所有调研的村子中，每个村都有乡规民约，村民也都知晓本村有乡规民约，虽然并不一定都能够十分准确地说出乡规民约的具体规定，但是大致的内容都知道，并能够自觉履行乡规民约的规定。同时也要注意到，虽然普遍来说，乡规民约以积极的方式倡导社会公德，树立文明新风，引导人们积极向善，对农村社会秩序的构建起到良好作用。但是，并不是所有的乡规民约都是完美无缺的，仍有些乡规民约存在不足或者问题。例如，有的村的村规民约并没有经过村民会议讨论通过，而是由部分村干部拟定；有的乡规民约违反法律规定，侵犯了村民的权利；有的乡规民约侧重村民的义务性规定和惩罚性规定，而较少权利保障的内容等。这些问题，在现代乡规民约的发展过程中，应当逐步解决改进，促使乡规民约朝着健康的方向发展，成为乡村振兴的"好帮手"。

5.1.2　乡规民约的表现形式

现代乡规民约携带着中华优秀传统文化的基因，以现代化的形式表现出传统中华文明的内涵，体现出其独特的载体形式、语言形式和结构形式。

5.1.2.1　载体形式

乡规民约的载体具有多样性，有的写在墙上，有的刻在碑上，有的做成宣传栏，有的绘成卷轴画，有的印成宣传页，有的制成小手册，有的画成连环画……墙体、木头、石头、纸张、绸布等都化身成为乡规民约的载体，表现出乡民的创造力，也体现出人们宣传乡规民约的灵活多样性。以下为收集到的多种载体上的乡规民约，从中可见一斑。

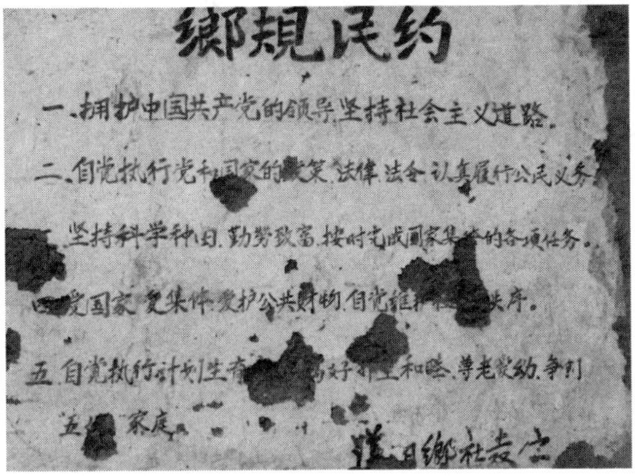

图 5－1　写在墙上的乡规民约①

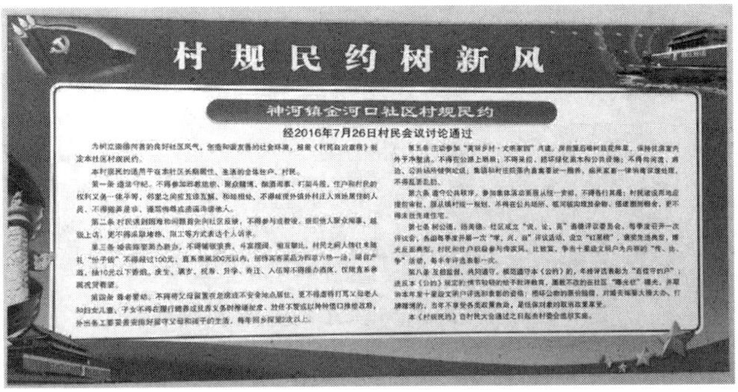

图 5－2　绘在墙上的乡规民约②

① 图片来自笔者调研收集。

② 图片来自笔者调研收集。

图 5－3　公告栏里的乡规民约①

图 5－4　村民家房屋外侧的乡规民约②

① 图片来自笔者调研收集。

② 图片来自笔者调研收集。

图 5－5　刻在石头上的村规民约①

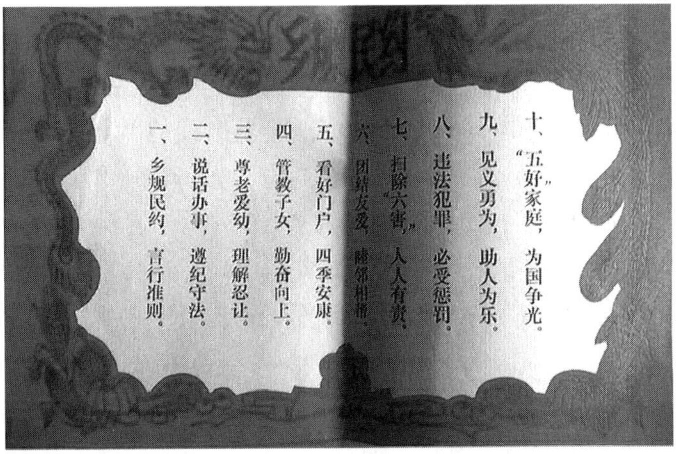

图 5－6　制作成宣传页的乡规民约②

---

① 图片来自海口市人民政府网，http：//www. haikou. gov. cn/rshk/tshk/201405/t20140507_764500. html，2018 年 5 月 20 日访问。

② 图片来自 7788 收藏网，http：//www. 997788. com，2018 年 10 月 2 日访问。笔者对图片有部分裁剪。

图 5-7 印成手册的乡规民约①

5.1.2.2 语言和行文形式

乡规民约有着独特的语言表现形式和行文方式，例如，有的乡规民约采取朗朗上口、好读易记的三字经、四字诀、五字言、七字语、顺口溜、山歌民歌等形式，并讲求押韵（如图 5-8），此类形式的乡规民约一般表现为："不忘本，不辱祖；爱国家，爱集体；跟党走，志不移；知荣辱，习礼仪"②；"扶弱济贫，尊师重教；奋发向上，自强不息"③；"矛盾纠纷先调处，调处不好再起诉。不信邪教不传谣，赌毒不染家风好"④；有的乡规民约句式对仗（如图 5-9），"爱憎"分明，此类形式的乡规民约一般表现为："要依规建房，不要乱搭乱建，超越红线；要爱护公路，不要超速超载，开沟排引……"⑤；有的乡规民约则不讲究押韵或对仗，而是用书面的、相对规范化的行文语句表述乡规民约的内容（如图 5-10），此类形式的乡规民约一般表现为："本村所有村民有增强水环境保护意识、爱护河道、监督管理河道、

① 图片出自《用村规民约 约出美丽乡村》，载搜狐网 2017 年 10 月 16 日，http://www.sohu.com/a/198363788_99958848。

② 选摘自甘肃省玉门市赤金镇铁人村的《铁人村村规民约》。

③ 选摘自安徽省芜湖市无为县刘渡镇陈家湾中心村《村规民约》。

④ 选摘自湖北省恩施州恩施市太阳河乡《村规民约》。

⑤ 选摘自贵州省黔西县扯泥村的《扯泥村村庄整治"八要八不要"村规民约》。

保障河道清洁的义务。”①

图5－8　表现为“三字经”形式的乡规民约②

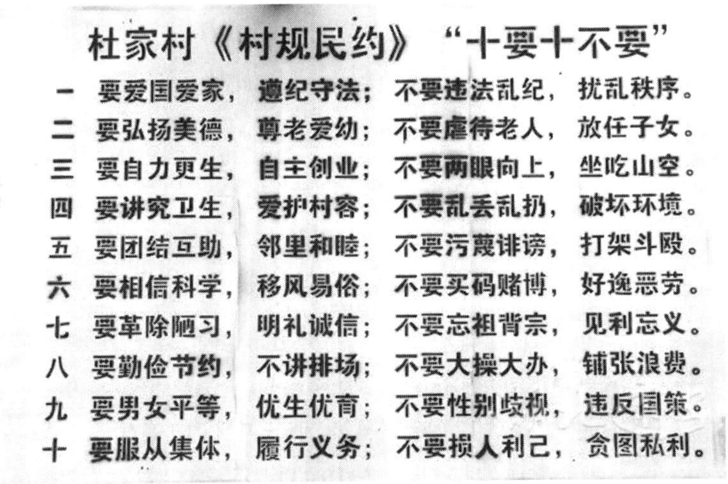

图5－9　表现为句式对仗的“十要十不要”乡规民约③

---

①　选摘自贵州省铜仁市碧江区和平乡和平社区的《和平社区河道管理保护村规民约》。

②　图片来自《刑台南寺郭村：“三字经”约出乡村文明风》，载河北文明网 2017 年 1 月 26 日，http：//www. hbjswm. gov. cn/zt/yfys/dx/201702/t20170220_ 4067651. shtml。

③　图片来自三峡宜昌网，http：//www. cn3x. com. cn，2017 年 3 月 9 日访问。

图5-10 表现为相对规范化语言形式的乡规民约①

此外，还有一些特殊的语言表现形式的村规民约，例如，云南省普洱市思茅区倚象镇下寨村的村规民约就以当地方言的形式表现出来，通俗易懂，引人向善，贴近村民生活，显得很亲民，比较有特色。下面就是该村的村规民约：

倚象镇下寨村村规民约

第一条：没有共产党就没有新中国，我们要爱党，跟党走，爱家乡，爱集体。

第二条：公家叫做呢事赶紧做，有什么事情么先跟村干部跟领导说，不要来一来就一大窝呢闹，问题解决不了还违法。

第三条：寨子是大家呢，每个月 1 号那天叫打扫卫生么，家家动着点，老实忙么一家来一个就得啦，半亩三公田的寨子每个月扫扫就不会脏了，不来么开会被点名批评害羞呢，还得交 50 块么更是划不着。

第四条：不管在家还是出克，火么不要乱烧，电么不要乱摸，啊个水塘塘么不要得不得克跳，单个生命要认得爱惜。

① 图片来自《内蒙古包头推进“十个全覆盖”带来美丽乡村巨变》，载中国文明网 2016 年 11 月 23 日，http://gz.wenming.cn/china_Towns/Towns_yaowen/201611/t20161123_3901379.shtml。

第五条：有病么要克医院瞧，装神弄鬼要不得，法轮功么不要练，封建迷信活动不消信。

第六条：红白喜事么节约点，铺张浪费么划不着。姑娘儿子到年纪再结婚，两口子么要好好过，小娃娃么不要来不来就砸，单个呢爹妈要好好领。

第七条：小组开会么跑着点，单个呢利益要发言呢。有什么会上说，不要背后叽里咕噜嚼舌根影响团结喃。不克开会么有什么好处都革人家拿克。单个还憨包撸粗呢瞧电视，第二天想想一个星期早点钱又不有了。

第八条：不是单个呢东西不要克拿，看见瞧着呢东西不要眼红，不要克砸，不然抓着么害羞喃。

第九条：一个寨子呢人么和和气气呢，啊个酒喝不得少喝些，喝喝一个瞧不着一个，整克整来又要干架；大家在一起是缘份喃，哪家有事么克帮着点。

第十条：集体捏东西不要克占用，公共设施、文化活动室大家要认得爱护。

第十一条：水头林大家打伙保护好，不要乱砍乱找乱建。

第十二条：这个是大家一起讨论出来捏，以后就这种做了，一个监督一个点，这种我们寨子才会好过呐！

签字：

倚象镇下寨村委会

2018 年 12 月 01 日

在少数民族地区，还会有双语村规民约或当地通用少数民族语言文字的村规民约，图 5 - 11 就是青海省黄南藏族自治州尖扎县某村的藏文版村规民约。

这些灵活多样的行文方式和语言表现形式，使得乡规民约易宣传、易普及，乡民们也易接受、易记忆，这是现代乡规民约在发展普及过程中表现出的自然特色，体现出民间的智慧。

图5-11　青海省黄南藏族自治州尖扎县某村的藏文版村规民约①

5.1.2.3　结构形式

因乡规民约类型多样，包括村民自治章程、村规民约、红白理事会议事章程、风俗习惯以及其他民间规约，因而乡规民约的结构形式也呈多样化。

（1）以村民自治章程为例，各村的村民自治章程往往分章节就本村村民的自治内容进行规定。第一章一般涉及本章程的目的、法律依据、章程制定的合法性等内容。从第二章开始的主要章节中，规定本村村民自治的相关内容，如村民组织、公共事务管理、公益事业管理、社会治安、土地管理、行政事务管理、财务管理等内容。最后是附则，涉及章程的执行、修订、施行日期等。例如，陕西省安康市旬阳县为了各村制定的村民自治章程在形式上具有相对规范性，于是制作“旬阳县村民自治章程（示范文本）”，以供辖区各村制定村民自治章程时参考。在该示范文本中，第一章为“总则”，内容为制定村民自治章程的法律依据、章程的性质、中国共产党对村民自治的领导和保障；第二章是“村民组织”，主要有四节内容，即村民会议和村民代表会议、村民委员会、村民监督委员会、村民小组；第三章是“经济管理”，分为土地管理、农业生产、集体资产和集体经济三节；第四章是社会管理，包括社会治安、村风民俗、婚姻家庭三节内容；第五章是公共事业管理，一

① 图片来自《推进乡规民约（草案）巩固民族团结新成效》，载尖扎新闻网2014年7月1日，http：//www.jianzhanews.com/system/2014/07/01/011439725.shtml。

共有三条内容，没有分小节；第六章为“附则”，包括章程内容如与法律、法规相抵触，则依照法律、法规的规定执行，村委会就章程执行情况作出年度总结并向村民会议和村民代表会议报告，章程的修订，章程的施行时间。

（2）以村规民约为例，根据民政部等七部门《关于做好村规民约和居民公约工作的指导意见》，村规民约的组成包括名称、正文、审议主体、日期四部分。

首先是名称。村规民约的名称往往是村名加上“村规民约”四字，如《××村村规民约》，以表明这是某村的村规民约。

其次是村规民约的正文。除了上文提到的三字经、四字诀、五字言、七字语、顺口溜、山歌民歌以及对仗句式等形式，大部分村规民约的正文采取结构式和条款式。结构式村规民约往往将村规民约的内容分为几个组成部分，如分为乡村治安、村风民俗、相邻关系、婚姻家庭等组成部分，或者分为总则、社会治安综合管理、赡养老人及相邻关系、房屋规划建设、奖惩等组成部分，每个组成部分下均制定有与本部分主题相符的条文规范。条款式村规民约则不按照内容分为若干组成部分，而是将本村规民约所要包含的正文内容分条款作出规定，直接由这些条款按序排列，组成正文。

再次是审议主体。审议主体放在正文之后，因为村规民约是由村民会议制定的，因而，审议主体应为“××村村民会议”。实践中有些村规民约将审议主体写为“××村村委会”，这显然是不正确的。

最后是日期。日期为实施生效的时间。应当在村规民约中明确其实施生效时间，以便村民知晓执行。

实践中，有的村规民约会在名称后、正文前有一段引言，说明其立约目的、合法性根据及其效力范围。

在立约目的上，一方面是为了贯彻执行国家法律政策，其一般表述的关键词大多会出现“热爱祖国、热爱中国共产党、热爱集体”“学法、知法、守法”“村民自治”等。这些词汇充分体现出乡规民约与国家政权意志具有密切关系，通过具体的规约内容不断地促进民主法治建设，提高农村自我治理水平。另一方面，制定村规民约的目的还在于满足新时代农村建设的需要，其基本的表述会出现“革除陋习”“乡风文明”“环境美好”“和谐发展”等词汇，改善自身生活环境、增进邻里关系、提升精神文明是全体村民对理想新农村的畅想，也是新农村建设的目标。这两个方面，前者形象地从国家层面表达出对新农村建设寄予的殷切希望，后者则是从村民本身的追求出发，表达了开创美好生活的愿望，两者反映了国家与村民在实现农村治理上目标的一致性。

村规民约的合法性根据一般通过两个方面表现出来，一方面是指出制定村规民约的法律依据；另一方面明确该村规民约是经村民会议表决通过的。村规民约一般都是根据“国家法律法规”“相关政策性文件”制定而成，体现出村规民约与国家法精神的内在统一性。这使得村规民约在本质上可以沿着民主法治化方向发展，依法制定也有助于体现村规民约的正当性与权威性。另外，有的村规民约在引言中会说明其是“经全体村民讨论通过”或者是“经全村户代表会一致通过”，这类表述表明了村规民约是由村民自己制定的，符合法律对制定村规民约的程序要求。《村民委员会组织法》规定村规民约应当由村民会议制定或修改，这在制定主体上才合法，有的村规民约在引言中指出是“经村民委员会全体讨论通过”，然而村民委员会是组织实施村规民约的主体，而非制定村规民约的主体。

效力范围主要是村规民约实施生效的空间范围和对人的效力范围，一般表述为“本村全体村民应遵照执行”“对本村全体村民有效”等字眼。从村规民约效力的空间范围上看，就是制定该村规民约的村子，实践中往往以一个行政村为主体制定村规民约，对该行政村中的全体自然村都适用。对人的效力范围上，村规民约由全体村民召开村民会议讨论通过或者村民代表大会协商通过，因而其效力适用于全体村民。

图 5－12 为浙江省杭州市余杭区崇贤街道龙旋村村规民约的引言，该引言表述为“为切实加强村民自治，全面推进新农村建设，实现村民自我管理、自我规范、自我教育和自我约束，依据《中华人民共和国宪法》《中华人民共和国村民委员会组织法》等法律法规，特制定本村《村规民约》。全体村民须切实遵守，相互督促，共同弘扬公德、推进和谐、优化环境、保障平安、促进发展，共建文明富裕美好新龙旋。”这段引言中，该村规民约的立约目的为“为切实加强村民自治，全面推进新农村建设，实现村民自我管理、自我规范、自我教育和自我约束”；合法性根据为“依据《中华人民共和国宪法》《中华人民共和国村民委员会组织法》等法律法规”；效力范围中适用的空间范围为“本村”，对人的效力范围为“全体村民”。

图 5－12　浙江省杭州市余杭区崇贤街道龙旋村村规民约的引言①

5.1.3　乡规民约的内容

乡规民约的内容融合了情与法，表述中也会出现大量与“用情”“说理”“讲法”相关的词语，凸显了传统德治与现代民主法治的融合。传统乡规民约的内容主要是“德业相劝、过失相规、礼俗相交、患难相恤”，以此引人向善，而现代乡规民约的内容变得更具多样化。正如前文提到的调研结果所示，乡规民约的内容涵盖“村容村貌”（占比 74.4%）、“计划生育”（占比 66.3%）、“环境保护”（占比 61.6%）、“乡村治安”（占比 57.5%）、“纠纷解决”（占比 53.4%）、“村民品行道德”（占比 51.8%）、“村风民俗”（占比 51.8）、“村民权利义务”（占比 51.5%）、“邻里关系”（占比 51.2%）、“乡村民主建设”（48.2%）、“婚丧嫁娶”（占比 45.8%）、“宅基地”（37.6%）、“经济利益分配”（34.2%）、“违反乡规民约的责任承

① 图片来自浙江省杭州市余杭区官方微博“余杭发布”。

担”（32.4%）、“家庭内部关系”（28.2%）等内容。乡规民约的这些内容主要是对乡民行为进行引导，包括倡行良善的村风民俗、构建和谐的社会秩序、保护丰富的自然资源、形成整洁的村容村貌、违反乡规民约的责任承担等。

5.1.3.1 倡行良善的村风民俗

促进村风民俗良善向上是乡规民约的目的之一，因而，乡规民约在内容上引导乡民行为，倡行乡民向善。如乡规民约对婚姻家庭、邻里关系、风俗习惯等方面的规定，倡导家庭和睦、邻里团结、移风易俗、破除封建迷信等。

婚姻家庭方面，乡规民约一般倡导建立和睦的家庭关系。首先，规定婚姻自由。反对包办婚姻，婚姻由本人自己做主。其次，规定男女平等。在婚姻家庭关系中，倡导乡民要夫妻平等，夫妻共同承担家务劳动；禁止歧视女性，对没有经济收入的妻子应平等对待，严禁遗弃、虐待女婴、女童，不得剥夺已婚女子的合法继承权；反对家庭暴力。再次，应当尊老爱幼。在“尊老”方面，尊重老人，子女要赡养老人，不得歧视、虐待老人，不准子女强制分老人的财产。有些乡规民约规定的细致且具有可操作性，例如，“丧失劳动力的老人，由子女负责供给口粮。每个老人每年不得低于500斤（其中小麦400斤、玉米100斤、花生油20斤，给大米者一斤大米顶两斤玉米），给付的口粮要干燥、洁净，由赡养人送到老人家中”；“老人家的烧草由赡养人送到老人住处，每月供给柴草不少于200斤”；“村委在每年的九九老人节期间对年满60周岁的老人根据村经济发展情况统一发放一定福利。过生日时，村委发给100元作为生日礼物”；“子女应共同商议如何给老人生活补贴，及医疗费用和赡养费等费用，照顾好老人晚年生活起居。如商议不成，可由村调解委员会调解，达成赡养协议书”等。在“爱幼”方面，爱护青少年，让子女接受义务教育，对有未满16岁的子女辍学务农经商的，对其家长进行批评教育，并督促其子女完成学业，对有子女上大学的家庭给予物质奖励。

邻里关系方面，村民应和睦相处，建立良好邻里关系，树立依法维权意识。

风俗习惯方面，移风易俗，接受基本道德教育，提倡社会主义精神文明，树立良好民风、村风，反对封建迷信。简办红白喜事，禁止铺张浪费，破除陈规旧俗，提倡厚养薄葬，提倡生态安葬。

5.1.3.2 构建和谐的社会秩序

形成有序的社会秩序是乡规民约的目的之一，因而，乡规民约中规定了维护社会治安、形成和谐有序的善治乡村，如禁止打架斗殴、酗酒滋事、黄赌毒、哄抢他人财物等违法行为，合理解决纠纷，重视村庄防火管理和教育等。

这方面的内容主要有：村民应遵守国家法律法规，诚实守信，团结有爱，自觉维护社会秩序和公共安全，爱护公共财产，不得损坏水利、道路交通、供电、通信、生产等公共设施，严禁损害他人庄稼；不参加邪教和非法宗教组织及其活动，不造谣惑众，不诽谤他人，不打架斗殴，不酗酒滋事，严禁赌博、吸毒、贩卖毒品、私种罂粟；村民之间发生纠纷应平等协商解决，协商不成的可申请村人民调解委员会调解，或向法院起诉。

5.1.3.3 保护自然资源

农业自然资源的保护和合理利用，关系着农业经济的可持续发展和农村社会的进步，乡规民约从自然资源保护和管理等诸多方面予以规定，如乡规民约规定合理使用水资源、保护农田耕地、禁止滥砍滥伐、封山育林、保护野生动植物、森林草原防火等。农村自然资源的保护是一个复杂的工程，要明确保护责任，构建保护体系。在社区参与保护自然资源的模式下，农村社区进入自然资源保护的体系中，村庄和村民成为保护自然资源的主体。这种模式下，村庄负有保护自然资源的责任，同时能够调动村民的积极性，将利用和保护相结合，自然资源保护与农村经济发展相统一。为了履行好保护责任，将自然资源保护写进本村村规民约或者制定专门的乡规民约对自然资源予以保护就成为普遍性做法，以乡规民约规范村民行为，转变村民意识，进而达到保护目的。有些乡村制定了专门的乡规民约以保护自然资源，比如《××村护水公约》《××村水源保护村规民约》《××村护山公约》等。此外，有些地方政府也建议将自然资源保护的内容写入村规民约中。例如，《河北省农业农村污染治理攻坚战实施方案》提出“将饮用水水源保护要求和村民应承担的保护责任纳入村规民约”；《钦州市饮用水水源保护条例》建议将爱护农村饮水工程设施、饮用水水源，制止、举报影响饮用水水源安全的行为等纳入村规民约和居民公约。

5.1.3.4 改善村容村貌

美丽乡村的建设包括乡村基础设施建设的完善、乡村生态环境的改善、农业产业转型的升级和精神文化生活的提升，村容村貌的改善是建设美丽乡村的必然要求。为了形成良好的村容村貌，乡规民约中关于改善村容村貌的内容一般包括爱护村公共卫生，积极引导村民妥善处理生活垃圾、病死禽畜、废水粪便，爱护乡村道路等公共设施，禁止农田焚烧秸秆、禁止农药化肥过度使用等。具体的乡规民约内容，比如："死禽、死畜要挖坑深埋，作无害化处理，生活垃圾要集中到村公共垃圾池。发现多数家禽家畜得病，要及时向村委会报告，以防发生大面积的疫情。猪圈、牛栏、厕所要勤清理，以免臭气、脏水污染环境。要注意饮食卫生，以防病从口入。禁止在集体和农户房屋外墙乱贴乱涂广告，应当保持整洁。粮作物收获季节严禁焚烧秸秆。""防止白色污染，尽量少用可降解塑料袋，禁止使用不可降解塑料袋，禁止使用无磷洗衣粉。""实行卫生三包制度，搞好房前屋后的绿化，并保持周边环境的整洁。"……这些内容改善了村容村貌，营造了乡村美丽环境，有利于实现村庄整洁，村风文明。

5.1.3.5 违反乡规民约的责任承担

乡规民约的约束力主要来自乡民对其的认同，因而，在违反乡规民约时，乡民会自觉接受乡规民约的处罚，承担相应的责任。乡规民约中所涉及的责任承担方式主要有：予以批评教育，责令改正；赔礼道歉；要求写出悔过书；对违反规约的行为在村内进行公示或通报；责令恢复原状或作价赔偿；取消享受或者暂缓享受村里的优惠待遇等。实践中乡规民约关于违反该规约的处理方式，有的规定为："凡违反本规约的，除触犯有关法律应由政府有关部门实施行政处罚和司法机关追究刑事责任外，村民委员会有权根据客观事实和本规约第三条的规定，酌情对行为人作出相应的处理决定。""对损坏村集体财物、设施的行为人，责令恢复原状或赔偿损失。对拒不恢复原状或赔偿损失的，则在村公开栏上公示违反本规约的行为（或通过村广播向全村通报），并以村经济合作社（或村民委员会）的名义报请政府有关部门处理或向人民法院起诉。"……

除以上几方面的内容外，有的乡规民约将依法使用宅基地、扫黑除恶等内容包括在内，这体现出乡规民约的建设与法律和政策相符合，并使乡村治理跟上时代的步伐。另外，有的乡规民约涉及内容特别细致具体，比如，“孩子之间发生冲突，家长首先教导自家孩子；注意呵护孩子自尊，避免在公共场合责罚孩子”，以达到从对具体行为的规范到引导乡民思想转变的目的。

乡规民约具有浓厚的地方乡土气息，体现村民的自治需求，主要目的是树立农村乡风文明的新形象，提高农业生产力的发展，使得乡民生活富裕美好。乡规民约的内容也是围绕这样一个目标设定的。

5.1.4　乡规民约的特征

5.1.4.1　适用范围的地域性和效力范围的有限性

地域性是乡规民约最具有代表性的特点。村庄作为熟人社会的圈子，是由相对熟悉的人组成的，每座村庄俨然是一个自成体系的生活共同体，在这种环境下，乡规民约的适用范围自发地具有一定的地域性，适用对象具有有限性，具体来说，乡规民约主要在相对熟悉的成员形成的关系域内发挥作用，这一关系域往往也受地域的限制，一旦超出特定的地域范围，乡规民约便失去其原本所具有的约束效力。

由于乡村环境的差异，不同的乡村环境体现出不同的地方乡土特色，所谓“百里不同风，千里不同俗”，每个村庄坐落的地理位置有差异，地域范围有限，人口规模也有大有小，再加上各个村庄文化氛围不同，不同地域间形成的乡规民约因上述各种因素的影响而在内容上表现出差别。由于乡规民约是由一定范围内的乡民为了规范其生产生活自生而成的，是村民根据村中的实际情况共同商议制定出来的，与本地区农村社会发展现状以及社会风俗习惯相适应，而不具有普适性，在农村现实生活中，某个村的乡规民约不一定适合其他村庄的现实需要。因此，乡规民约的制定不能一股脑儿地照搬他村的内容，而要做到“量体裁衣”。

我国农村社会受国家政策发展、经济发展水平、所处时代环境以及不同文化背景等因素的影响，不同时期、不同地域的乡规民约的诞生和发展均有所不同，安土重迁思想增强了乡规民约的地域差异性，也铺就了乡土文化中的地缘和血缘情结。正是由于地域差异性的存在，每个村庄得以形成自己特有的乡规民约，体现出村庄之间多样化的风貌习俗。这有利于乡规民约作用的发挥，但这也使得乡规民约有不容忽视的局限性，即它的影响范围被局限在较小的范围内。

乡规民约的有限性还表现在乡规民约效力的有限性。乡规民约不得与国家法律法规相抵触，当其内容与国家法律法规发生冲突时，应以国家法律法规为准。另外，乡规民约的效力还体现在其对村民的约束手段上，倡导性的舆论约束规范性不强，而且，随着现代化建设的不断发展，我国城镇化率快速提高，农村人口大量涌向城市，进城的村民受到的乡规民约的约束力也越来越小。

从适用范围的地域性和效力范围的有限性上来看，乡规民约能够弥补不同情形下国家“一视同仁”做法的不足，做到因地、因人制宜，但其作用发挥确实也非常受限。

5.1.4.2　乡规民约形成的内生性和律己性

从乡规民约的形成来看，其所具有的内生性和律己性与其发展是相生相伴的。具体而言，内生性首先表现在乡规民约的形成方式上。乡规民约是乡民在日常农业生产生活中，从自身的实际需要考虑而制定，而非受到外界的强迫或其他因素介入而妥协产生的，因而较为贴切地反映出乡民的真实需求，是依据全体乡民共同期望而形成的一种规范。在形成过程中，乡民可以更好地彼此交流、沟通与协作，所具有的归属感和成就感也就更大。此外，内生性还体现在了乡规民约的自治性之中，通过引导乡民积极参与制定乡规民约的过程，推动基层民主社会的治理，进而产生质量更高、更有效的乡规民约。

律己性的前提和保障是内生性，而律己性又是内生性所要达到的效果。正是因为乡规民约遵循地方村社的的乡风习俗，契合乡村的实际情况，因而乡规民约才能为乡民承认和接纳，乡民才能够认可和信赖自己参与制定的乡规民约，且乐于自觉遵守，依照乡规民约去从事生产生活，这也使得一个村庄的向心力得到极大程度提高。从这一方面来说，乡规民约自诞生之初就伴随着律己性。因为它依靠村民自身的文化素质、思想价值观念、社会舆论压力等的作用去实现乡规民约在农村社会生活中的价值。

乡规民约不具有内生性是注定会遭遇排斥的，乡规民约若不能实现村民的律己性也终将沦为花瓶式的摆设。

5.1.4.3 乡规民约是稳定性与变动性的统一

乡规民约制定后在某一阶段会保持相对不变，但这种不变只是暂时的静止，而变动的发展却是乡规民约在不断完善、进步过程中的必经之路。如同哲学上的静止与运动，乡规民约的稳定性只是相对的静止，变动性却是事物发展永恒不变的定律。乡规民约体现村民自身利益的需求，是对日常生产生活中的经验教训的总结，其稳定性主要体现在自制定完成后，乡规民约可以在一段时间内保持内容固定不变，为乡村的秩序维护和整体发展带来积极效应。正因如此，乡规民约制定后成为乡民心中信任的行为规范，引导乡民价值取向，很少进行大规模变动。但是，在当前国家改革力度逐渐加大的背景下，为了促进国家和社会发展，国家出台各类政策文件、颁布实施各项法律法规，这对乡村的建设和发展产生了巨大影响，乡规民约身处这种时代环境下也须不断调整自身内容，这是与时俱进的表现。虽然乡规民约是在继承传统风俗习惯并结合时代发展要求的基础上，由全体乡民集体商议制定，而且其与国家法律法规各自适用的领域范围存在差异，但是，乡规民约必须符合国家法，国家法也须尊重乡规民约，国家法律不可能在乡村社会治理中完全取代乡规民约。为了促进农村社会发展，乡规民约必须紧跟时代步伐，及时进行必要的修改和补充，以适应农村社会发展的需要，这样才能更健全、更完善，也才能更好地发挥其应有的积极作用，保持村民自治旺盛的生命力。

5.2 现代乡规民约的形成机理

5.2.1 我国传统文化对现代乡规民约形成的影响

我国是一个具有悠久历史文化传统的国家，五千年的历史长河为中华文明汇聚了磅礴之力，从夏商周到元明清，青铜瓷器、诗歌戏曲无不彰显着中国传统文化的璀璨。其中，从春秋战国时期的诸子百家到汉武帝时期的独尊儒术，逐渐使得中国古代社会的统治者对儒家思想倍加推崇，而儒家文化也因此在中国传统文化中处于绝对统治地位。在封建社会中，长期的儒家文化教育，使得人们在耳濡目染中逐渐接受儒家思想，并深深地融入这种文化氛围之中。中国传统儒家文化一方面展现出极强的“仁”性光辉；另一方面也十分崇尚“礼”，讲究“中庸”之道，“礼之用，和为贵”，以“礼”构建人与人之间的和顺关系。由此，传统乡规民约集中体现和表达了以儒家思想为代表的中国传统文化，以仁、义、礼、智影响人们的行为，引导人们向善，使得传统乡规民约在中国古代社会的乡村治理中长时间发挥着其独特的作用。

经历了几千年的传承，现代社会中，作为精神支撑的传统文化仍旧对中国社会有着深刻的影响。传统文化的继承是一个“扬弃”的过程，取其精华，去其糟粕，让那些融入血液的优秀传统文化得到继续传承，不仅是群众的需要，也是文化发展连续性的要求。因此，在以法律构建社会良序的当代中国社会，一方面需要强调社会治理法治化，强调社会的理性；另一方面，儒家思想构筑的基本文化道德仍然是人们行为的道德评价标准。其中，基层乡村的社会治理也不例外，既要加强法治化，推动乡村社会的法治宣传，也要积极推进现代乡规民约的发展，使其在法治精神的引领下，以优秀传统文化为“魂”，以现代法治理念为“基”，有效地将法治社会中的现代先进理念与传统社会中的文化精髓合二为一。

此外，一方面随着社会主义法治的推进，人们对于法律的信仰有了进一步提升；另一方面由于中国历史上长期处于人治的状态，使得社会认可的价值包含大量的人伦情分，人们在日常交往中默契地遵守着人情法则，社会秩序的维护大多都建立在这些人伦情理之上。“理”即我们在社会生活中所说的道理、公理，是人们在社会行为中的规范或准则，是是非对错的衡量标准，其中不仅包括法律等行为规范，也包含着人们遵守的诸多民间行为规则，这就需要我们对两者正确看待、准确定位，将“情”与“理”融入乡规民约，使得传统的优秀文化不至于埋没，能紧跟现代社会发展的节奏和步伐。

5.2.2　政治层面对乡规民约形成的影响

政治就是一种社会治理行为，它把国家作为自己治理的对象，采取多种措施去解决国家发展所遇到的各种问题，巩固和维护统治阶级的利益。政治统治总是建立在经济统治之上，同时经济统治又必须为政治统治保驾护航，国家政治本质上是一种为维护在经济上占统治地位阶级利益服务的社会治理行为。无论是古代中国还是现代中国，乡村地区社会秩序的稳定都是我国政权巩固的必要条件，是国家政治运行过程中不容忽视的地方，也是维护国家稳定的关键。乡村地区的治理不能只重视部分区域，而是需要从整体上来考虑。千百年来，广大的乡村地区通过乡规民约这种方式实现基层社会的治理，这就使得乡规民约在统治者眼中变得更加重要，而在现代社会中，我国的乡规民约作为基层社会治理规范，也势必要受到来自国家层面的影响。作为社会治理的一项重要组成部分，乡规民约总是要随着时代变迁而不断更新自己的内容，以使其更加符合国家发展的要求，实现维护稳定、巩固统治的最终目标。

中国传统社会经历了数千年的封建专制统治，长久的集权统治对社会产生了巨大影响，封建统治阶级为巩固自己的统治地位，往往会采取各种政治、经济、文化措施以实现社会的稳定。这种政治统治的需要为各种学说、思想提供了展示平台，其中儒家思想在这场争斗中拔得头筹，成为维护封建专制统治的显学。儒家思想兼收并蓄，杂学百家，宣扬“君权神授”，忠君思想，使得社会意识形态逐渐实现了统一，迎合了封建国家的政治需求。儒家思想对乡规民约的制定与执行产生了极大的影响，引人向善，兴利除害，居官举职，忠于王事，将乡村稳定与国家统治相结合，维护中国古代乡村社会秩序的稳定。

随着中国的社会主义基本制度的建立，国家需要一种方式去宣传、落实国家的各项方针政策，以维护国家与人民的利益。面对居住在农村的庞大村民群体，国家更加需要一种合理的处置措施，这就使得乡规民约在现代乡村社会中仍然存在其独特的治理价值。改革开放以来，乡规民约所具有的特殊的化解社会矛盾的作用引起了国家重视，虽然传统乡规民约所维护的封建专制主义已彻底消失，但现代乡规民约仍然作为一种维系社会稳定的基本道德规范而存在。现代乡规民约所涉及的文化需求、经济目标、发展方向等内容都与国家相关发展要求相同，为村民理解国家的各项政策提供了便利，使得国家的各项政策能够在基层得到顺利执行。国家需要乡规民约在保持稳定性的同时也要积极适应时代发展，及时传达党和国家的各项政策，发挥乡民治理乡村的积极性，推动乡村依法治理。

此外，国家对于乡规民约的发展具有引导和监督作用。国家从宏观层面合理指导村民制定与本村实际情况相符的乡规民约，从而进一步推动新农村建设。同时，国家对乡规民约建设优秀的村庄进行宣传，以引导其他村庄的乡规民约建设，使现代乡规民约的内容、思想、发展等都紧密的和国家发展相联系，团结每一股社会发展的力量。

5.2.3 经济方面对乡规民约形成的影响

在数千年的封建社会中，中国的经济模式一直是以家庭为劳作单位的小农经济模式。小农经济最主要的作用就是满足家庭生活需要以及缴纳赋税。小农经济模式下，农民的生产自主性得到一定释放，生产积极性也在一定程度上提高。但小农经济也有其不足，主要表现为生产资料分散，生产规模较小，难以储存较多的粮食，具有不稳定性，抵御天灾人祸的能力薄弱。加上古时道路崎岖，交通条件极其不便，严重限制了商业活动范围，且当时的社会多采用“重农抑商”政策，商人处于社会下层，地位得不到保障，这就使得商业活动对于小农经济的救助作用较小，不能弥补小农经济抗风险性不足的缺点。

当人们在遭遇天灾人祸时，往往出现成片联村的逃荒。多灾多难的背景下使得人们在面临危机时往往会以血缘和地缘关系为基础自发形成一个互相帮助的小圈子以维系生存。小农经济的生产方式不仅在一定程度上禁锢了农民的思想，也导致他们在抵御风险上处于弱势地位。因此，为维护好这种脆弱的圈子，人们需要一种圈子内成员普遍遵守的规则，这个规则要能够为成员们认可和信服，自然地，传统文化中包含宗教、道德、习俗、律法等诸多规范的“礼”逐步成为维护社会秩序的规则，从而使得“礼”这种规范在整个封建社会起到重要的作用。“礼”正是通过各式各样的风俗、习惯、规约，将人们的要求表现出来，树立成传统小农经济社会不可违背的生活规则，约束着人们的生活行为，达到治理乡村社会的目的。

随着社会的发展，小农经济模式越来越不适应社会发展的需要，逐渐被商品经济所取代，迫使我国经济模式不得不作出改变，利用市场调节对资源进行合理分配。市场经济体制下的各行各业的竞争者使出浑身解数争抢商品销售所带来的利润，但无序的竞争环境却不利于商品经济的发展，需要建立规则去约束市场经济的参与者。社会主体呈现出的多元化发展特征，使得社会的价值判断产生差别。因此对于不同的社会主体，就需要采用不同的社会治理模式。从经济层面来看，市场经济下的城市和家庭联产承包制下的农村也需要适用不同的治理模式。在农村基层社会自治中，村民根据发展需要，结合本村实际，考虑到广大村民的利益，制定符合时代要求的乡村民约，规范村民的行为，促使传统民间规则顺应市场经济的发展，主动吸纳先进的思想，以更好地维护现代乡村的社会秩序。

5.2.4　社会环境对乡规民约形成的影响

传统乡规民约往往是在族老乡绅的主导下制定的，其他村民很少参与制定乡规民约的过程，只须遵守已成文的规约即可。在现代社会环境下，随着人们权利意识的觉醒，普通乡民更有意愿行使自己的权利，以维护自身利益，因而村民们逐渐意识到参与制定乡规民约的重要性，现代乡规民约因而也更能反映基层民众的利益需求。在普遍实行村民自治环境下的现代农村，普通村民可以通过各种途径参与村庄建设和发展，村民积极参与自我管理、自我服务，村民权利更能得到切实保障。在社会主义法治建设的背景下，乡规民约作为一种社会治理规范，将其纳入法治建设的轨道，与国家法律有机结合，有利于村民合法权益的切实保障，从而进一步推进农村基层社会的法治化治理。农村社会发展所处时代的大环境和村庄形成的小环境同时影响乡规民约的内容和其制定方式，乡规民约内容中所反映的时代思想、政府政策、法律内涵、生产需求、生活日常等正是社会环境对乡规民约内容的影响。乡规民约采取何种制定方式和程序，是否能够反映乡民需求，是否能够保障乡民权益，也是大环境和小环境共同影响的结果。另外，乡规民约作为区域化治理的行为规范，村民参与积极性的高低直接决定了基层社会治理的成败。鼓励村民参与乡规民约的制定修改，农村社会才会逐步形成一个良好的自治氛围。

乡规民约作为约束村民行为的民间社会规范具有一定的稳定性，但这并不意味着乡规民约是一成不变的。社会是在不断变化的，新文化、新思想、新体制等诸多内容也随着时代发展而不断诞生，因此，新的社会风尚对于乡规民约也具有一定的引领作用。社会环境影响乡规民约的内容，社会环境的变化也会促使乡规民约内容的变化。一味固守传统的乡规民约只能使其自身止步不前，与时代要求脱节，一个不符合社会前进方向的乡规民约，不仅无法促进乡村社会进一步发展，也不能及时反映村民的利益需求，这样的乡规民约无法得到村民的认可，也无法发挥民间规则在乡村治理中的作用，因此，当社会环境发生变化时，乡规民约也需要做出相应改变，以反映社会发展，及时体现村民切身利益的变化，只有这样，乡规民约才能有效发挥其在基层社会治理中的独特作用。

5.2.5 法律方面对乡规民约形成的影响

法律是依靠国家强制力保障实施的行为规范，对全体社会成员具有约束力，是国家治理依据的正式规则。乡规民约作为一种民间行为规范，对特定区域范围内的村民具有约束力，是乡村治理中的非正式规则。二者的相同之处在于，法律和乡规民约都追求社会秩序的稳定，促进社会发展；二者的不同之处在于，法律是依靠国家强制力保障实施的，而乡规民约是村民自治的体现，属于“软性”约束。社会治理中需要法律与乡规民约共同发挥作用，若乡规民约不能与法律协调统一，乡民会无所适从，也会导致乡村社会秩序的混乱，法律和乡规民约也无法有效地在各自领域内发挥作用。

法律应当保障人民利益，符合社会发展的需要。乡规民约作为基层社会治理的规范，不仅肩负着维护乡村秩序的重任，也要引领农村发展的方向。为了使法律和乡规民约能够协调统一地发挥各自在社会治理中的作用，一方面需要乡规民约在制定过程中充分考虑国家法律规定的各项社会发展目标，使之有效地融入乡村社会发展之中；另一方面，需要法律从宏观层面调控乡村社会秩序，从而保障乡村社会的自治环境。由此，通过法律与乡规民约的共同治理，将国家的未来与乡村的未来相统一，从而合力促进新农村建设不断发展。

此外，法律属于国家制定的规范，效力及于全体社会成员，在执行上具有强制效力，违法者应当承担法律责任；乡规民约作为区域性的民间规则，没有强制效力，违规者承担的责任要视乡规民约的具体规定而言。随着社会主义法治的发展，乡规民约作为法律认可的民间治理规范，其运行受到法律保障，对违规者的处罚措施有了多种形式，这就使得乡规民约的违规成本被提高。如果乡规民约施行过程中的保障机制不健全，就无法保证其施行的效果，其约束的范围也会缩小。法律作为乡规民约的强大后盾，不仅是对乡规民约有效施行的保障，也体现国家对于乡规民约的支持。推进乡村法治化治理进程，可以保障乡规民约有效推动乡村社会的健康发展。

虽然乡规民约是由村民制定的，体现乡村治理的村民自治性，但乡规民约不能脱离法律制约，应具有合法性。法律保障乡规民约的运行，但如果乡规民约的具体内容与法律相冲突，则应以法律规定为依据进行修改，否则不能发挥其民间规范的作用。因此，乡规民约在制定的过程中必须受法律约束，符合国家法的规定、原则和精神，使其不至于脱离法治化轨道。保证乡规民约的合法性，才能从根本上保证其有效性，以促进乡规民约的健康运行，实现其社会治理功能。

5.3　现代乡规民约的运行机制

在历经千年的发展之后，乡规民约在现代农村社会展现出勃勃生机。现代农村社会治理中，乡规民约作为村民自治的重要手段，自有其生成机理和存在价值，不但有效维护了农村基层社会秩序，同时也推动了农村社会的法治建设。那么，现代乡规民约是如何运行的呢？经研究发现，乡规民约有其运行的内在机制和外在机制。

5.3.1　乡规民约的内在运行机制

乡规民约的内在运行机制是乡规民约在未受到外力作用的情况下，依据其自身所拥有的机理，使其在一定范围内有效地发挥作用并形成基本模式的一种运行机制。内在运行机制一般包含长期形成的普遍价值观、主体内心的尊崇以及自身的惩罚监督机制，往往影响深远。乡规民约的内在运行机制能够调动乡民的积极主动性，如果运行良好的话，乡民对乡规民约的认可度将大大提升，依靠其自觉性主动将其言行纳入乡规民约的治理之中。

5.3.1.1　乡规民约的价值导向机制

现代乡规民约中体现的思想文化包括传统道德文化和当代社会主义核心价值观。我国悠久的传统文化对社会价值观念的形成具有重大影响，尤其是儒家的道德理念。现代乡规民约吸收了优秀儒家文化的精粹部分，例如仁、义、礼、智、信等，成为乡规民约的基本价值理念；社会主义核心价值观的内容为乡规民约带来了时代的气息，凸显了现代社会发展的诸多价值追求。现代乡规民约中的这些文化内涵是乡民们普遍认同的，是乡民的共享文化，意味着其中的价值观念被认可并遵从，影响着乡民对事物的认知和评价，并影响着乡民的行为和活动。

乡规民约的价值导向机制就是协调特定区域人的行为，使诸多生活在一起的个人按照统一的标准实施自己的行为，使乡规民约倡导的价值理念得到落实，维护好乡村生活秩序。乡规民约具有价值导向功能是因为乡规民约的制定主体就是乡民自身，相对独立的个体价值观通过上升逐渐汇集成具有普遍理念的村社价值观。它考虑到了乡民的现实需求，融合了乡村发展的长期规划，使乡规民约中体现的价值观念具有更广泛的群众基础。价值观念、意识形态和文化精神是约束人们思想和引导人们行为的“软性”力量，一种价值观念、意识形态或文化精神一旦形成，就会成为人们的“思维定式”，决定着人们的行为方向，现代乡规民约正是以这样一种方式发挥其价值导向功能。

5.3.1.2　乡规民约的内化传承机制

在社会的发展中，拥有悠久历史的乡规民约是乡村社会精神文明的一部分，它自始至终根植于中国传统文化之中，为乡村社会秩序的维护发挥作用。那些通过口耳相传或是拓印书写流传下来的乡规民约，在历经千百年的发展与演变后，现仍然存在于广大的乡村中，成为乡民言行的模范准则。其根源在于乡规民约已经作为一种文化融于乡村生活的方方面面，深化为乡民的思维方式与为人处世的行为惯例，融化在乡民的血液中。乡规民约制定的目的就是为了引人向善，维护村庄和谐有序，通过教化的方式使得乡民能够按照乡规民约的基本规范行事。

现代乡规民约能够在农村社会治理中发挥作用，其内在运作机制之一就是通过内化传承，使乡民将乡规民约的内容和精神内化于心，外化于行。乡规民约所体现的精神文化世界和价值观念就是乡民们的生活方式，只有从内心接受和认可这种文化价值，这种文化价值才能够真正发挥其激励功能。由于乡规民约反映的是一定区域范围内乡民的共同意愿，因而乡民基于对其的认同所产生的行为并非仅仅源于个人目的的追求，更是一种对集体价值文化的追随或追求，这种集体价值文化是集体中每个人在其成长、生活中日复一日地耳濡目染的，是在以血缘或地缘关系为纽带的社会中浸润的，是乡民们内心里认同的。因而，现代乡规民约无论是长辈对晚辈的言传身教，还是每个人在这种文化氛围中的见闻习染，只有对这些文化和精神从内心里接受，才会实质上影响乡民的行为，乡民也才能主动将其作为一种信仰和信念传承下去。

5.3.1.3　乡规民约的奖惩机制

如同一部良好的法律必须要有惩罚条款的保障，一份好的乡规民约同样需要相应的惩罚措施。适当的惩罚措施可以提高乡规民约的威慑力和存在感，如有的村庄的乡规民约直接规定违反乡规民约减少村民待遇等措施，使得村民能及时约束自己的行为，对乡规民约产生敬畏感。惩戒可以使乡民的行为符合乡规民约，奖励同样可以引导乡民的行为，有时甚至比惩戒起到更好的作用，例如，有的乡规民约规定：“模范带头遵守村规民约，事迹突出的，经村道德评议委员会评议后，在村委会立榜表扬，优先享受各类惠民政策，优先申报上级各类表彰，优先获得各类帮扶救助。”这种奖励措施可以极大地提高乡民的荣誉感，并能够起到很好的示范效应，引导乡民在生产生活中积极遵守乡规民约。随着社会治理法治化的不断加深，现代乡规民约中的鼓励和奖励措施越来越受重视，而惩罚性条款处于逐渐收缩的态势，并且越来越规范，例如，金钱惩罚被写悔过书取代，物质惩罚被口头惩罚取代等，这是因为村庄在现代社会治理中不是享有惩罚权的主体，乡规民约作为民间法不属于公民必须遵守的强制性规范。

村庄的开放性在不断扩大，乡民的流动性也在不断加强，这些都使得乡规民约的约束性逐渐降低，但现代乡规民约在农村基层社会仍然具有强大的生命力，因为村庄的地缘性和血缘性特点仍然没有发生实质性改变，仍然是在有限的地域上由部分熟人组成的生活群落。熟人社会的生存法则要求其成员严格遵守成员们共同约定的行为规则，如果违反该规则将要受到强烈的舆论压力，这是熟人社会中对违反规则者的一种极大的情感惩戒，会让人感到极大的羞耻，甚至在被群体孤立时难以在群体中生存。正是这种情感惩戒约束着乡民的行为，保障着乡规民约的运行，不但发挥了群众参与社会治理的作用，而且推动了现代农村社会依法治理的进程。

5.3.2 乡规民约的外在运行机制

所谓乡规民约的外在机制，指的是除乡规民约本身效用以外的其他能使乡规民约发挥作用的机制，这是一种不能独立存在并发挥效用的机制，需要借助乡规民约本身发挥出“1 +1 >2”的作用。

5.3.2.1 国家力量的推行

现代乡规民约是我国基层乡村治理中重要的民间规范，近年来，国家越来越重视乡规民约在村民自治中的重要作用。自1980年广西河池市合寨村第一次在村民自治中发挥村规民约和封山公约的作用以来，国家开始重新认识乡规民约的社会治理功能，此后，在法律和政策中多次提及乡规民约，以国家的力量自上而下推行乡规民约。

法律方面，《宪法》第24条规定，在涉及加强精神文明建设时，可以在城乡制定和执行各种守则和公约，这里面显然就包括乡规民约；《村民委员会组织法》明确规定在乡村可以制定施行村民自治章程、村规民约等形式的乡规民约；《民法典》规定村民自治章程、村规民约是向村民公布集体财产状况的依据。除了宪法和法律，最高人民法院的司法解释也多次提及乡规民约，主要是用以作为人民调解和法院调解的依据，用以化解矛盾纠纷。

政策方面，国务院1982年首次提出通过乡规民约管护山林，此后，中央一号文件、国务院及其部委的工作通知和意见、党的全国代表大会、中央全会、党和国家领导人的讲话等多次提及乡规民约，努力发挥乡规民约在农村社会治理中的积极作用，推动乡规民约在村民自治中发挥其独特的功能，进而健全“三治”的农村基层社会治理机制。

国家的法律和政策对乡规民约地位和作用的肯定及对乡规民约的推行，成为推动乡规民约运行的重要外在动力。

5.3.2.2 监督机制的助力

乡规民约的运行离不开乡民的监督。乡民对乡规民约的监督主要有两种形式：一为乡民舆论监督；二为村民自治监督。

舆论是一种社会评价，是社会公众对某一事件的观点、意见、态度的表达。舆论监督是通过社会舆论对某一现象进行褒扬或批评，对褒扬的现象予以支持和提倡，而对批评的现象施以压力，促使其改正。舆论监督是一个个单独分散的评价所形成的集合，代表社会多数人的观点，使被评价者感到一种道德压力，促使其从心理和思想上发生转变。乡规民约的约束力主要来自农村社会的舆论监督，社会舆论形成对乡规民约的肯定和支持观念，同时对违反乡规民约的行为进行否定并施以压力。由于乡民生活在一定地域的群体中，一旦受到该群体的舆论否定，则很难在该群体中继续正常生活。这种舆论压力不仅是对违犯规约者的惩罚，更是村民真实参与监督的写照，有力保证了乡规民约的有序运行。

对乡规民约的自治监督主要表现在，为了使乡规民约“既有名又有实”，乡民们成立乡规民约评理会、农民议会、村务公开监督小组、红白事理事会、道德评议会、民主理财小组、禁赌禁毒会等自治监督组织，这些乡民自治组织往往由村中有威信的长者、退休回乡的领导干部、老教师、党员等组成，在乡规民约的基础上行事，以乡规民约为依据，对其执行情况进行监督，涉及村民行为是否合法合规并符合道德伦理价值、村务是否合法并公开、红白事办理是否合规等，都是这些自治监督组织的监督事项。例如，江苏省响水县南河头镇甲村为了推行乡规民约，“成立乡规民约宣传组、规约施行指导组、违约责任督查组和月度履约评议组，负责乡规民约的施行，效果立竿见影”①。这些村民自治组织的监督有效促进了乡规民约的施行，更进一步促进了基层民主建设与经济发展。

① 王伟健、王语、李相全：《乡规民约“约”出好民风》，载《人民日报》2015年8月2日，第10版。

5.3.2.3　其他外在保障和推动机制

国家政策和法律对乡规民约的推行、民间舆论和自治组织的监督是乡规民约运行的两个必不可少的保障和推动措施，除此之外，还有其他各种形式的举措促使人们熟识和遵守乡规民约，各地农村采取各种方式使乡民了解乡规民约、践行乡规民约。

例如，陕西省旬阳县将乡规民约建设与农村法治文化建设相结合，建造宪法广场、法治公园，在广场或公园彰显宪法和法律思想，普及乡规民约。

图 5－13　陕西省旬阳县甘溪镇十字岭村法治宣传广场①

《吕氏乡约》的发源地蓝田县借助本地得天独厚的优势，采取各种手段传承发展乡规民约文化，其中包括：（1）发掘保护吕氏祠堂和家族墓遗址，建成乡土文化教育基地，并在此成立县级“青少年教育基地”，通过古迹文物呈现乡规民约文化具象，通过对青少年的乡土文化教育，培养乡规民约意识。（2）借鉴《吕氏乡约》在乡村治理、纯正乡风方面的经验，实施“百村百约”工程，引导乡村制定《村规民约》，县里制定了符合新时代乡村文明建设需要的《蓝田新乡约》，推动乡村精神文明建设，采取在村头制作《村

① 图片来自笔者调研。

规民约》、《蓝田新乡约》彩绘乡约墙[①]、编制《蓝田县新乡约普及读本》等方式，广为宣传乡规民约。(3) 三里镇的五里头村小学就建在“四吕”读书讲学之地，学校设立历史文化展牌，让学生了解蓝田乡约文化，由吕氏后人带领中小学生诵读乡约和儒学经典，以传承乡约文化精神。(4) 开展乡约大讲堂、道德讲堂，宣讲乡规民约，延续优秀传统；编排秦腔历史剧《吕氏乡约》；将各村践行乡规民约中出现的具有积极意义的事件编成节目，通过巡演的方式宣传乡规民约，以感化教育乡民遵守乡规民约。(5)《吕氏乡约》是“优秀乡贤文化促进乡村治理的成功实践”[②]，将《吕氏乡约》、乡仪认定为西安市非物质文化遗产，列入西安市第五批非物质文化遗产代表性项目名录，并由政府牵头举办《吕氏乡约》文化推广会，以推广乡约文化，引导乡民崇德向善。(6) 成立“王维/四吕文化研究会”[③]，深入研究四吕文化，使其融入乡村治理中，激活群众自觉践行乡约的内生动力，让现代乡规民约引导乡民形成良好民风乡风。

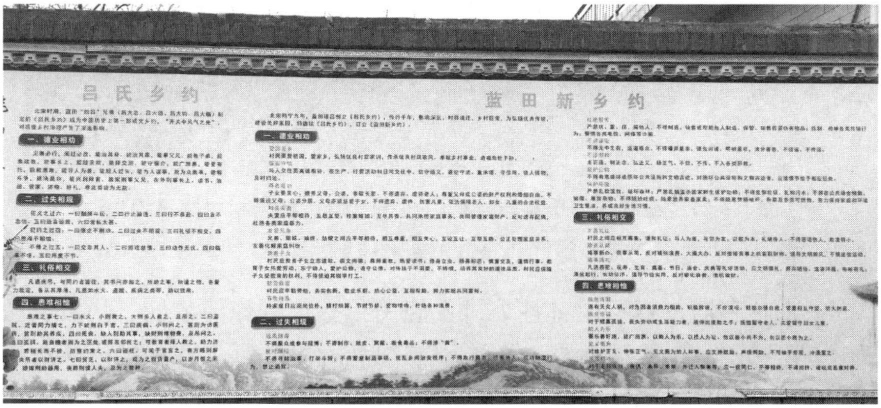

图 5－14 绘制在村头墙上的蓝田《吕氏乡约》与《蓝田新乡约》[④]

---

① 见图 5－14 和图 5－15。

② 夏明勤：《“吕氏乡约”文化推广会在西安蓝田举行》，载《西北信息报》2017 年 3 月 14 日，第 5 版。

③ 因唐朝诗人王维一生中大部分时间居住于蓝田，在蓝田从事创作活动，因而蓝田将王维研究与四吕研究合并在一起，成立“王维/四吕文化研究会”。

④ 图片来自笔者调研。

江苏省连云港赣榆厉庄镇将《厉庄镇乡规民约》与该镇的旅游文化节相结合，在旅游文化节启动仪式上开展千人诵读《厉庄镇乡规民约》活动，不但增加了旅游文化节的文化底蕴，而且起到了非常好的宣传效果。除此之外，厉庄镇还采取印制宣传册、张贴标语、制作文化墙、普法讲堂、文艺演唱会等多种形式，让群众将乡规民约熟记于心，以推动乡规民约的运行。①

图5－15　绘制在蓝田县杨岩村村头墙上的《杨岩村村规民约》、《吕氏乡约》和《蓝田新乡约》②

内蒙古呼和浩特赛罕区将各个村乡规民约整理创作成歌谣、快板、拍手歌，由乡民传唱，使乡民在日常生活中受到教育和感染，让乡规民约逐步变成思维习惯和行为准则。③

① 《连云港赣榆厉庄镇千人诵读〈乡规民约〉》，载中国江苏网2018年4月26日，jsnews. jschina. com. cn/lyg/a/201804/t20180426_ 1559834. shtml。

② 图片来自笔者调研。

③ 刘泽、曾晓强：《“乡规民约”传唱乡里 呼和浩特赛罕区积极推进和谐文明乡风建设》，载人民网 http：//nm. people. com. cn/n2/2016/0418/c196689－28170824. html，2018年9月12日访问。

此外，近年来，从国家到省级再到市级、县级，各级的优秀乡规民约评选有利于促进乡规民约的合法性、适用性，也有利于乡规民约的施行。

5.3.3　建立在乡规民约基础上的农村基层治理模式——陕西省旬阳县“三治”融合实施状况的调研

陕西省旬阳县地处陕西省东南部，是全国文明村镇建设示范县、村务公开民主管理先进县，也是陕西省委、省政府确定的扩权试点县，旬阳县基层农村在社会治理中重视乡规民约的作用，以乡规民约为本，推动基层乡村自治，在乡村治理中调动乡民积极性，扩大乡民知情权、参与权、决策权、监督权，将自治与法治、德治相结合，形成乡村治理的新局面，取得了显著效果。2017 年 4 月份，笔者前往陕西省旬阳县神河镇金河口社区、甘溪镇十字岭新村、旬阳县人民政府、旬阳县民政局、吕河镇江店社区，对旬阳县建立在乡规民约基础上的“三治”融合治理模式进行了调研。

本次调研采取了多种调研方法，收集了大量一手资料。采取的调研方式主要有：（1）实地观摩法。经过对旬阳县下辖几个镇的实地走访，通过浏览标语和宣传栏、阅读党政机关文件、听取报告、观摩道德评议会等方式直观地了解旬阳县村规民约的实施情况，掌握了第一手资料。（2）访谈调查法。在旬阳县政法委同志的引领下，与各村镇干部及领导班子成员、旬阳县民政局领导进行了深入交流，收集了大量的资料，获得了可靠的信息，充分了解了村规民约、村民自治、“三治”融合、新民风建设、道德评议、网格化管理等方面的开展情况。（3）文献调查法。收集了当地典型村规民约、村民自治方面的各类规约以及相关期刊文献，为本书提供了样本支撑，并在学术理论方面有了系统认识。

5.3.3.1　调研内容及分析

（1）神河镇金河口社区

金河口社区下辖 8 个村民小组，共 855 户，3030 人。2017 年该社区全面深化工作，按照县镇总体要求，在村庄治理中探索出一套“党建引领，三治融合”的基层社会治理体系（该体系可见图 5－16）。

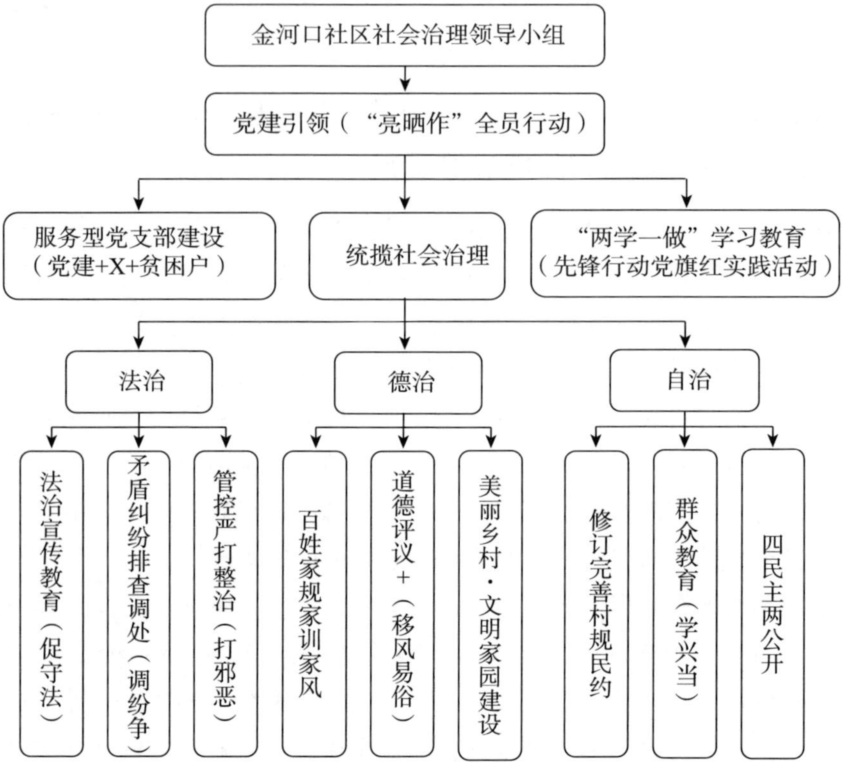

图5－16 金河口社区党建引领“三治融合”社会治理体系结构图①

在金河口社区的基层治理体系中，党建处于核心引领地位，党建工作主

① 图片来源于笔者调研。图中的简称及专有名词的含义如下：

（1）“亮晒作”：亮身份、晒业绩、作表率全员行动；

（2）“促调打”：促守法、调纷争、打邪恶，结合“学兴当”活动，开展全民普法教育，构建“五级三横”调解组织全覆盖；

（3）“百姓家规家训家风”：在群众中开展“立家规、传家训、正家风”活动；

（4）“道德评议”：在村党支部领导下，以村（社区）为单位，由群众推荐老党员、老干部、道德模范、人大代表等乡村能贤组成道德评议委员会，针对村民失德、失范的问题开展“群众说事、乡贤论理、榜上亮德”活动；

（5）“美丽乡村·文明家园”：通过乡风民风“十个一”建设（建设乡村文明一条街，建好一个农家书屋、一个广播室、一个文化广场、一个善行义举榜、一支乡贤队伍、一个道德讲堂、一套村规民约，每年度评选一次“社会治理星级文明户”、表彰一批道德典型），推动社会主义核心价值观落地生根；

（6）“学兴当”：在全体村民中开展“学知识、兴家业、当先进”群众教育活动；

（7）“四民主两公开”：民主选举、民主管理、民主决策、民主监督、村务公开、财务公开。

要包括服务型党支部建设和“两学一做”学习教育两方面内容。服务型党支部建设主要体现在党建引领的脱贫攻坚方面，该社区党支部按照“支部引领，合作社带动，贫困户摘帽”的思路，开展出一条“党建 + 企业 + 贫困户”的脱贫新路径。具体而言，在村党支部的核心引领下，通过党支部的项目争取和组织协调，发展农业园区，支持鼓励民营企业，以产业扶贫、劳动技能扶贫、公司务工扶贫、土地入股分红等方式来引导帮扶贫困户。贫困户经过劳动技能培训后，在合作社、企业中务工，取得劳动报酬，其入股土地参与分红后也可增加收入，从而通过其劳动致富脱贫，有效遏制了“等靠要”思想。“两学一做”学习教育主要是开展“先锋行动党旗红”实践活动，明确党支部主体责任，包括领导责任、党员队伍管理责任、教育监督责任、保障责任、示范表率责任；并要求全体党员“亮身份、晒业绩、做表率”（当地一般简称为“亮、晒、作”），从“抓教育、严纪律、树榜样”着手，在社区落实从严治党。

金河口社区的基层社会治理实行网格化管理体系，由金河口社区党支部统领全村的基层党建、民生社保、计划生育、移风易俗、综治维稳、便民服务、安全防范、文明创建、防汛防滑、法德讲堂、疫情监管、精准扶贫等事务，该社区网格管理从一级网格到二级网格、从二级网格到三级网格、从三级网格再到户主来运行。一级网格为党支部书记，任总指挥，同时，在全村 8 个村民小组的基础上划分出 8 个二级大网格，下设 41 个小网格即三级网格，将全村每户居民都纳入网格中，做到每户兼顾，治理有序。每一级网格都设网格长，一级网格长由党支部书记、社区主任、社区文书、监委会主任担任，每人都负责村中若干事务，二级网格员由各村民小组组长担任，三级网格员由党员和乡贤组成。网格员负责信息收集和巡逻防范，起到采集信息、排查隐患、管理事务、服务群众的作用。党建统领的精细化网格化管理模式，运用信息化技术创新农村治理方式，强化基层组织保障，解决了农村居民居住分散带来的基层治理困难。

在以党建“亮、晒、作”为核心引领的基础上，发挥党员干部的模范带头作用，为社会治理工作提供坚实的组织保障，以党风政风带动民风，通过以“促调打”[①] 为手段的法治推进、以“说论亮”[②] 为载体的德治引领、以“学兴当”[③] 为要义的村民自治的深入开展，引领带动乡村社会治理向纵深推进。用法治定分止争，用德治泽润民心，用自治维护社会，推动法治、德治、自治三者有机融合。具体来说，金河口社区“三治”融合的社会治理模式主要表现在：

在法治方面，以“促守法、调纷争、打邪恶”的方式开展依法治理活动，运用新媒体手段进行法治宣传教育，培育全民尊法、学法、守法、用法意识，及时排查调处矛盾纠纷，严厉打击地方黑恶势力，同时，干部必须依法行政、依法办事。

图 5－17　金河口社区法治建设[④]

在德治方面，开展“群众说、乡贤论、榜上亮”的道德评议活动，依据本村村规民约的规定，每季度召开一次道德评议会，评选出正反面典型，即“先进典型”和“后进典型”，通过红黑榜公开；通过评选“十星级文明户”“道德模范”“好公婆好儿媳”等，引导群众弘扬中华民族传统美德；每户公示自家的家训家风，推进美丽家园和美丽乡村建设；移风易俗，提倡婚事新办，丧事简办。

---

① 即“促守法、调纷争、打邪恶”，当地一般简称为“促调打”。

② 即“群众说、乡贤论、榜上亮”，当地一般简称为“说论亮”。

③ 即“学知识、兴家业、当先进”，当地一般简称为“学兴当”。

④ 图片来自笔者调研。

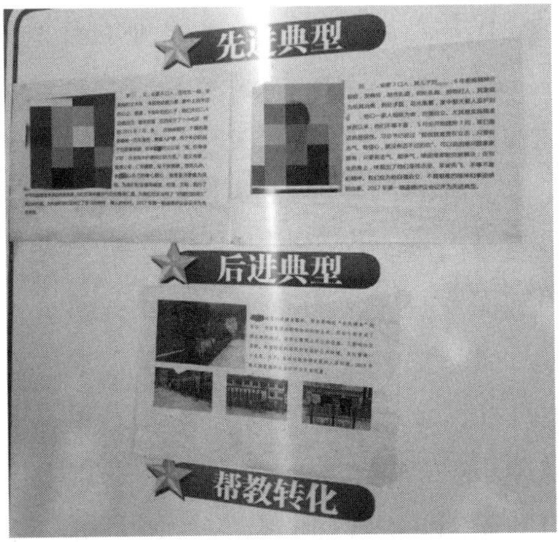

图5－18　金河口社区红黑榜①

在自治方面，开展“学知识、兴家业、当先进”的农民教育素质提升活动，制定或修订符合村情的《村民自治章程》《村规民约》，为村民自治提供可靠性保障；实行“四民主两公开”② 制度，将村民自治真正落实到位。

图5－19　金河口社区村规民约③

① 图片来自笔者调研，图片中涉及个人信息部分已作虚化处理。

② “四民主”即民主选举、民主管理、民主决策、民主监督；“两公开”即村务公开、财务公开。

③ 图片来自笔者调研。

金河口社区《村规民约》是该基层社会治理的自治规范，“三治”融合的核心内容在该《村规民约》中作了规定，《村规民约》第1条就指出要“遵纪守法”，引导村民规范自身行为，在遵纪守法的基础上，以具体细化的内容引领村民树德扬善，维护村庄秩序；第2条引导村民遇到困难和问题首先向社区反映；第3条提倡婚丧嫁娶简办新办；第4条为尊老爱幼；第5条号召村民主动参加“美丽乡村·文明家园”共建；第6条要求村民遵守公共秩序；第7条倡导村民树公德、扬美德；第8条要求村民互相监督、共同遵守该村规民约。金河口社区的村规民约是社区治理的依据，“党建引领，三治融合”的社区治理体系就是建立在村规民约的基础上，并通过整个体系的运作，保障村规民约的施行，以达到规范村民行为，实现形成有序社区的目标。

（2）甘溪镇十字岭村

十字岭村下辖6个村民小组，共328户，1229人。该村2017年以来认真落实镇“党建引领，三治融合”的要求，振兴产业脱贫，在具体方式上与金河口社区大同小异，其特色主要体现在以乡规民约移风易俗方面。长期以来，十字岭村村民之间存在铺张浪费、大操大办、互相攀比的现象，村民往往以婚丧、出生、满月、过寿、升学、入伍、乔迁等各种事项为由摆酒设宴，酒席相互斗富摆阔，受邀者的随礼钱也相互攀比，增加了村民的负担，由此形成恶性循环。为了扭转这种风气，从2015年底开始，在县政府的指导下，村民通过制定村规民约来降低酒席档次和随礼标准，以减轻村民负担。《十字岭村村规民约》中明确约定：“提倡婚丧嫁娶简办新办，严禁铺张浪费，斗富摆阔，相互攀比，人情往来随礼份子钱不得超过100元，酒席每桌不得高于150元标准，抽烟不得超过每盒10元的标准，喝自产酒，严禁燃放烟花爆竹，严禁举办庆生、祝寿、寿房圆箱、升学、乔迁、入伍等筵席，仅限至亲深交之间祝贺看望。”由于村规民约不具有法律强制性，只能由村民之间自觉遵守，以道德谴责的方式来监督，但是违背村规民约的党员干部要受到处分，因此这方面的移风易俗被通俗地称其为“管住有权的，引导有钱的，影响没钱的”。党员干部带头遵守村规民约，群众视党员干部为榜样，也开始自觉遵守村规民约，慢慢地，村里的风气扭转了，不再动不动就设宴、攀比，村民自己也切身体会到优良村风带来的好处。

图 5 – 20 十字岭村村规民约（试行）①

十字岭村非常重视“三治”融合的宣传，为了宣传宪法、法律和村规民约，让村民守法守约，村里建立起宪法广场，并且到处可见法治、德治、自治宣传标语，如“知法于心，守法于行”“学法者智，守法者安”“信者，人言也。真实可靠即为信”“传承中华美德，培养民族精神”“有德人，天地宽；有德者，前程远”“实行村民自治，遵守村规民约”“法治扬正气，德治促和谐，自治增活力”……这些目之所及、随处可见的宣传语使村民们在潜移默化中受到教育，在不知不觉间将法治、德治、自治的内容铭记于心。

（3）吕河镇江店社区

笔者在吕河镇江店社区观摩了一场“说、论、亮”道德评议会，评议对象分为正面和反面典型各一人，评议成员由老党员、教师和退休职工等乡贤组成，设有记录员、观察员，出席评议会的还有群众代表二十余人，这次道德评议会甚至还吸引了媒体记者的关注。据了解，道德评议会选取典型事件、典型人物作为评议对象，每季度召开一次，通过道德评议扬善去劣。但是道德评议会在评议时不能侵犯村民的个人隐私权等合法权益，评议结果要在社区公示，对先进典型要进行褒扬宣传，对后进典型进行帮教，俗称“好坏大家评，落后大家帮”。之后，观察员要对本次道德评议进行点评，提出意见和建议，以不断改进道德评议会的形式和内容。村规民约是村民基本的行为规范和道德依据，道德评议会是在村规民约的基础上对村民行为进行的评议，通过评议，促使村民认识到村规民约的重要性，自觉遵守村规民约。

① 图片来自笔者调研。

图 5－21　吕河镇江店社区道德评议会委员会成员与职责①

图 5－22　吕河镇江店社区道德评议会开展评议活动②

（4）旬阳县城关镇人民政府

在旬阳县政府，笔者听取了关于城关镇网格化管理的报告。城关镇是全县的政治、经济、文化、商贸中心，人口多，流动人口也较多，因此，维持社会治安难度也较大。为此，城关镇实行网格化管理，共有 29 名网格长、29

① 图片来自笔者调研。出于保护隐私的需要，图片中道德评议委员会委员的肖像和姓名已作模糊化处理。

② 图片来自笔者调研。

名网格管理员、135 名网格员，同样分为三级网格，即镇网格指挥中心、村社网格服务站和基础网格，其中镇网格指挥中心有高清视频指挥系统和户外 LED 政务公开系统。与金河口社区网格化管理最大的不同是，城关镇的网格化管理信息化程度较高，体现了国家“互联网＋”的战略，另外对网格员的要求较高，网格员由两委成员组成，工作时必须配有工作牌和工作包，每人配发智能手机，每个网格员每月对自己负责的区域的走访率必须达到 100%。从 2015 年 9 月开始，网格化管理成效显著，有利于维护社会治安，能及时排查化解矛盾，将问题处理在萌芽阶段，拉近了干群距离，同时也是一项便民服务措施。其存在的问题是信息化网格管理投资较大，需定期维修且难度较大，在贫困地区推广较为困难。

（5）旬阳县民政局

经过对旬阳县民政局的调研，笔者了解到该县为推动村规民约建设，发挥村规民约在基层社会治理中的功能，采取了一系列举措。例如，为了普及村规民约，并推动各村制定高质量的村规民约，旬阳县通过评比的方式引导各村重视村规民约在基层治理中的作用，同时借以在各村宣传村规民约，使村民更熟悉本村村规民约。2016 年，根据旬阳县委统一安排，结合“脱贫攻坚”“移风易俗”“道德评议”等工作，旬阳县人大农工委与县民政局联合对全县 305 个村的《村规民约》进行了收集评比。旬阳县民政局以文件的形式下发全县村规民约的评比结果，评选出十个《村规民约》较好的村和十个《村规民约》较差的村，其中《村规民约》制定得较好的村有城关镇刘店社区、城关镇龙头村、构元镇羊山村、棕溪镇枣园村、双河镇金盆村、桐木镇石板沟村、麻坪镇钱河梁村、白柳镇白柳社区、吕河镇险滩村、金寨镇谭家院村。旬阳县《村规民约》评选的标准并不在于内容制定的多么完美或者形式多么漂亮，而是考察该《村规民约》是否能够结合村庄实际来落实，如果形式上村规民约制定得好，但是实际上难以发挥基层治理作用，这样的村规民约也不能评为好的村规民约，这也是为什么笔者看到有的村规民约内容丰富、结构严谨，但仍不能被评为好的村规民约的原因。县民政局还介绍了旬阳县村民会议“一事一议”的成功案例，比如，神河镇屋场村修路和梁岔河村的低保评定问题，认为应定期召开村民会议，每次会议针对专门事项进行讨论，并及时修改村规民约，这样才能对乡村治理中的问题和村民的困难及时掌握，并及时解决。

此外，2016 年 6 月份，旬阳县发布了《关于在全县深入开展“群众说、乡贤论、榜上亮”道德评议的实施意见》；2017 年 4 月份，发布了《旬阳县深化“三治”融合推进新民风新家园建设的实施方案》，这些意见和方案的实施，实际上更进一步保障了旬阳县各村乡规民约的施行，因为道德评议是建立在是否践行本村乡规民约的基础上的，而“三治”融合建设中，法治、德治、自治都离不开作为乡民基本行为规范的乡规民约。

5.3.3.2　旬阳调研的结论

在旬阳县的调研主要是针对其建立在乡规民约基础上的农村基层治理模式，旬阳县各村形成“党建引领、三治融合”的治理体系。通过学习教育、强化纪律、树立榜样等手段使党员形成良好工作作风，成为表率，这样才能在基层治理中有效发挥党员作用。“三治融合”的内容是法治、德治和自治相融合。法治为德治、自治划定了底线，提供了保障；德治即在法治的框架内通过榜样示范、道德教化等引领村民向善；自治即通过制定修改村规民约，召开村民会议和道德评议会等形式提升农村的自治能力和水平。

旬阳县的“三治融合”中，村规民约是村民自治的核心，通过道德评议推动村规民约发挥作用，引导村民移风易俗，形成良好的社会道德风气，巩固了德治的根基，推动了新民风建设，使网格化管理能够有效落实，有利于“三治融合”的开展。

新民风建设包括移风易俗和脱贫攻坚。长期以来我国农村地区还存在着许多陈规陋习和铺张浪费现象，如闹婚现象，婚丧嫁娶大操大办，以各种事由摆酒设宴，相互攀比等，增加了村民的负担。这与我国社会主义精神文明建设不符，也与社会主义新农村建设中的新型农民形象不符，而且这种斗富摆阔的行为不利于脱贫攻坚，许多村民因为“过事儿”而返贫。另外，有些村民因为害怕失去政府补贴而不愿脱贫，“靠在墙边晒太阳，等着政府送小康”。旬阳县的新民风建设在解决这些问题上提供了范本，不但使乡村风气焕然一新，而且有利于脱贫攻坚。

网格化管理是将基层农村社区层层划分，形成单元网格，使基层治理具有组织化保障，开展社会治理活动。通过单元网格的划分，服务更加精细化，提升了农村基层管理效能。各级联动、资源共享的网格化管理有效整合基层资源，能够主动、及时发现基层存在的具体问题，加快问题处理速度，甚至在发现问题隐患时就可以及时处置，实现了管理的精确和高效，维护了治安和稳定，促进了乡村和谐建设。

村民自治非常重视村民自治章程和村规民约的功能，通过召开道德评议会树立先进典型，帮扶后进人员，体现德治作用。此次调研发现各村的村规民约有很多共性，例如，形式上较为规范，内容上均要求村民遵纪守法、恪守道德规范等，以引导村民向善，但同时又注重与本村实际情况相结合，具有针对性；村规民约通过召开村民会议或村民代表会议制定，制定程序合法；在道德评议会方面，评议会对一些不构成违法但又不道德不文明的人和事进行评议、处理和监督，以此来引导村民树立法治和道德理念，自觉克服不道德行为，通过道德评议使得村民能区分是非美丑，辨别善恶，大大提高了村民的道德和精神文明修养，从而维护农村地区的和谐稳定。

第六章　现代乡规民约的价值取向和治理功能

6.1　现代乡规民约的价值取向

6.1.1　从传统乡规民约到现代乡规民约的转换

传统乡规民约崇尚“礼”，以封建伦理束缚乡民，虽然其在一定程度上由乡民自生，但根本目的是维护封建统治，并逐步演变为封建政权控制基层农村社会的工具。而现代乡规民约与国家法律分别在不同的领域，根据各自的规则内容、适用范围、运行方式调节着乡村社会生活。现代乡规民约的权威来源于乡民的内心认可，以社会道德引导和规范乡民的行为，在淳化民风、化解村民之间的纠纷、促进国家政策法令的贯彻落实以及维护农村社会秩序的和谐稳定等方面发挥着重要作用。由于乡民们对乡规民约的内心认同，乡规民约在解决农村社会矛盾纠纷和调整农村社会关系时具有更易接受的优势。

虽然农村内生的现代乡规民约与国家法律之间存在一定的互动关系，即乡规民约可以弥补法律在农村实施的不足，甚至在某些情况下可以转化为国家法律，但是在一定程度上，由于乡规民约具有地域性和根植性特点，国家的权力很难深入基层农村的社会生活中，国家法律规定的某些内容在农村生产生活环境下难以推行和遵守，因此，一些基层农村社会仍然处于一种“自由散漫”的状态，某些不符合现代法治理念以及和谐社会要求的传统顽疾仍固守存在。以婚姻家庭习俗为例，在一些农村还存在天价彩礼的买卖婚姻及包办婚姻；在部分农村还沿袭着先生孩子后结婚的习俗；某些农村还存在低俗婚闹现象；外嫁女基本丧失继承娘家财产的权利；等等。这些以歧视妇女、违反性别平等为主要思想的风俗，显然与“中华人民共和国公民在法律面前一律平等”“妇女在政治的、经济的、文化的、社会的和家庭的生活等各方面享有同男子平等的权利”“禁止包办、买卖婚姻和其他干涉婚姻自由的行为。禁止借婚姻索取财物”等宪法和法律规定相悖。

乡规民约在农村生产生活中发挥着规范、引导、评价、教育等作用，新时代的农村社会发展需要重新认识和定位乡规民约的价值和功能，继承和发扬传统乡规民约中优秀的文化内涵，进一步健全和完善乡规民约的社会治理功能，使乡规民约助力新时代农村社会建设和法治中国建设。

因此，现代乡规民约并非是要复辟传统乡规民约落后、腐朽的内容，而是要在继承其优秀内涵的基础上实现传统乡规民约向现代乡规民约的转变。对一项制度进行推陈出新的研究，就需要对其设计的初衷、所要追求的价值目标进行审视和度量，使其更好地、创造性地转化和发展。在农村社会管理创新中发挥现代乡规民约的作用同样也是如此，将社会主义核心价值观融入现代乡规民约中，将新时代新理念融入现代乡规民约中，才能使现代乡规民约与时俱进，更好地助力新时代农村社会发展。

6.1.2 现代乡规民约价值定位的考虑因素

规范人的行为活动、形成良好的社会秩序是人类社会生活能正常进行的前提和保证。人的活动范围可以分为不同的场所和领域，对不同场所和领域的人的行为有针对性地予以规范可以更好地塑造平等和谐的社会秩序，比如，市民公约、乡规民约、行业规范分别在各自的功能领域发挥作用，促进这些领域的有序发展。中国传统哲学通常把人的活动范围分“家、国、天下”三个领域，以家为例，家的范围又可以扩大到家庭、家族、村、乡等范围。这里的每个群体单位的概念都不是无限大的，都是有一定界域的，边界的有限性带来群体的地域性特点，不同地域的群体形成自己的风俗习惯，表现出“百里不同风，千里不同俗”的现象。家庭和家族领域中人的行为和活动受到家风家训、家法族规的规范和约束；乡村则有乡规民约、村民自治章程等民间规约，以及各种风俗习惯，这些都引导着人们的行为，影响着人们的生活。

乡村是由具有血缘或者地缘关系的人共同劳动生活在一起而形成的庞大的社会群落。乡村社会人口密度低，流动人口少，人与人之间的交流接触是直接的、面对面的，人与人之间关系相对密切，街坊邻居相识相知。在这种生活环境下，乡民们的行为活动受风俗习惯、传统道德影响较大，讲人情、讲面子是乡民们办事的法宝，虽然能增进乡亲们的情感，但是也会以此形成规则之外的“捷径”。因此，作为乡村社会生活领域里长期以来形成的行为规则与规范，有些乡规民约在劝禁惩罚内容上，会存在“不合理”的情况，也会有“逾越法律”的现象，具有“造法”的意味。因此，对于现代乡规民约的价值定位应考虑以下几方面因素。

6.1.2.1 乡规民约和法律的冲突与协调

现代乡规民约是存在于广大乡村社会中的一种具有自治性质的规范，其以一种特殊形式规范和约束人们的行为，因其具体规定更加贴近乡村生活，符合乡村治理的需求，有利于促进基层社会生活秩序的保障，因此，近年来国家越来越重视乡规民约在农村所发挥的治理作用。由此，现代乡规民约在传统乡规民约的基础上，有了进一步的发展，并对农村人民的生活产生了一定的影响。乡规民约是一种自治性规范，自治的含义有两个层面：一是乡规民约由村民自己商讨制定，在一定范围内进行自我管理与自我约束；二是乡规民约的自治并非是不受限的，其所进行自我管理与自我约束的范围和手段不得违反国家法律的规定。但在具体实践中，乡规民约却存在着僭越法律的现象，从而引起了乡规民约与国家法律之间的冲突。

乡规民约与国家法律之间的冲突主要表现在两个方面：一是乡规民约与法律在手段上的冲突；二是乡规民约与法律在价值上的冲突。首先，乡规民约与法律在手段上的冲突主要体现在：乡规民约本质上是一种“软性”规范，不具有国家强制力，乡规民约中可以有一些惩罚性内容，以保障乡规民约的施行，这些惩罚性内容不得违反国家法律，但在实践中，却有乡规民约通过制定与国家法律相冲突的强制性规定的方式以达到让乡民服从的目的。其次，乡规民约与法律在价值上的冲突主要体现在：有的乡规民约包含与法律理念相悖的价值观，例如存在性别不平等的规定。如某村曾在其村规民约中规定，妇女出嫁后必须迁走户口，否则就会被认为是“空户”①。该村有30多位妇女因为出嫁而被看作是“空户”，从而无法享受其本应当享有的村民

---

① 空户指的是，户口可以留在村中，但不享有承包耕种所需的土地、划分宅基地、土地征迁分红等任何村民权利。

权益。[①] 此外，乡规民约与法律在纠纷解决上也存在价值冲突。乡规民约倡导社会和谐发展，因此，农村普遍存在着“息讼”的氛围，合理的诉讼观本身是有利于基层社会秩序的稳定发展的，但当他人侵犯村民合法权益时一味强调“息讼”，追求“私了”，则会对受害人权利保护不利，甚至忽视法律的权威。例如，有的加害方为逃避国家法律的制裁，有意寻求司法外的手段解决纠纷，以规避法律，导致受害人权利难以保障。

乡规民约与国家法律统一于国家现代治理体系中，尽管乡规民约与国家法律在手段与价值上存在冲突，但二者并非不可调和的关系。为了更好地发挥现代乡规民约在农村社会治理中的特殊价值，乡规民约应当与国家法律形成良好的互动关系。一方面，乡规民约要符合法律的原则和精神，不得与法律相冲突；另一方面，乡规民约要积极顺应国家依法治国的理念，与国家法律相互配合，在各自领域发挥作用，从而推进农村社会秩序的稳定发展。

6.1.2.2　符合社会主义核心价值观的要求

乡规民约是乡民用以治理乡村的规则，是乡土社会共同价值的体现，中国传统道德是乡村礼俗的重要精神内核，是乡规民约的价值支撑。传统乡规民约中的优秀传统文化应当被继承与发扬，但其中存在的不符合社会发展要求的、落后的、腐朽的内容在现代乡规民约中应当摒弃。比如，现代乡规民约提倡丧事简办，树立厚养薄葬观念；辽西山村里约定俗成的是邻里盖房、割麦、办喜丧事等，乡民们都会来帮衬，互帮互助；四川省内江市隆昌县云顶古寨颇具特色的凌晨“鬼市”习俗，维护市场交易秩序。社会主义核心价值观为人们的活动提供了道德准则，社会和谐离不开社会主义核心价值观的价值引导。在现代乡规民约的建设中，将社会主义核心价值观以正确合理的方式融入乡规民约中，可以内化乡民的道德思想，引导乡民的行为方式，改变乡村风貌，形成文明乡风，进而促进乡村社会的发展。现代乡规民约符合社会主义核心价值观的要求，不仅可以形成良好的乡村社会道德伦理价值与理念，移风易俗，弘扬新时代新风行动，抵制腐朽落后伦理道德的侵蚀，也能够推动乡规民约建设的合理开展，促进乡村社会发展。

① 侯丰主持：《“乡规民约”要依法》，中央电视台“焦点访谈”栏目2014年9月24日播出，http：//news. cntv. cn/2014/09/24/VIDE 1411560145063493. shtml。

6.1.2.3 在与时俱进中创新发展

乡规民约的发展是动态的，要想充分发挥其规范村民行为、净化乡土民风、提高乡民思想文化和价值观念的作用，必须与时俱进。在漫长的历史进程中，乡规民约是中华传统文化的独特资源，早在清朝道光年间，就已经出现完整的“乡规民约”的概念。在继承中华民族优秀传统文化的基础上，现代乡规民约要在乡村社会转型的背景下，推陈出新，协调适应新时代新的发展状况，古为今用，创造性转化和创新性发展，既要做到传承优秀传统的乡村道德伦理，又能与时俱进，与社会主义市场经济、民主政治、社会治理等协调适应，充分发挥对乡民生产生活的规范作用，维护好乡民社会良好的秩序。比如，提倡乡民树立环保理念、维护乡村公路、以多元化手段解决纠纷矛盾等。在乡村振兴的背景下，乡规民约作为基层社会组织中成员共同制定的社会行为规范，应当跟随时代发展，吸纳新的思想文化，集思广益，拓宽农村社会治理的思路和途径。

现代乡规民约作为乡村社会的行为规则，与乡民生产生活的本质诉求密切相关，同时，在乡规民约的形成过程中，道德、伦理是其核心内容。一项规则能否发挥其应有的作用往往受制于其产生缘由和在实施过程中的影响因素，乡规民约的作用发挥也离不开其内在的价值导向作用，因此，积极探寻乡规民约蕴含的内在道德伦理价值，发挥其优秀道德文化的引领作用，并跟上时代步伐，创新其内容和运作机制，是实现现代乡规民约价值的重要理念。

6.1.3 乡村振兴战略背景下现代乡规民约的价值定位

中国最广大最深厚的基础在乡村，乡村的发展直接影响着国家的发展，而我国现代化建设最大的难题却是乡村建设。我国一直重视乡村建设，每年的中央一号文件必然关注农业、农村、农民问题。乡村与城镇共同构成了人们生活的空间，实施乡村振兴战略，可以缩减城乡之间的差距，促进国家整体发展。现代乡规民约作为传统文化的延续和传承，作为一种乡村本土化的社会治理资源，是乡村治理的重要手段。乡规民约在规范乡村社会秩序、稳定乡村政治秩序、引导乡民道德伦理、整治村风村俗、融洽邻里关系、和谐婚姻家庭等生产生活方面发挥着独特的作用，同时，在一定程度上弥补了国家法律在农村社会适用中的不足，与国家法律共同起到行为规范作用。在乡村振兴战略背景下，现代乡规民约如何才能更好地发挥其社会治理作用，必须对其有准确的价值定位。

6.1.3.1　以尊重村民意志和诉求为出发点

乡规民约的调控范围较广，几乎涵盖了农村生活的各个领域，但随着乡村经济的发展和乡村社会结构的转型，乡规民约中出现了欠缺合法性、治理理念过于落后以及治理方式过于单一等弊端。除了上述弊端之外，乡规民约在制定的过程中还存在着缺乏群众参与的问题，使得许多乡村中所谓的“自治性”乡规民约成为了少数人实现自身利益的手段，从而使得乡规民约难以真正反映乡民意志。由此，有些村民认为乡规民约是“私意”而不是“合意”，是“官约”而不是“民约”，这是由于乡村少数精英团体越位代替村民制定乡规民约的结果，同时也是政府公权力越位进行乡村管理的后果。

这一现象的出现与我国长达数千年的集权主义传统的历史背景分不开。在我国封建社会中，天下虽掌握在统治者一人手中，但因国土面积过大，导致统治者无法直接管理基层的各项事务，由此基层大大小小官吏便直接享有了管理基层的权力，而普通百姓则始终处于被统治的地位。中国官本位的传统至今仍影响着基层人民的思想，因此，在农村便普遍存在着负面现象，即使有人认为乡规民约的规定不合理，也几乎不会主动提出异议。在这样的社会背景下，乡规民约势必会与乡民合意的价值诉求背道而驰。

乡民是乡村社会的价值主体，现代乡规民约的制定要重视民意和诉求，乡规民约中村民意志的体现有利于推动乡村决策的民主化、科学化，可以充分发挥民主监督的作用，有利于维护和谐稳定的社会秩序。因此，在乡村振兴战略背景下，若要乡规民约更好地发挥其在农村社会治理中的功能，就需要其回归到代表村民意志、实现村民诉求这一原始的出发点和落脚点上，从而代表广大村民的利益、集中反映和体现人民的意愿，为乡村在新时代的发展提供一个安定、和谐的环境。

6.1.3.2　以服务村民和促进农村和谐为目标

随着社会经济的发展，现代乡规民约相较传统乡规民约有了新的发展。传统乡规民约由于其家族宗族形式、农村精英领导而具有较强的权威性和号召力；而随着现代家族概念的淡化以及农村人口的流失，实践中，现代乡规民约中惩戒、惩罚性规则的威慑力在逐渐下降，本质上，现代乡规民约更具有劝导性和引领性，而不是强制性。由此可以看出，现代乡规民约作为一种自治性规范，除了要约束、规范乡民的行为，更重要的是要服务于乡民。

随着新时期新农村建设的推进，现代乡规民约在其内容和形式上都有了新的发展。在新农村建设中，要想发挥乡规民约的感召力，使其内化于心、外化于行，只有乡规民约真正做到服务于乡村村民，以其内在的道德价值引领村民，约束村民的行为，以村民的利益诉求为己任，致力于建立和谐、安定的新农村，才能更好地发挥其价值和功能，使乡规民约在现代乡村治理中找到自己的定位。

此外，在现代乡规民约的重构中，要加强村民与村民委员会的双向交流互动，以使村民的利益真正在乡规民约中有所体现。若现代乡规民约要实现乡村社会利益的最大化，必须要全心全意为村民服务，充分考虑村民的具体情况和多样化的需求，不能简单强硬地要求村民服从，从而实现乡村治理由一味管制的传统治理理念向为村民提供服务的现代治理理念转变。

6.1.3.3 健全乡村治理的规范体系

在我国乡村地区，人们的行为往往受到国家法律与乡规民约的共同约束，而乡规民约在一定程度上也可以说是国家法律、政策的具体化，是乡村社会人们行为的准则和依据。但国家法律从其特性上看，一方面具有滞后性，随着时间的推移可能会跟不上时代的发展；另一方面无法具体规制所有社会现象，在实践中可能出现某些行为法律并没有作出具体规定的现象，即出现法律空白或法律漏洞。而乡规民约作为一种与村民生活息息相关的自治规范，可以在传统乡村道德伦理的基础上，在国家法律的触角无法抵达的社会关系层面，便捷地调整乡民之间的关系，更加有效地解决农村的纠纷矛盾，相对于法律更具灵活性与方便性，从而在基层社会治理中弥补法律的滞后性以及不完备性等不足。

乡规民约的制定与实施是一个地区自治的体现，是村民进行自我规范与自我约束的手段之一。但在实践中，随着乡规民约在乡村地区的进一步推进，有些地区可能会出现乡规民约与国家法律相对的局面，如长期以本土乡规民约规范、约束村民行为的地方，地方性的行为规范与国家法律之间的互动较少，可能会出现村民只识得地方性行为规范而不懂国家法的情况。而现代法治国家的建设需要推进乡规民约与国家法律在基层社会中互相协调、共同调控乡村生活及乡民的行为。这就要求乡规民约要与国家法律相辅相成，一方面由国家法律调整并形成大的法治环境和背景；另一方面乡规民约要在注意其形式规范化、内容合法性与合理性的基础上，调整那些法律难以“施展拳脚”的社会关系，从而使二者互相配合，实现调控乡村生活的目的，健全乡村治理的规范体系。

6.1.4　发挥乡规民约的价值导向作用

要发挥乡规民约的价值导向作用，就需要探寻其内在道德价值。“道德的本源性功能在于塑造人性，控制功能只是其外延性、辅助性功能”①，因此无论是国家法律还是民间规约，其原始动机和最终目的都是形成一种价值体系，并通过这种体系对主体的行为进行评判，进而引导和约束人们的行为，以形成良好的社会秩序。乡规民约作为民间规约的一种，其主要目的是建设新时代农村的道德新风尚，通过道德引领来塑造人性，从而构建和谐社会，形成良好的社会秩序。

在我国的农村中，并不缺乏约定全面、内容翔实的乡规民约，在研究现代乡规民约的具体价值导向时，应以社会主义核心价值观为基础分析现代乡规民约，探寻乡规民约应当如何以优秀道德观念对村民进行思想教化。比如，某村有一部传承了三十多年的村规民约，在此村规民约的规范下，该村形成了淳化的民风，村中几十年来没有发生过一起刑事或治安事件，也没有一户有不良信用记录等。村民们在乡村社会中感知、培育和弘扬这部村规民约，对这部规约产生了情感认同并由此形成了良好的行为习惯。② 与此同时，还可以借鉴《道德经》中“无为而治”的思想，通过“无为”而达到“有为”的状态，即乡村规民约以“无为”的状态来进行乡村社会的治理。具体而言，“无为”就是弱化乡规民约对村民的控制作用，而使村民对其“内化于心”，发挥乡规民约的思想引领及导向功能，以非强制性的引导来替代强制性的命令，使乡规民约更加接地气，进而纠正村内不良习俗与风气，形成良好村风民风。

---

①　郑文宝、姜丹丹：《乡规民约的当代意蕴——基于传统与现实的问题意识思考》，载《安徽师范大学学报（人文科学版）》2016 年第 1 期。

②　郑宇：《一部规约三十年传承》，载《中国纪检监察报》2017 年 4 月 10 日，第 4 版。

现代乡规民约一方面发挥其教化作用，另一方面为依法治国深入基层社会搭起桥梁。法律是国家意志的体现，实施“送法下乡”不是采取从上自下的“硬治理”，也并不意味以法来全面替代乡规民约，而是在乡规民约中融入国家法律所要追求的价值，如规范人们的行为、追求公平正义，推动社会秩序的和谐发展等。乡规民约是乡民共同的价值观念，在乡民中有着极高的内心认可度，因此，将国家法律融入乡规民约中去，不但可以使乡民在潜移默化下知法、用法、守法，增强法治意识，而且可以让乡村优秀的传统道德伦理作为法律的价值支撑，推动法治社会建设的进一步发展，使乡村治理更加有序。

6.2 现代乡规民约的社会治理功能

6.2.1 现代乡规民约在农村社会治理中的具体功能

现代乡规民约在农村基层社会治理中发挥着重要的作用，具有以下主要功能：国家法律的补充功能、维护社会秩序功能、化解矛盾纠纷功能以及稳定政治秩序功能。

6.2.1.1 国家法律的补充功能

国家法律是适用于全国的普遍性行为规范，在农村社会施行时，不可避免地会受到农村地区道德、风俗、传统的影响。乡规民约是一个地区长期以来所形成的规则，因其长期在乡村地区运行，所以许多规则内容已经成为乡民的日常行为习惯。从这一层面上来说，乡规民约不仅仅是乡民集体约定的既成规矩，更是当地历史传统、乡民生活习惯的反映，是乡民在乡土社会中自我教化、文化自觉的集中体现。因此，在乡规民约不违法时，可以通过乡规民约来构建农村基层社会秩序、解决乡村矛盾纠纷，从而降低农村法律制度建设和运行的成本，推进农村法治进程。

在乡村社会生活的长期实践中，乡规民约成为一种乡民自发遵守与自觉履行的行为准则，是一种引导乡民行为的“道德”力量。以乡规民约来协调、引导、评价、调整乡民的行为，可以弥补现代法律在制度运行中出现的滞后、不完备等不足之处。因此，在法律难以涉及的道德领域，乡规民约可以发挥其特有的影响力，进而对法律的运行起到辅助性的作用。此外，较之法律稳定性造成的修改的滞后性与复杂性，乡规民约的修改相对而言较为简易，当实践过程中出现新的情况与问题时，乡规民约便可以发挥其自身的优势，对于此类行为作出先一步的规制，在这一层面上，乡规民约也在一定程度上弥补了现行法律的不足之处。

6.2.1.2　维护社会秩序功能

基于乡民合意而成的现代乡规民约，是对中华优秀传统文化的传承，是历史与现代相结合的产物，符合当地的风土人情和风俗习惯，为当地的乡民所共同约定并遵守，为来自不同阶层的乡民提供了共同交流与对话的平台。虽然随着社会和经济的发展，农村社会结构发生变化，社会分层更为复杂，但无论是来自哪个阶层的乡民，出于对共同约定的心理认同感，现代乡规民约成为其共同的行为准则，一定程度上消除了由于经济社会发展带来的不同阶层之间的隔阂和矛盾。

同时，虽然现代化进程使得乡民之间的相互依赖性以及乡村社会中的一些宗族传统理念逐渐削弱，但乡规民约又将乡民们凝聚在一起，调整一定范围内乡民的社会关系。现代乡规民约不但继承传统，更反映现代乡村的需求，满足乡民对生产生活秩序维护的需要。相较于法律而言，乡规民约更具有灵活性和适用性，因而，乡村社会中的某些特定领域的问题，在国家法律介入之前，乡规民约往往能先一步预见并提供合理、实用的解决方式。从这个角度来说，现代乡规民约对农村社会秩序的调整发挥着不可替代的作用。

6.2.1.3　化解矛盾纠纷功能

在农村社会，法院对当事人之间的纠纷作出判决并不一定意味着矛盾的化解。从司法层面来看，纠纷解决了，但从现实生活出发，也许还存在更深层次的矛盾，更有甚者，可能因为对簿公堂而进一步激化现有矛盾或产生新的矛盾。可以说，法律在乡村社会中的作用是有限的。而乡规民约是对符合乡村社会道德伦理的价值与理念的确认，在某些情况下，依据乡规民约解决矛盾纠纷更易为乡民接受，并有利于其社会关系的恢复。

在农村，“息事宁人”具有其特殊存在的必要性以及意义，但这并不意味着在矛盾纠纷发生时，当事人就只能采取息讼、灭讼的态度去化解矛盾纠纷，而是指乡民更愿意通过公力救济途径之外的、较为温和的、对双方关系恢复更有益处的方式来解决矛盾，从而化干戈为玉帛。乡规民约在维护农村社会秩序时，一方面是对善行、德行的奖励和颂扬，另一方面是对恶行、损人利己行为的惩戒。这些手段最主要的目的是改善乡村社会风气、解决乡民之间的矛盾纠纷并促使双方当事人之间形成和谐关系，从而促进农村社会秩序的维护。符合法律规定和政策导向的乡规民约具有独特的矛盾纠纷化解功能，在新时期农村社会矛盾纠纷化解中发挥着独特的作用。

6.2.1.4　稳定政治秩序的功能

在历史上，历代乡规民约的制定往往是农村精英牵头，整合村民意愿，而农村精英有的是与官方公权力有关的阶层，有的是由知识分子、富农等阶层演变而来的，这些农村精英阶层或多或少有一些政治权力色彩的参与，从而使得乡民在一定的授意下制定“政治正确”的乡规民约。从这一层面上看，乡规民约的制定与实施就有了为当时政权、政治所服务的色彩。

如果说传统的乡规民约有其天然的保守性以及压抑农民天性的特点，使农民安于在土地上劳作，充耳不闻“时事”的话，随着现代化进程的加快，社会主义新时期的乡规民约就有了解放农民天性、推动农村社会秩序和谐以及稳定社会发展的作用。现代乡规民约是在与国家政策和法律不冲突的前提下制定的，其中的村规民约、村民自治章程都须依法制定，并相辅相成，共同促进乡村文明建设。总体上看，国家政治秩序的稳定离不开基层社会秩序的良好治理，而乡规民约对基层社会秩序有着正向引导作用，有利于解决乡民生产生活中的实际困难和问题，能够及时有效地化解矛盾纠纷，从而在社会和经济层面为农村政治秩序的稳定发展提供良好的基础。现代乡规民约符合我国在新时代下政治体制改革的要求，一定程度上丰富了基层民主形式、拓宽了民主渠道，有利于稳定基层地区的政治秩序。

6.2.2　制约现代乡规民约功能发挥的因素

随着农村现代化进程的加快，传统意义上的乡规民约出现了执行力下降、文化认同感降低以及约束力渐失等现象，从而为现代乡村治理中更好地发挥乡规民约的功能带来了新的困境和挑战，而新时代制约现代乡规民约功能发挥的因素具体表现在国家政治权力介入、与国家法律冲突、农村类型的分化以及农村内部结构的变化等几个方面。

6.2.2.1　国家政治权力的介入

在古代，乡规民约在一定程度上是国家政治权力渗入农村社会治理中的表现，而历史经验告诉我们，并非所有政府公权力的介入都会为农村地区的发展产生良性的影响，“官本位”的思想是严重阻碍农村社会发展的绊脚石，会使得政府一味强调手中的权力而缺乏一定的服务意识。随着农村现代化进程的推进，现代乡规民约则是建立在乡民合意的基础之上的，政府公权力不宜过多地介入乡规民约的制定中，否则将会造成乡民对制定、遵守乡规民约的积极性降低，导致乡规民约无法发挥其应有的作用。

在现代乡村治理的实践过程中，仍然存在着政府权力越位介入乡村自治范围的现象。这一现象的产生一方面是“官本位”思想的根深蒂固，另一方面是历史上的行政集权命令模式的影响。但就其根源来说，则是在多元共治的模式下没有充分发挥村民自治的作用而造成的。乡规民约是依据乡民共同意愿而产生的，是一定范围内乡民的共同价值观的体现，具有自治性和地域性。如果政府公权力不当介入，就会使得原本由乡民自我管理、自我约束而成的乡规民约逐渐被边缘化。行政职权过多延伸到基层村社关系中，不仅不能起到良好的社会治理效果，而且会造成行政资源的浪费。政府公权力的过多干预会引起乡民的不满，甚至有可能引起群体性事件的爆发，导致乡村社会秩序的混乱恶化，乡规民约的执行力、影响力等也会因此有所下降。

但乡规民约不能“为所欲为”，也需要国家的合理引导，农村社会治理中，国家治理与村民自治并不是对立的，两者都具有科学合理地治理乡村社会、维护乡村生产生活良好秩序的共同目标，因此国家政治权力应当在其权限范围内发挥适度引导作用，否则可能会破坏乡村的风俗习惯和乡规民约独特的法律文化价值，影响乡规民约作用的发挥。

6.2.2.2　与国家法律的冲突

乡规民约应当合法，但实践中也不乏乡规民约违法的现象。乡规民约与国家法律之间的冲突主要表现为以下方面：

首先，二者在内容上有冲突。有的乡规民约内容不合法，例如，有的乡规民约采取罚金、罚款的形式引导乡民守约，但是罚金是刑罚方式，而罚款也只能由一定的行政机关来作出决定，乡规民约是无权作出罚金或罚款的处理决定的。另外，有的乡规民约存在一些不合法限制村民权利的惩治方式，造成对村民权益的侵害。还有的乡规民约不符合国家法律的原则和精神，例如，涉及性别歧视的内容、对儿童权利的保护不力等。

其次，二者所保护的价值有冲突。国家法律是人们最低限度的行为规范，所保护的法益是法定的；而乡规民约是以村民合意为基础的，其旨在维护乡村的和谐社会关系。因此，乡规民约的规定基于对群体性、整体性乡村秩序的考虑，其规定带有一定的道德属性，在面对纠纷时，倾向于“私了”的方式来解决，易出现乡规民约规避或者无视国家法律的现象。

乡规民约不能与国家法律相冲突，并不意味着乡规民约要完全遵循国家法律所追求的价值，而是要在不与国家法律相冲突的前提下发挥其自治的优势。若以国家法律来调控乡民社会所有的关系领域，这种宏观合法性的调控可能会忽视某些乡土特点或乡村具体现象，或者难以有针对性地进行规范，难以符合乡村的现实需要，从而难以达到理想的社会效果。在农村社会，乡规民约的道德约束力、影响力往往能够起到“细致入微”“面面俱到”的效果，满足乡民对社会规则的需求。

6.2.2.3 农村类型的分化

随着社会的发展，我国的基层农村因经济发展的差异形成了不同的社会类型，具体可以分为传统色彩较为浓厚的村落、社会主义新农村以及城中村地区，而乡规民约在不同类型的农村地区也发挥着不同的作用。具体而言，在传统色彩较为浓厚的村落，有着中国乡村熟人社会的特点，人们之间的联系也较为密切，乡规民约中也保留着一些传统的风俗习惯，其具体的规定因此也更加贴近人们的生活。由此，在这样的村落中，乡规民约在一定程度上是该地区传统风俗习惯及道德风尚的集中体现，其在该类型的村落的社会治理中发挥着不可替代的作用。在社会主义新农村建设中，乡村需要经历由传统乡村社会向现代乡村社会转变的过程，因此在这一过程中，乡规民约与国家法律在社会主义新农村治理的不同领域发挥着各自不可替代的作用，但乡规民约的作用也相较之前传统色彩较为浓厚的村落有所弱化。在城中村的社会治理中，一方面由于其中的人口数量较多，且村中的房屋大多会出租给来自各个地区的人，因此，城中村在某种意义上可以说是一个流动人口密集且复杂的社区；另一方面，改造后的城中村中，村民往往会搬迁到楼房中，居住状况与“城里人”无异，居住空间相对封闭，村民之间往来有限。因而，村民之间难以形成一定的传统或惯例，而乡规民约在城中村社会治理中所发挥的作用也十分有限，使得城中村成为较难管理的区域。

6.2.2.4　农村内部结构的变化

随着改革开放和现代化进程的加快，传统意义上的农村熟人社会受到挑战。有的进城务工的农民工取得了城市的户籍与身份而脱离了农村，从而从乡村社会中分离；即使是没有取得户籍的农民，由于其长期在城市生活，逐渐形成了新的思维方式，为农村社会带来了新的思想与价值追求。乡村传统思想与新理念的碰撞、熟人社会与陌生人社会的交织，使得乡村的社会环境发生了变化，但不可否认的是，进城务工的农民虽然在其生活与工作过程中接触到了新的思想，但是其在农村生活中形成并赖以维持的社会关系并未随着其生活工作环境的改变而土崩瓦解。其表现之一就是在这些“新”的农民面对纠纷时，一方面具有着城市人为代表的陌生性——采取对簿公堂的解决模式；另一方面又不得不受农村乡土性以及传统熟人社会关系的制约。这就在农村社会形成了一种复杂的社会局面。

大学教育的普及加速了乡村内部社会结构的变化以及乡村治理理念的更新，乡村的大学生在接受新知识的同时也会把“新思想”带回家。国家陆续出台了一些鼓励大学生到基层工作的政策，鼓励大学生担任“村官”或是回乡创业，这加速了农村内部结构的进一步变化，使得农村中老一辈思想慢慢淡出，新的乡村治理方式逐渐渗入。这样的措施虽然使乡规民约追赶上了新时代潮流，但同时也冲破了传统文化底蕴，淡化了乡村民俗风情。

而乡规民约在这种复杂价值冲突的局面上，约束力和权威性就显得“力不从心”。同时，在农村外出务工人数增多、农村本地青年人数大幅度下降的情况下，年轻村民离乡带来了文化断裂与传承断层的后果，乡规民约的生存土壤发生了变化，同时，当出现乡规民约需要为符合现实发展而作出与时俱进的修改时，也会碰到些许障碍。这种情况下，有时就由村干部等农村少数群体代替全体村民的意志对乡规民约进行修改，从而使得原本基于村民合意的乡规民约变成了体现少数人意见的规范，易使乡规民约丧失原本合意自治的意义。

6.2.3　新时代乡规民约功能发挥的路径选择之一——以司法实践中乡规民约的适用为例

乡规民约是乡民自发形成的规则，是乡民对其行为进行规制的共同意愿表达，但是，乡规民约并不具有法律属性，司法实践中，协调好乡规民约与国家法律的适用关系，可以促进乡规民约在农村社会治理中的功能发挥，产生良好社会效果，并有利于维护农村社会秩序。

6.2.3.1　乡规民约司法适用的现实状况

为了解乡规民约的司法适用，笔者通过中国裁判文书网进行检索统计，对法院审判活动中适用乡规民约的实践进行整体把握和个案分析。

在中国裁判文书网上，以“乡规民约”作为关键词进行全文检索，截至2018年8月9日，共检索到案件1412件，其中刑事案件4件，民事案件1203件，行政案件38件；判决书1188件，裁定书128件。但将各类型案件相加后却发现案件总数不足1412件，而且网页内许多是重复案件。为了数据统计的真实性和准确性，遂又选择“把手案例网”进行检索统计和分析。

在把手案例网上，以“乡规民约”作为关键词进行全文检索，截至2018年8月9日，共检索到1322件普通案件。从裁判年份来看，涉及乡规民约的文书数量从2000年到2015年呈上升趋势，其中2013年到2014年、2014年到2015年涨幅较大，2015年至今有所回落；以案由划分，其中民事案件1234件，行政案件77件，刑事案件8件，赔偿案件2件，执行案件1件；以文书类型划分，共有判决书1194份，裁定书128份；按法院层级来看，基层人民法院929件，中级人民法院359件，高级人民法院20件，最高人民法院2件。对其结果进行可视化分析，详细情况见图6－1至图6－4。

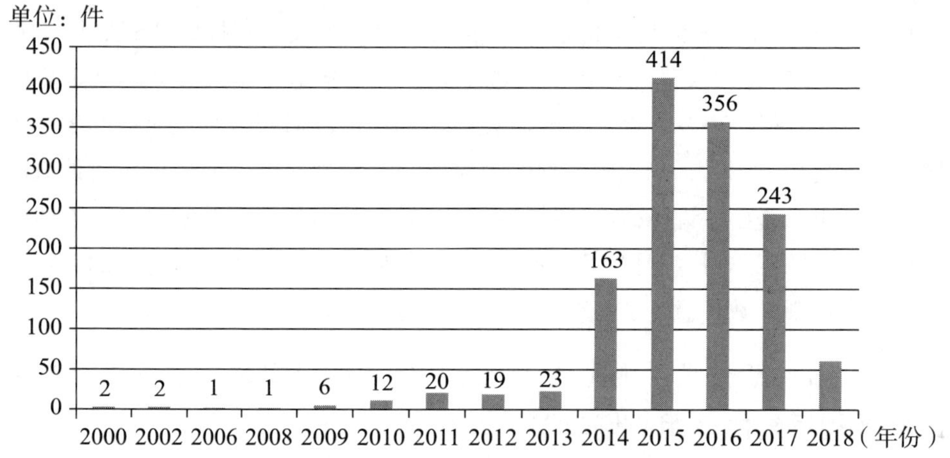

图6－1　涉及“乡规民约”裁判的年份案例数分布图

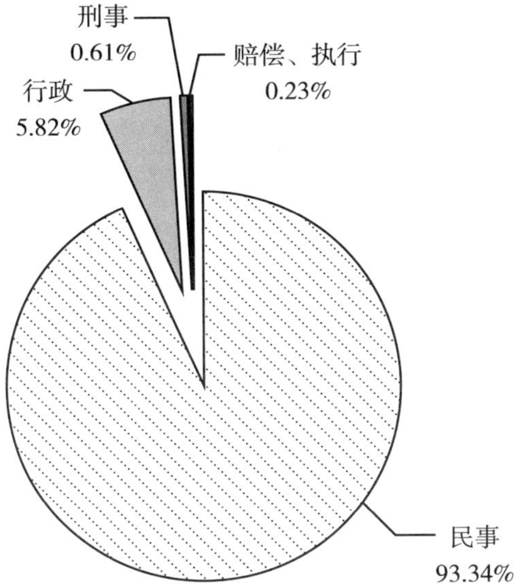

图6－2　涉及"乡规民约"裁判的案件类型

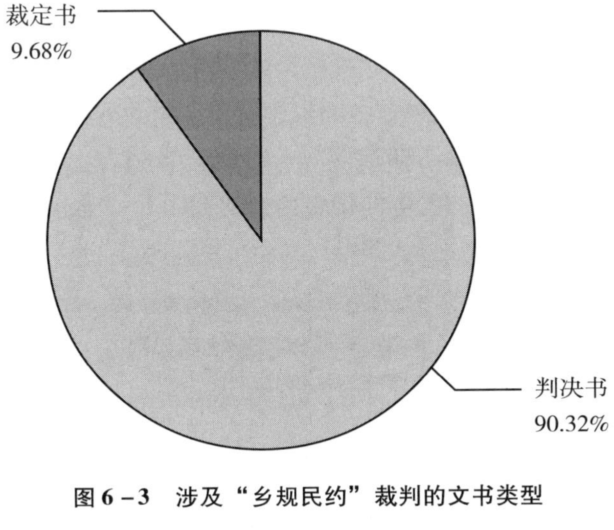

图6－3　涉及"乡规民约"裁判的文书类型

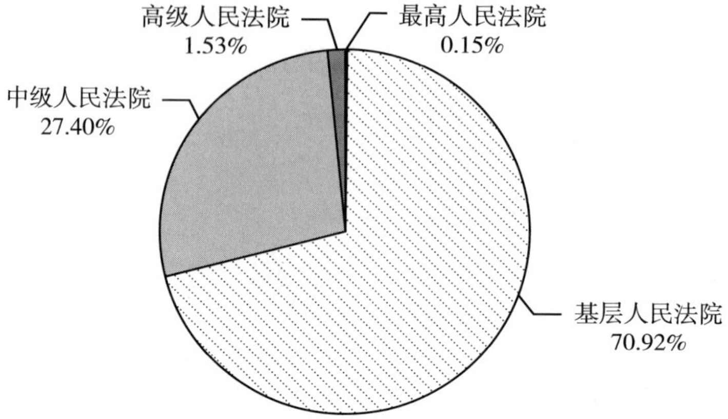

图 6－4　涉及“乡规民约”裁判的法院层级

以上结果表明，近年来，随着乡规民约研究热潮的到来，社会对其重视程度增加。法院裁判文书中涉及“乡规民约”的案件大多都是民事案件，其次是行政案件，而且多将乡规民约适用于对实体性法律关系的分析和解决。另外，作出涉及乡规民约裁判的法院多为基层人民法院。

从裁判文书涉及的案由来看，主要包括侵害集体经济组织成员权益纠纷、承包地征收补偿费用分配纠纷、民间借贷纠纷、买卖合同纠纷、合同纠纷、金融借款合同纠纷、财产损害赔偿纠纷、排除妨害纠纷、土地承包经营权纠纷、继承纠纷、婚约财产纠纷等。排名前十的如图 6－5 所示：

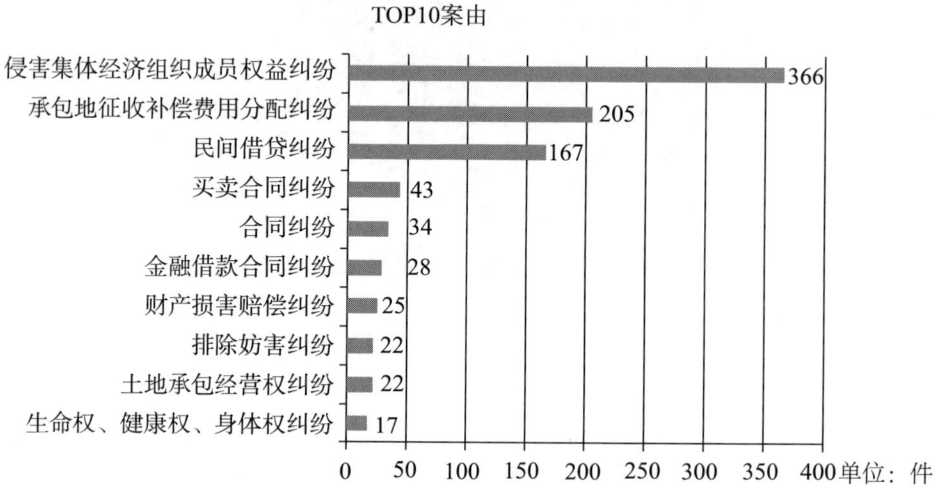

图 6－5　涉及“乡规民约”裁判排名前十的案由

由于赔偿案件和执行案件太少，不具有代表性，因此笔者主要分析涉及“乡规民约”裁判中的民事案件、刑事案件以及行政案件的情况。由于相关民事案件的数量最多，因而笔者将分析的重点放在民事案件部分，对刑事案件和行政案件仅作简要分析。

涉及乡规民约的刑事裁判有 8 份，案件主要涉及故意伤害罪、故意杀人罪、盗窃罪、寻衅滋事罪、敲诈勒索罪、玩忽职守罪、滥用职权罪等罪名。刑事案件中乡规民约主要以陈述或佐证案件事实的形式出现，由于刑事案件具有较高的证明标准，法院并未将乡规民约作为主要证据在法庭审理过程中举证质证，且在判决部分乡规民约并未以查明事实或判决理由的形式出现，充分说明在刑事案件中，乡规民约作为裁判依据可发挥作用的余地很小。

涉及乡规民约的行政裁判有 77 份，其中行政判决书 67 份，行政裁定书 10 份。行政判决书中有 1 份判决书重复出现了 1 次，故共有 66 份行政判决书，主要包括 29 件侵害集体经济组织成员权益纠纷案、13 件股权配置纠纷案、12 件行政管理纠纷案、3 件土地行政确权纠纷案、2 件土地权属争议与行政赔偿案、2 件宅基地申请处理案、1 件拆迁安置补偿纠纷案、1 件土地行政裁决纠纷案、1 件行政复议案、1 件林权行政处理案、1 件行政不作为案。在以上案件中，侵害集体经济组织成员权益纠纷案占绝大多数，此类案件中，侵害外嫁女权益的纠纷案件占大部分。总的来看，行政案件中“乡规民约”大多以事实或者证据的形式提出，很少真正作为法院裁判的理由。但在侵害集体经济组织成员权益纠纷案中，法院判决理由中提到乡规民约次数较多，论证也很详细，除此类案件之外，仅有极为少数案件的判决书中出现“乡规民约”，这些判决书中出现的乡规民约主要是用于当事人举证质证中，如（2016）粤 0606 行初 1136 号案件和（2015）汕金法行初字第 14 号案件。10 份行政裁定书中包括土地行政裁决纠纷案、林业行政管理纠纷案、资源行政管理纠纷案、行政机关不履行法定职责案、不动产征用补偿纠纷案，在上述裁定书中，乡规民约都以事实或证据的形式出现，仅有 1 起案件中法院在裁判理由部分主动提及了乡规民约，但阐释较为简略，详见（2015）岳中行终字第 125 号案件。

由于裁判文书中涉及乡规民约字眼的民事案件太多，故笔者重点分析真正将“乡规民约”作为裁判理由的案件。将“乡规民约”作为关键词，文本检索词限定为“法院认为”，文书类型限定为“判决书”，案件类型限定为

“民事”进行检索，共检索到165份法律文书，去除重复的案件后是158份，这是法院真正将“乡规民约”作为民事案件裁判理由的文书数量。民事案件涉及平等主体之间的关系，因此，乡规民约在其中发挥的作用大于刑事案件和行政案件。民事判决书中包含73件侵害集体经济组织成员权益纠纷案、14件相邻关系纠纷案、13件合同纠纷案、8件婚约财产纠纷案、6件继承纠纷案、5件财产损害赔偿纠纷案、4件返还原物纠纷案、3件健康权纠纷案、2件不当得利纠纷案、2件分家析产纠纷案、1件离婚纠纷案、1件名誉权纠纷案及26件其他纠纷的案件。其中侵害集体经济组织成员权益纠纷案占最大比例，而这类案件中多为外嫁女权益纠纷案例。当其他关键词不变，但把文书类型更换为“裁定书”进行检索时，共检索到115份法律文书，去除重复后是112份。民事裁定书包含80件侵害集体经济组织成员权益纠纷案、10件合同纠纷案、6件排除妨害纠纷案、3件相邻关系纠纷案、3件土地承包经营权纠纷案、2件财产损害赔偿案、1件股东资格确认纠纷案、1件物权保护纠纷案、1件恢复原状纠纷案、1件所有权确认纠纷案、1件侵权责任纠纷案、1件遗产继承纠纷案、1件健康权纠纷案、1件给付补偿费纠纷案。

由于在涉乡规民约的民事案件中，侵害集体经济组织成员权益纠纷案占绝大多数，故在以下侧重对此类案件进行分析；其他类型案件中，则对具有特色、比较典型的案件进行特别分析。

6.2.3.2 “乡规民约”在司法审判中的表现

(1) 裁判文书中涉“乡规民约”字眼的案件整体呈上升趋势

从内容上来看，在我国广大农村，乡规民约维持着农村社会秩序的正常运行，在农村社会治理中发挥着重要的作用。在检索到的裁判文书中，乡规民约大多都由当事人以事实或证据的形式主动提及，在解决家庭矛盾、化解邻里纠纷、移风易俗以及农村日常经济、政治、文化、生活运行等方面都起到法律不可替代的作用。从图6-1来看，关于“乡规民约”的案例在2014年和2015年有突飞猛进的增长，2016年和2017年虽然有所回落，但每年的案例数仍然高达几百件，充分说明随着农村社会的发展，人们运用“乡规民约”治理农村社会越来越普遍，人们的维权意识也逐年提高。当然，2014年裁判文书上网这一因素也可能影响这一结果。整体来看，乡民对乡规民约的重视程度极高，在有些乡民看来，乡规民约的地位甚至与国家法律相同，如在（2014）台黄民初字第2172号案件中，当事人认为："抓阄是中国民间的乡规民约，是民间用来解决法律没有明确规定的矛盾和纠纷的一种方法，具有法律效力，应该遵守。"当然，在这起案例中，法院对于"乡规民约具有法律效力"的说法是不予认可的。当事人的观点充分说明乡民对乡规民约的认可度极高，这也是裁判文书中涉"乡规民约"字眼案件整体呈上升趋势的原因之一。

（2）"系列案件"居多

在所检索的案例中，系列案件较多，突出表现为侵害集体经济组织成员权益纠纷案，此类案件主要是"外嫁女"权益遭到侵害进而起诉村民委员会的一系列案件。这些案件中，村民委员会作为被告提出的抗辩理由基本一样，案例的判决结果也保持高度的一致性，往往都以村民委员会败诉而告终。由于是系列案件，案号往往相连，例如（2015）衡中法少民终字第90号、（2015）衡中法少民终字第91号、（2015）衡中法少民终字第92号、（2015）衡中法少民终字第93号、（2015）衡中法少民终字第94号、（2015）衡中法少民终字第95号、（2015）衡中法少民终字第96号等系列案件。另外，在承包地征收补偿费用分配的案件中，村民基本都是因不服村民小组或村委会依乡规民约作出的承包地征收补偿分配方案，而状告到法院，由此也产生了系列案件。

（3）乡规民约在民事案件中发挥的作用大于刑事案件和行政案件

在检索到的案例中，乡规民约在8件刑事案件中都以事实陈述的方式提出，但法院在裁判中并未采用乡规民约进行说理。这是因为我国现行刑法的渊源包括刑法典及10个刑法修正案和1条单行刑法，根据"罪刑法定"原则，乡规民约是不能作为刑事案件审判的依据或理由的，所以乡规民约在刑法判决中基本不发挥作用。在大部分行政案件中，当事人一方或双方会以事实或证据的形式提出"乡规民约"，但法院的绝大多数判决理由中并没有涉及乡规民约，而是以法律、行政法规、规章等作为裁判依据。所以，乡规民约在刑事和行政案件上能发挥的作用很有限。

但在民事案件中，涉及的是平等主体之间的法律关系，乡规民约规制的是家庭邻里之间的日常交往活动，法院往往会主动提及乡规民约，以善良风俗遏制农村不良风气。如在相邻关系纠纷案中，涉及邻里之间的道路通行权、供水排水等纠纷，当事人会提出排除妨害、恢复原状的诉讼请求，此时法院会主动运用乡规民约进行说理。例如，在（2016）内0924民初522号案中，原被告因相邻关系产生了纠纷，法院在审判理由中提到“原被告系同村村民，又系邻里关系，应当遵守乡规民约礼让三尺的良好风尚。”因而根据《中华人民共和国民法通则》① 判决被告拆除阻碍原告通行的院墙及大门。在（2014）雷民初字第345号案中，法院在判决理由中指出“《中华人民共和国物权法》第85条规定：法律、法规对处理相邻关系有规定的，依照其规定；法律、法规没有规定的，可以按照当地习惯。② 原告根据当地乡规民约关于水沟上下五尺的土地属于耕地用水水沟的承包方拥有的规定主张权利，法院认为其乡规民约属于当地习惯，没有法律规定亦可适用。”其他运用乡规民约说理、肯定善良风俗的裁判文书还有（2017）辽02民终8780号、（2002）海南民终字第156号、（2016）粤51民终122号、（2016）内0924民初522号、（2014）韶翁法民一初字第340号、（2014）普民初字第4520号、（2018）冀0523民初85号、（2015）漾民初字第195号、（2016）豫0611民初2533号、（2015）安铁西民初字第114号、（2016）甘0423民初2143号、（2017）云3123民初46号、（2017）皖1802民初1412号和（2017）云06民终1062号裁判文书。

（4）乡规民约与法律的冲突

大多数案例中，当事人以“乡规民约”作为支持自己诉求或抗辩的依据，而这些案件也往往表现出乡规民约与法律之间的矛盾冲突。具体表现为：

其一，在侵害集体经济组织成员权益纠纷案例中，乡规民约与法律的冲突体现在以“乡规民约”的形式剥夺外嫁女、离婚女及其子女在集体经济组织中的合法权益，如获得征地补偿款、拆迁安置费等权益。例如，在（2015）衡中法少民终字第92号案中，上塘村村民小组制定的自治章程剥夺陆玲、夏某等部分外嫁女获得征地补偿费的权利。法院在判决理由中指出：“村民自治章程、村规民约以及村民会议或者村民代表会议的决定不得与宪法、法律、法规和国家的政策相抵触，不得有侵犯村民的人身权利、民主权

① 我国已于2021年1月1日起施行《中华人民共和国民法典》，《中华人民共和国民法通则》同时废止。

② 我国已于2021年1月1日起施行《中华人民共和国民法典》，《中华人民共和国物权法》同时废止，《物权法》第85条的内容现为《民法典》第289条。

利和合法财产权利的内容，农村集体经济组织可以召开村民会议通过民主议定程序就征地补偿费如何分配进行民主表决，但对于村民是否应当退田，是否具有村、组集体经济组织成员资格和获得征地补偿费的权利，不是村民会议民主议定的范围。”同类型的案例还包括如（2015）衡中法少民终字第93号、（2017）湘0422民初1507号、（2017）鄂0116民初1393号、（2016）晋0824民初201号、（2014）石民一初字第170号、（2014）石民一初字第224号、（2017）湘1228民初759号等民事案件。

其二，在婚约财产纠纷案例中，乡规民约与法律的冲突体现在，有些“乡规民约”中规定收取的彩礼不返还与《最高人民法院关于适用〈中华人民共和国民法典〉婚姻家庭编的解释（一）》第5条中返还彩礼的规定[①]相冲突，还有些农村的高价彩礼的传统习惯（类似于变相买卖婚姻）与《民法典》第1042条“禁止借婚姻索取财物”的规定有冲突。彩礼问题本来是法律所难触及的领域，在现代农村治理中，有些乡村会在乡规民约中规定亲戚朋友礼钱、烟酒钱、菜价等的最高限额，以达到消除“攀比”的不正之风；但是我国大多数乡村的乡规民约中并未规定彩礼的最高限额，也未涉及彩礼返还问题，大多以乡间传统做法来判断是否返还，极易引发矛盾，进而诉至法院。例如在（2016）甘1023民初739号案中，法院认为：“被告张某乙明知被告张某甲未达到结婚年龄而与其商定举行结婚仪式，且以高价彩礼作为举行结婚仪式的条件。被告张某甲则通过与原告刘某某举行结婚仪式而索取衣服钱、零花钱及‘四金’等高额财物。原告给付彩礼是迫于本地习俗和社会压力、是非自愿行为且高额彩礼致其生活困难。”最终判决女方返还男方部分彩礼。另外，解除婚约双方彩礼返还的问题，部分地区乡规民约的规定与法律略有冲突。例如，在（2016）湘04民终1842号案中，男女双方订了婚约后又解除了，男方主张返还高额彩礼，女方主张依照当地的乡规民约，已收取的彩礼不应当返还给男方。法院最后支持了男方返还彩礼的诉讼请求。但在相关案件中，如（2015）鄂通山民初字第161号、（2017）甘1023民初

① 第5条的规定为：“当事人请求返还按照习俗给付的彩礼的，如果查明属于以下情形，人民法院应当予以支持：（一）双方未办理结婚登记手续；（二）双方办理结婚登记手续但确未共同生活；（三）婚前给付并导致给付人生活困难。适用前款第二项、第三项的规定，应当以双方离婚为条件。”

1010 号、（2018）陕 0728 民初 370 号、（2017）甘 0702 民初 8275 号、（2017）甘 1023 民初 18 号、（2016）甘 1023 民初 739 号、（2016）湘 0903 民初 300 号、（2014）滨汉民初字第 1124 号等案件中，法院依法判决女方酌情返还彩礼、衣服钱或“五金”，而并非应当全部返还，以达到乡规民约与法律的统一。

其三，其他类型的案件中也有体现乡规民约与法律冲突的情况。如（2014）吉民初字第 1116 号不当得利纠纷案中，集体经济组织依据当地的乡规民约——《封山公约》对原告吴某某收取罚款 1000 元进行处分，法院判决支持了该乡规民约。然而，《中华人民共和国行政处罚法》规定，行政处罚由具有行政处罚权的行政机关在法定职权内实施。乡规民约显然不能作为行政处罚的依据，并且被告集体组织并非法定行政机关，没有行政处罚权。因而该案中的处罚在法律上是没有依据的。由此可见，我国部分农村的乡规民约确实存在着与法律相冲突的地方。同时，检索出的案例也表明，同一类其他案件中，法院判决乡规民约必须在法律框架之内进行约定，而不能违法，（2017）粤 0224 民初 713 号案例即是如此。

6.2.3.3 集体经济组织成员资格确认中法律规定与乡规民约的偏差

在检索到的涉及乡规民约的案例中，当事人提出确认本集体经济组织成员资格的诉讼请求而产生的案件数量高居榜首，共有 366 件。这些案件中，因法律规定不明确、对乡规民约是否适用的观点不一，不同法院对此持有不同态度，结论不尽相同。集体经济组织成员资格认定往往“受当地乡规民约、传统观念和历史习惯等因素影响较大，在某些特殊人群身份认定上有较大差异，由此引发的问题不利于确权登记工作的顺利推进”[①]，而且此问题在农村普遍存在，并关系到村民自治权的行使，因而作为主要问题在这里集中分析。

（1）确认集体经济组织成员资格案件是否属于民事案件受理范围

在 112 件侵害集体经济组织成员权益纠纷的民事裁定案例中，法院明确认定确认集体经济组织成员资格案不属于民事案件受理范围的有 53 件，详见

---

① 何丕洁：《明确农村集体经济组织成员身份认定条件》，载《人民政协报》2015 年 7 月 6 日，第 3 版。

（2017）粤09民终760号、（2017）粤民申7091号、（2017）鲁15民终1902号、（2017）陕06民申32号、（2017）陕06民申33号、（2017）陕06民申34号、（2017）陕06民申35号、（2017）陕06民申36号、（2017）陕06民申64号、（2017）湘06民终2273号、（2017）粤01民终9412号、（2017）粤09民终820号、（2017）冀05民终1258号、（2017）冀05民终781号、（2017）粤01民终3951号、（2017）粤01民终3952号、（2017）粤01民终1609号、（2016）陕06民申字第87号、（2016）湘06民终2271号、（2016）湘06民终2272号、（2016）粤01民辖终4064号、（2016）粤08民终1985号、（2016）湘01民终6899号、（2016）鲁04民终1813号、（2016）陕06民申字第73号、（2016）陕06民申字第74号、（2016）豫01民终7813号、（2016）粤15民辖终174号、（2015）云中法立民终字第12号、（2014）衡民申字第67号、（2017）湘1103民初4580号、（2018）粤2072民初1815号、（2017）粤0114民初8494号、（2017）吉0102民初2604号、（2016）冀1125民初747号、（2017）冀1122民初262号、（2016）粤1521民初771号、（2016）粤0103民初7152号、（2016）豫0503民初1551号、（2016）豫0503民初1556号、（2016）豫0503民初1554号、（2016）豫0503民初1553号、（2016）豫0503民初1552号、（2016）粤0904民初500号、（2016）吉0102民初812号、（2015）东民初字第3242号、（2015）秀法民初字第00815号、（2015）金义苏溪民初字第186号、（2015）衡桃立初字第12号、（2015）衡桃立初字第3号、（2015）衡桃立初字第3号（2017）粤民再224号、（2018）粤01民终9002号和（2015）粤高法立民申字第275号案件。法院在这些案件中认为，对于农村集体经济组织成员资格的确认以及是否享有集体收益分配的问题，应由其所在的集体经济组织成员大会（村民会议）按照该集体经济组织章程表决通过，或者当事人应先向政府申请确认其成员资格，然后才能向法院起诉提出分得征地补偿费用及其他诉求，这实质上是将确认农村集体经济组织成员资格的权利交由集体经济组织成员大会或政府机关。而在（2015）衡中法少民终字第91号、（2015）衡中法少民终字第93号、（2015）衡中法少民终字第90号、（2015）衡中法少民终字第92号、（2015）衡中法少民终字第95号、（2015）衡中法少民终字第96号和（2015）衡中法少民终字第94号等案件中则观点相反，法院认为，农村集体经济组织可以召开村民会议通过民主议定程序就征地补偿费如何分配进行民主表决，但对于村民是否应当退田，是否具有村、组集体经济组织成员资格和获得征地补偿费的权利，不是村民会议民主议定的范围。

还有一些案件，不涉及确认农村集体经济组织成员资格的认定，但法院认为不属于民事案件受理范围，如农村集体收益的具体分配方案、土地流转收益方案的制定和分配属于农村自治范围，不在法院民事案件立案范围之内，详见（2015）湛中法立民终字第 101 号、（2016）粤 01 民辖终 1360 号、（2016）粤 01 民辖终 3562 号、（2016）粤 01 民辖终 3800 号、（2016）粤 01 民辖终 3801 号、（2016）粤 01 民辖终 3802 号、（2016）粤 01 民辖终 3803 号、（2016）粤 01 民辖终 3942 号、（2016）粤 01 民辖终 3938 号、（2016）粤 01 民辖终 3799 号、（2017）粤 19 民终 897 号、（2018）皖 01 民终 3867 号、（2018）皖 01 民终 3869 号案件。而土地承包经营权、宅基地使用权的取得在行政管理范畴之内，不属于法院民事案件受理范围，如（2018）苏 04 民终 964 号、（2018）粤 01 民终 1364 号、（2015）沅民一初字第 460 号、（2018）粤 02 民终 122 号案例。注销户籍后是否享有股权也不属于民事案件受理范围。如（2016）粤 01 民终 10038 号、（2016）粤 01 民终 10039 号案件。

除了以上案件之外，也有一些案件中当事人诉讼请求涉及确认集体经济组织成员资格，法院不仅提出确认其资格的具体标准，而且也对当事人是否享有集体经济组织中的相关权益一并进行判决。如（2017）闽民申 1742 号、（2017）晋 08 民终 3096 号案件。在（2018）粤民再 103 号、（2015）粤高法立民提字第 30 号、（2017）陕 08 民再 5 号、（2017）陕 08 民再 7 号案件中，一审和二审法院均认为确认集体经济组织成员资格属于村民自治或行政管理范围之内，不属于民事案件受案范围，再审中予以纠正，认为村民小组作出有关集体收益分配差别待遇的行为已经侵害了村民的合法权益，因此，将确认集体经济组织成员资格的案件纳入法院民事案件受理范围内。另外，在所检索到的民事判决书和行政判决书中，均把确认农村集体经济组织成员资格案例纳入民事案件受理范围，并有明确的认定标准。

之所以产生这些结果不一的裁判，其一是我国法律并不认为确认集体经济组织成员资格的问题属于法律调控范围，而认为应属集体经济组织内部的问题，集体经济组织有权对此作出决定。比如，有些地方在其《村经济合作社组织条例》《关于农村集体经济组织成员界定办法的指导意见》等地方性法规或民间规范中规定了确认集体经济组织成员资格的内容，将该资格认定问题交由该村的经济合作社章程载明认定资格的条件，或者由村委会组织召开村民大会讨论决定，而认定或决定的依据往往就是本村的乡规民约。其二是由于各村乡规民约内容不一，导致对集体经济组织成员资格认定的结果不一，再加上法律规定的不明确，于是法院是否受理这类案件以及受理后如何判决遂仁者见仁、智者见智了。

（2）集体经济组织成员资格认定标准

司法实践中，由于乡规民约的内容各异，各村风俗习惯不同，加之资格确认与否往往会影响该集体组织其他成员的切身利益，认为应当受理确认集体经济组织成员资格案件的法院在作出判决时采取的认定标准往往不一，具体而言，大体分为以下三个标准：

其一，“户口”标准。“户口”标准，是指当事人只要具备当地农村户籍即视为其具有集体经济组织成员资格，以下民事判决采取的是“户口”标准，即（2017）湘1229民初701号、（2017）湘0422民初1507号、（2013）资民一初字第216号、（2013）资民一初字第217号、（2017）鲁1522民初3504号、（2017）鄂0116民初1393号、（2017）鄂0116民初829号、（2017）湘0422民初249号、（2015）天民初字第05537号和（2015）渭城民初字第00403号案件。例如，在（2017）鄂0116民初1393号案件中，离婚女户口未迁出也可获得征地补偿款。（2017）湘0422民初1507号案件中，具体阐释了户籍取得的两种方式，即原始取得与加入取得，前者如出生，后者如结婚，这两种户口取得方式都可以证明当事人具有集体经济组织成员资格。（2015）珠民一初字第165号、（2015）珠民一初字第166号、（2015）珠民一初字第167号案件中体现的是“出生+户口”标准。在（2015）渭城民初字第00403号案件中，法院认可了外嫁女及其孩子的成员资格，并对征地补偿款的请求做了判决，判决外嫁女可全额获得征地补偿款，但是因其孩子的的抚养费应由父母双方共同承担，故酌情支持孩子一半征地补偿款的请求。

其二，“户口+生活”标准。“户口+生活”标准，是指获得集体经济组织成员资格的条件不仅包括户籍，还要求当事人在当地生活或生产以及依赖集体土地为生活条件。详见（2016）湘0407民初420号、（2016）湘0407民初178号、（2016）湘0407民初419号、（2016）晋0824民初201号民事判决书以及（2017）闽民申 1742 号和（2017）晋 08 民终 3096 号民事裁书。

其三，“户口 + 义务”标准。“户口 + 义务”标准涉及较多外嫁女情况，主要是外嫁女具有当地户籍，满足在当地生活生产的基本条件之外，还应履行相应义务，如参加农村合作医疗等。比如有的案件中，判决外嫁女在嫁入地无承包地、未获得征地补偿款等福利待遇、未缴纳养老保险时才可确认其在娘家的集体经济组织成员资格。虽然在“户口 + 义务”的标准下，法院作出判决时要求被确认资格的当事人不但户籍在该村，而且应当参加生产生活、履行一定义务，但是各法院具体操作又有不同。

在以下民事判决中，采取了“户口 + 在当地生活生产 + 参加农村合作医疗”标准：（2017）琼 01 民再 7 号、（2014）美民一初字第 2541 号、（2014）美民一初字第 2208 号、（2014）美民一初字第 2209 号、（2014）美民一初字第 2210 号、（2014）珠民一初字第 385 号、（2014）珠民一初字第 386 号、（2014）珠民一初字第 387 号、（2014）珠民一初字第 384 号、（2014）珠民一初字第 424 号、（2015）海中法民一终字第 23 号、（2014）繁民一初字第 00454 号、（2014）美民一初字第 905 号、（2014）美民一初字第 956 号、（2014）美民一初字第 958 号、（2014）美民一初字第 959 号、（2012）海中法民一终第 1065 号、（2014）美民一初字第 954 号、（2012）海中法民一终第 1064 号、（2012）海中法民一终字第 1058 号、（2014）美民一初字第 955 号、（2012）海中法民一终字第 1060 号、（2012）海中法民一终字第 1061 号、（2012）海中法民一终字第 1059 号、（2012）海中法民一终第 1062 号、（2012）海中法民一终第 1067 号、（2014）美民一初字第 640 号、（2014）美民一初字第 641 号、（2014）美民一初字第 638 号、（2014）美民一初字第 639 号和（2014）美民一初字第 921 号案件。

也有的案件中采取“户口 + 未在丈夫处享受相关福利待遇”的标准，如（2015）聊东民初字第 206 号、（2015）聊东民初字第 203 号、（2015）聊东民初字第 204 号、（2015）聊东民初字第 199 号、（2015）聊东民初字第 335 号、（2015）聊东民初字第 205 号、（2014）聊东民初字第 2987 号和（2015）东法民二初字第 550 号民事判决书。

还有案件在判断外嫁女的集体经济组织成员资格时，与当地的计划生育条例相结合，通过核实其是否违反计划生育政策法规来判断是否履行或违反了集体经济组织成员应尽的义务。此种案例在行政判决书中表现最为明显，如（2017）粤71行终2287号、（2017）粤71行终2286号、（2015）穗中法少行终字第39号、（2014）江中法行终字第11号、（2014）江中法行终字第10号、（2016）粤7101行初1688号、（2016）粤2071行初622号、（2016）粤2071行初323号、（2016）粤2071行初324号、（2016）粤2071行初325号、（2016）粤2071行初326号、（2016）粤2071行初327号、（2016）粤2071行初328号、（2016）粤2071行初329号、（2016）粤2071行初330号、（2016）粤2071行初331号、（2016）粤2071行初332号、（2016）粤2071行初333号、（2016）粤2071行初334号、（2016）粤0606行初1133号、（2016）粤0606行初1134号、（2016）粤0606行初1135号和（2016）粤0606行初1136号行政判决书，这些案件中采取的是“户口＋履行法律法规和组织章程规定义务”标准，外嫁女若存在未婚先孕、超生等违背计划生育条例的情形时，依照当地计划生育条例对其孩子的社会福利待遇作出一定程度的限制，但不能完全剥夺集体经济组织成员资格。在行政案例中，存在一起“同案不同判”的案例，（2014）江中法行终字第12号案件和（2014）江中法行终字第9号案件都是由广东省江门市中级人民法院作出的行政判决书，（2014）江中法行终字第12号案例认为在不违反宪法、法律、法规和国家政策的前提下，外嫁女违规生育后子女是否享有相关权益，由农村集体经济组织或者村民委员会、村民组织民主议定程序进行讨论决定，法院将子女享受相关权益的决定权交由村民自治，而在后一案例中法院直接认定子女请求确认其集体经济组织成员资格缺乏法律依据。

在以上行政案例中，仅在（2016）粤0606行初1133号、（2016）粤0606行初1134号、（2016）粤0606行初1135号和（2016）粤0606行初1136号案件中，“乡规民约”进入了举证、质证以及法院判决说理的环节。

结合计划生育政策法规判断当事人是否具有集体经济组织成员资格同样在民事判决书中有所体现。如（2014）美民一初字第957号案件中，法院认为未婚生育的子女与婚生子女待遇相同，不应差别对待。（2014）石民一初字第224号案件中，也要求落户应遵守计划生育法律法规政策的相关规定。

（3）模糊的标准

在有的案件中，法院承认当事人有集体经济组织成员资格，但却没有详细阐释理由，如（2014）石民一初字第170号和（2017）鲁1523民初3205号民事案件。在（2014）石民一初字第228号案件中，法院未明确认定当事人具有集体经济组织成员资格，但认为当事人所依据的乡规民约是违法的。

综上所述，我国集体经济组织成员资格确认主体和标准存在很大争议。成员资格确认主体的模糊性以及认定标准不一带来实践中“同案不同判”的结果，也导致当事人不断上诉、申请再审，法院也曾出现一审和二审判决中不予认可当事人集体经济组织成员资格，而在再审中又予以纠正的尴尬局面。究其原因，主要是因为集体经济组织成员资格认定在我国法律上并无明确规定。我国最高人民法院把征地补偿款的分配权赋予本集体经济组织成员大会或地方性法律、法规、条例及规章，但并未明确如何来确认集体经济组织成员资格，法律依据是2005年实施的《最高人民法院关于审理涉及农村土地承包纠纷案件适用法律问题的解释》①，很明显，集体经济组织成员资格的确认主体都处于模糊状态。

笔者认为，我国幅员辽阔，集体经济组织成员资格的确认标准可以下放至各地，根据各地实际情况具体确定其标准。但是集体经济组织成员资格的确认主体在法律上必须明确，否则会出现当事人“告诉无门”的情况，同一个案件可能会经历请求村民委员会、行政部门以及法院处理的情况，也可能会经历一审、二审甚至再审的审理，这种情况下，无论是行政效率还是司法效率都十分低下，导致当事人的权益难以保障。

集体经济组织成员资格的确认属于农村自治事项之一。村民委员会在农村日常事务管理、财产管理方面起到十分重要的作用，而且村民委员会对于各位村民的情况更为了解，所以让村民委员会牵头在其乡规民约中予以明确认定条件，召开村民民主会议共同决定集体经济组织成员资格是最为合适的。同时，确认集体经济组织成员资格会影响其他成员的既定利益，为了防止权利的滥用，必须设计一套完整的资格认定、监督以及救济程序。申请确认其集体经济组织成员资格的村民首先需要向村民委员会提出申请，村民委员会根据乡规民约予以认定，如果仍有争议的，由村民委员会在召开全体村民会议的情况下予以投票表决，并将投票结果公之于众，接受全体村民的监督以

① 该解释已于2020年修正，其中第22条规定：“农村集体经济组织或者村民委员会、村民小组，可以依照法律规定的民主议定程序，决定在本集体经济组织内部分配已经收到的土地补偿费。征地补偿安置方案确定时已经具有本集体经济组织成员资格的人，请求支付相应份额的，应予支持。但已报全国人大常委会、国务院备案的地方性法规、自治条例和单行条例、地方政府规章对土地补偿费在农村集体经济组织内部的分配办法另有规定的除外。”

及乡镇政府的指导。《民法典》第 265 条第 2 款规定：“农村集体经济组织、村民委员会或者其负责人作出的决定侵害集体成员合法权益的，受侵害的集体成员可以请求人民法院予以撤销。”可见，我国现有法律中也存在对该类案件的救济依据，（2017）陕 08 民再 7 号案件就运用了该内容。[①] 在土地管理案件中，村民委员会实质上是行政法中规定的“法律、法规授权的组织”这一类行政主体。授权依据是《中华人民共和国土地管理法》第 11 条，该条款明确规定：“农民集体所有的土地依法属于村农民集体所有的，由村集体经济组织或者村民委员会经营、管理……”，因此，若村民对确认集体经济组织成员资格决定不服的，可以提起行政复议和行政诉讼程序。

集体经济组织成员资格的确认关乎该成员是否可以获取集体经济组织的各项福利待遇、分红等权益，也关乎我国农村社会的稳定，民间往往以本地乡规民约予以认定。如果就此问题发生纠纷，诉至法院后，由于法律规定的不具体和不可知性，法院往往根据法律原则和精神，结合当地乡规民约进行具体分析，如果乡规民约不违法，则可依据乡规民约来判定，如果乡规民约违法，则依据法律规定或法律的精神和原则予以确认。这类案件中对乡规民约的司法适用也反映了司法实践中乡规民约适用的普遍状况。这也为新时代乡规民约的功能发挥提供了思路，即国家法律在乡规民约不违法的情况下，也应立足农村社会现实，以开阔的胸襟、“接地气”的态度，在法律的限度内尊重乡民的自治权，以契合农村社会的现实需要，并以此完善和推动国家法律的发展。

6.2.4　新时代乡规民约功能发挥的路径选择之二——其他方面的完善之策

（1）处理好传统与现实之间的关系

乡规民约是历史传统的产物，其蕴含着每个乡村地区的特色，蕴含着不同乡村独具特色的传统文化风俗习惯。每个乡村的乡规民约都建立在该乡村的历史文化积淀之上，是共同劳动、生活的人们约定俗成而又潜移默化共同

① 《中华人民共和国民法典》自 2021 年 1 月 1 日起施行，《中华人民共和国物权法》同时废止，《民法典》第 265 条第 2 款的内容为《物权法》第 63 条第 2 款的内容，（2017）陕 08 民再 7 号案件就是适用了此条规定。

遵守并实践着的规则。乡规民约在历史上发挥过极其重要的作用，其中既有理性的内容，也有非理性的内容，因此，在继承传统乡规民约时应当处理好现实与传统之间的关系。

乡规民约的传统性，是乡村治理中不可忽略的问题。事实证明，一个地区的传统、习惯是该地区发展的重要历史文化背景，而一项政策、法律的顺利推行，是离不开该地区文化环境以及村社氛围的影响的，若是不能很好地“因地制宜”，反而会导致法律、政策“水土不服”，使乡民们产生排斥心理，这样无疑会耗费更大的成本，而且收效甚微。因此，重视传统风俗习惯的继承与发展，是我们推行改革、构建法治社会所必须正视和尊重的课题。

一方面，对于传统中的睦邻友好、惩恶扬善、村社和谐等因素，不宜一概用政策和法律取而代之。比如，居住在云南省和四川省的摩梭人有一种传统婚姻习俗——走婚，体现了摩梭人母系社会的婚姻特色。这种走婚形式是族里世世代代流传下来的，是他们的风俗习惯，因此不能一味以国家法律来约束。另一方面，传统中也会存在着一些不合时宜、不切实际的内容，如乡规民约中的传统因素有的涉及封建家长制、有的倾向于性别歧视、有的则是带有违法性质的惩戒措施，这些内容不仅是传统中应该舍弃的内容，也为当今的法治社会所不容。在文化传承中，可以说没有传统就没有现代，而在现代化进程中，没有对传统的改革就没有发展。因此，在改革进程中不能简单地将改革措施“硬着陆”“一刀切”，而是要在保留地区传统风俗优势的前提下进行。由此，我们在改革的过程中需要有取舍地鉴别和汲取传统的风俗习惯，正确处理好传统与现实发展之间的关系，使得现代改革在乡村社会的背景下更好地推进，从而进一步完善现代乡规民约的治理功能。

此外，实现对乡规民约的文化认同，也离不开对传统和现实问题的合理把握。一方面应继承乡规民约中有利于促进村社和谐发展的传统文化价值；另一方面应增强乡规民约的时代性，将社会主义核心价值观融入传统乡规民约的道德教化中，只有这样，现代乡规民约才能经得起时间和实践的检验，在乡村社会治理中进一步成长、壮大，从而在传承朴素美好的伦理道德的基础上推动乡村的发展。

（2）实现与国家法律的良性互动

乡规民约的推进与国家法律的实施在乡村社会治理中都发挥着作用，但在实践中，二者在适用范围上存在交叉区域。适用乡规民约的乡民不仅仅是某村的村民，同时也是国家的公民，要同时受到当地的乡规民约与国家法律的约束，若想更好地发挥乡规民约的作用，必然应当协调乡规民约与国家法律的关系，实现与国家法律的良性活动。

从适用范围上来看，法律作为规范人们行为最低限度的要求，相较于乡规民约更具有普遍性，因此其适用范围较广；而乡规民约通常是以农村社会的实际生活为基础而形成的，因此其适用范围通常限于一定区域的乡村地区。由此可见，农村地区往往受到乡规民约与国家法律的双重制约，而国家法律在一定程度上为我国的乡村社会提供了稳定和谐的社会秩序，从而为乡规民约的实施提供一定的社会环境保障。从这方面来说，国家法律是乡村治理的前提和基础，是基本行为准则，在调整社会关系和构建社会秩序上发挥着乡规民约所不具有的作用，而乡村社会的安宁在相当程度上得益于此；同时，乡村社会秩序的维护也离不开乡规民约的实施，其内容与乡民生活息息相关，单以国家法律进行调整是不够的，也是不彻底的，这就需要乡规民约对村民从思想上、内心上进行引导约束。

从价值追求上看，国家法律追求的是普遍利益，而乡规民约追求的是特殊利益，因此，二者在利益目标上是不同的。当公民身份与村民身份趋同时，乡规民约中价值取向与法律基本一致，二者之间就不太会存在冲突的情形；而当公民身份与村民身份相背离时，乡规民约与国家法律之间将出现价值冲突。随着国家现代化法治进程的加快，公民身份往往是村民身份的前提，遵守国家法律也是实现乡规民约治理功能的先决条件，因而乡规民约中不合乎法律的内容也在逐渐减少。但是由于乡规民约自身追求利益的特殊性，因此相较国家法律，乡规民约的规范范围往往更加具体，且更加贴近乡民的生活。乡规民约的规定是具有劝导性的、倾向于道德层面的价值追求，但有时劝导性的规范却带有过于严重的惩戒条款，使得劝导性的规范有了义务的性质，而这类现象就是乡规民约与国家法律价值冲突的表现之一。

在面对冲突时，处理好乡规民约与国家法律之间的关系、实现两者的良性互动尤为重要。一项制度或规则要能够更好地发挥作用，就必须建立必要的奖惩机制，这是制度或规则发挥实效的激励条件和内在动力，在面对乡规民约的惩罚措施与国家法律相互冲突的局面时，应当把握好国家法律与乡规民约之间的平衡，并在不违背国家法律和政策的前提下，寻求建立乡规民约对村民更加有效的惩戒和警示机制，使乡规民约在社会治理中更好地实现其独特功能。

（3）发挥乡民的自主性

对于广大乡民来说，乡村是他们共同生活的家园，他们在这片土地上扎根成长，对乡村土地有着深厚的感情，乡村振兴寄托着乡民们实现美好生活的希望。最了解乡村历史传统和现实情况的是乡村的“主人”，因此，在推进乡村振兴的过程中，乡民们应提高“主人翁”意识，在乡村社会的治理中发挥自主性，献计献策，勇于承担责任。

在乡规民约的制定和修改的过程中，首先要理顺乡规民约与国家法律之间的关系，要避免国家法律、政治权利的强势介入，在保护优秀的传统伦理道德和维护良好乡风民俗的同时，将社会主义核心价值观和法律政策以合理和正确的方式渗入其中，应促进乡规民约符合新时代中国特色社会主义发展的要求。此外，应由乡民真正掌握制定与修改乡规民约的权力，发挥乡民的自主性，同时，规范和监督乡规民约的制定和修改，从而减少或消除乡规民约在约束力和执行力上比较散漫的现象，使其既符合“村民自治”的精神，又不违背国家政策与法律的规定。村社组织要发挥带头与领导作用，求真务实，积极履行自身职责并自觉接受监督，广泛动员村民参与乡规民约的制定和修改工作中，培养乡民的自主精神和村民意识，确保他们能在乡规民约的制定和修改过程中表达自己的意见和建议。只有使乡规民约真正变成乡民自觉自愿遵守的“合意”，才能更好地调动村民遵守和实践乡规民约的自主性。

此外，在乡规民约建设中还应注重其执行性。首先，乡规民约扎根于乡土社会之中，相较于法律更加契合乡村实际发展需要，更具有包容性。因此，在处理乡民们日常生活中出现的矛盾纠纷时，乡规民约不能像法律一样摆出强硬的姿态，而是在保持其“尊严”的同时具有一定灵活性，并把握好作为民间规范的“度”，不能违背法律。其次，在乡村社会治理中，在法律“无能为力”时，可以通过乡规民约来维持社会秩序。再次，乡规民约应着眼于小处，为村民办“细事”，“亲民的”且具有可操作性的乡规民约才有执行力，也才能发挥实效。最后，制定现代乡规民约时也要注重跟随新时代的步伐，将社会主义核心价值观融入其中，更好地为村民服务，让乡村面貌焕然一新，从而推动实施乡村振兴战略。乡规民约的建设只有把握宏观大局，又注重细节，才能更好地推动乡村整体发展，为乡村振兴助力。

第七章　新时代乡规民约在基层农村社会治理中面临的问题及其创新路径

7.1　新时代农村社会治理中乡规民约面临的问题

7.1.1　当前农村社会治理对乡规民约提出的挑战

近年来，我国农村社会结构发生很大变化，农村社会治理体制不断完善，治理模式由一元管控转向多元共治，乡村治理现代化水平不断提升。同时，农村社会结构的变化和治理模式的转变给现代乡规民约的发展带来了挑战。

7.1.1.1　农村社会结构变化带来的挑战

改革开放以来，随着经济的发展，我国农村社会结构不断发生变化。农民群体逐步分化出私营企业主、个体工商户等，外出务工的农民工阶层逐步壮大，并且有一些选择留在城市发展，给现代农村社会结构的转变带来深远影响。有学者将我国农村社会划分为八个阶层，分别是：（1）外出经商户、城市稳定工作的农民工及其家庭；（2）农村私营企业主、农场主；（3）农村个体工商户、农业大户；（4）农村管理者、知识分子；（5）未稳定型农民工；（6）本地农民工（半工半耕型）；（7）纯农户；（8）贫弱农民。[①] 其中，收入中等阶层的人数占农村人口数的比重较大，没有进城务工的青壮年农民和老弱病残户占农村常住人口的绝大多数，农民阶级在整个社会中仍然属于

① 顾辉：《当前中国农村社会阶层结构的深度调整及其发展形势》，载《福建论坛（人文社会科学版）》2017 年第 3 期。

低收入群体。[①] 农村社会结构的变化使农村社会发展出现一系列问题，也给现代乡规民约的发展带来挑战。

（1）农村教育、医疗、养老保障等问题因农村社会结构的变化而变得更为尖锐

在教育方面，相较于城市，农村的教育水平整体上较为落后，很多农民子女接受初等或中等教育后就辍学务农或外出务工，而接受过良好高等教育的农村学生一般选择在城市发展，因此，留守在农村的农民往往教育水平有限，导致农村缺乏接受高等教育的人才。

在农民工劳动保障方面，选择进城务工的农民工人数在农村超过半数，一些农民工从事的工作属于高度危险作业，对其人身安全构成威胁；进城务工的农民工参加五险的人数较少，工作条件恶劣，甚至工资也难以保证按时足额发放，劳动保障欠佳，成为城市的边缘群体。

在医疗方面，我国新型农村合作医疗保险制度目前在农村基本实现了全面覆盖，但是仍须不断完善。例如，推广大病医疗保险制度，让农民看得起病，不至于因为一场大病变为贫困户。

在养老方面，农村在养老保障方面仍存在很大问题：农村养老保险参保人数较少，多数农民选择传统的土地保障和家庭保障的方式；虽然国家对60周岁以上的农村老人提供基础养老金，这属于国家补贴，体现出国家对农村老年人养老保障的政策倾斜，但是国家提供的基础养老金数额较少，再加上农村医疗、基础设施发展不到位，农民的养老保障水平与城市相比仍然存在着差距。

（2）农村留守群体对农村社会治理的参与度较低

首先，农村社会留守群体中相当一部分是留守妇女。除了家庭性事务，留守妇女在农村社会性事务中也扮演着重要的角色，如担任村主任、村支书等村干部，创办民营企业，带动乡村经济发展等。妇女在农村社会的经济发展、政治建设、文化传承等方面都起着推动作用。大部分妇女吃苦耐劳，在发展农业生产的同时，还要照顾儿童和老人，但是留守妇女对农村社会治理的作用并没有得到充分发挥。有的妇女由于接受教育程度低，对国家政策、社会发展了解少，视野局限于农村地区，平时又忙于家庭事务，以致农村妇

① 贺雪峰：《农村社会结构已发生重要变化》，载《北京日报》2015年10月26日，第18版。

女对村庄公共事务的参与积极性不高。[①]

其次，留守老人在农村社会治理中积极作用没有得到较好发挥。农村老人对农业生产拥有自己的独特经验，在农村社会中也拥有长久稳固的人际关系，参与农村事务具有优势，但是老年人的身体健康状况及体力通常不如年轻人，从事公共事务有心无力。另外，农村老人选择购买养老保险的比例不高，普通农民只享有国家提供的基础养老金，在养老方面主要依靠土地保障和家庭保障的方式，为了保障自己的生活，有的农村老人须坚持农业生产。在此情况下，抽出时间与精力参与农村社会治理也无从谈起。[②]

最后，留守儿童由于未成年，本身是无民事行为能力人或限制民事行为能力人，需要监护人履行监护职责，就更谈不上积极主动参与农村社会治理了。而且，留守儿童也带来一系列社会问题。由于缺少来自父母的关爱，给留守儿童的生活、教育、性格、心理、健康、安全等方面带来一系列问题，留守儿童成为农村社会发展中应当重视的群体。

另外，农村社会结构变化使农村社会从传统的熟人社会向半熟人社会转化，甚至逐渐步入陌生人社会，村民关系日益疏远，村落文化的认同感逐渐降低，外出务工人员参与村务的机会越来越少，与其他村民的关系慢慢疏远，而选择定居在城市的人因为地域、生活差异更是与在家乡的村民很少联系，传统的熟人关系被打破，村落文化传承面临严峻考验。例如，农村事务中较为重要的祭祀活动、丧葬活动可能因为外出村民不了解具体习俗或难以抽身参与而逐渐让共同的仪式感淡化。在农民的精神需求方面，随着社会的发展，传统的村落文化受到冲击，现代生活方式带来文化断裂和传承断层导致村落文化逐渐衰落，对农村社会的治理造成了不小的阻碍。

7.1.1.2　农村社会治理主体带来的挑战

改革开放以来，我国农村社会治理从人民公社时期的一元管控逐渐变成多元主体治理模式，除乡镇政府和村民自治组织以外，村民群众、其他民间组织等主体也参与乡村治理之中，体现出多元共治的优势。在我国社会转型

① 贺喜灿：《留守妇女：建设新农村的重要力量》，载《人民日报》2007 年 9 月 12 日，第 9 版。

② 贺喜灿：《“留守老人”在建设新农村中的能量需挖掘》，载《中国县域经济报》2007 年 10 月 29 日，第 10 版。

阶段，国家倡导政府角色由管理型政府向服务型政府转变，为新时代农村社会治理积极出谋划策，与此同时，应保障村民自治权，政府不能干预依法属于村民自治范围内的事项。根据《村民委员会组织法》，村民会议是在农村社会治理中居于最高决策地位的机构，但在现实生活中，村民会议有时流于形式，难以发挥实际作用，而且存在公权力过多干预乡村事务的情况，农村社会各个治理主体之间的关系没有达到平衡。① 要真正实现农村社会的多元共治，乡镇党政组织、村民自治组织、乡村精英、村民、社会组织等都应发挥其特有的作用，但是实践中，各主体的治理作用未能达到理想状态。

首先，公权力机构的农村社会治理能力亟待提高。乡镇是我国最基层的政权组织，是党的执政基础，乡镇党政组织在我国农村社会治理中具有重要地位。乡镇政府管理农村公共事务，落实有关乡村建设的各项政策规定，在农村社会治理中起到上传下达的作用，但是在其开展工作的过程中也面临多种问题。例如，乡镇财政是乡镇政府管理的一级财政，实行分税制后，县、乡财政受到很大影响，许多地方出现支大于收的情况，财政紧缺；而且，原先乡镇财政收入主要来源是农业税，在农业税取消后，乡镇财政收入缺少了主要组成部分。经费缺失不利于乡镇政府开展农村建设工作，也影响乡镇干部的工作积极性，乡镇干部的工资收入较低，导致有些干部不能将精力全部投入到农村建设中，更有甚者会采用贪污手段，影响村内良好风气的弘扬，对农村社会的经济发展和村内事务管理难以起到有效的促进作用。又如，大学生村官制度为乡镇干部队伍注入活力，大学生带来新的知识和治理理念有利于发展农村经济，也有助于提高基层干部素质，但是农村环境艰苦，选择继续留村工作的大学生人数较少，其为农村提供的先进理念没有适当的人才保证连续实施，不利于农村社会的长久发展。② 还有，一些乡镇党政组织并不充分了解农村情况，作出的决策因不切实际而无法产生预期效果。例如，党的十九大报告中指出要提倡绿色发展，而有些乡镇政府为了发展经济，引进或发展高污染企业，以此造成的环境问题，严重影响了村民的生活。有些地方甚至大搞形象工程，对农村社会的治理没有尽到责任。

其次，社会组织的作用未能充分发挥。由于政府供给能力的有限性，农

---

① 饶旭鹏：《农户经济行为与农村社会治理研究》，光明日报出版社 2016 年版。

② 孙正林、刘红娜：《新农村建设与制度创新》，中国农业出版社 2012 年版。

村的很多公共服务由农村社会组织参与提供，但因制度约束、资金匮乏、人才短缺和内部管理不规范，社会组织提供的服务层次低、规模小、范围小，农民对农村社会组织提供的服务满意度并不高。① 以农村金融组织为例，我国农村社会组织对农村的投资较少，招商引资工作开展较为困难，农村金融组织体系尚不健全。国有商业银行、农村信用社以及村镇银行等金融机构可以为农村提供金融服务，但是仍然存在资金外流现象，农业生产周期长，收益低，而且我国目前没有形成农业生产规模化经营，因而金融机构为农村提供金融支持动力不足，导致农村融资难等问题。我国拥有悠久的农耕文明，是农业大国，但是金融投资与农业市场发展水平不成比例。我国的农业市场具有巨大潜力，中华人民共和国成立初期，工业发展水平低，通过农业哺育工业实现国家工业化，在农业方面实行计划经济体制，后来又实行人民公社化运动，市场在农村金融方面没有发挥作用，经过几次金融改革，逐渐意识到可以发挥市场调节作用，但是民间资本的引进工作仍不理想，目前农村金融方面发挥主要作用的是农村信用社和邮政储蓄银行，其他资本对农业的投入较少，因此，缺乏自由竞争的金融市场难以发挥较大作用。国家发展村镇银行为农村金融注入活力，吸收民间资本投入农村市场，在国家的领导下，发挥市场的作用，尽力解决农村融资难的问题，但由于长久以来的计划经济影响，农村金融改革还须不断探索，民间社会组织在农村社会治理中的作用还应尽量充分发挥。因而，在农村基础设施水平提高之后，减少政府对农村的干预，充分发挥民间社会组织的作用，农村的信息宣传、农民培训、农产品的流通、生产工具的提供等工作都可交由民间社会组织完成。

最后，农民群众参与农村社会治理的积极性没有充分调动起来。由于我国古代实行小农经济，农民生活自给自足，居住分散，相互之间合作性较差。长期以来小农经济对农村的影响极深，因此，农民对社会事务关心程度不够，参与政务能力不足。自给自足的自然经济局限了农民的见识，农民将其关注点集中在土地上，参与社会事务的积极性不高。现阶段，我国农村经济的发展主要依靠土地，分散化的经营模式使农业生产获利水平较低，农村居民的

① 张开云、李倩、曾小龙等：《社会组织供给农村公共服务：现状评价与政策路径——基于广东农村地区调查的分析》，载中国社会组织公共服务平台官网 2019 年 1 月 4 日，http：//www. chinanpo. gov. cn/700109/92661/newswjindex. html。

人均可支配收入较城市居民有较大差距，以2020年为例，城镇居民人均可支配收入为43834元，而农村居民人均可支配收入仅为17131元。为了自身生存需求，农民将更大的精力投入发展生产上，对政治性事务、社会性事务关心程度较低。近些年，农民家庭经济水平逐步提高，使得他们有更多精力关心自身政治权利，关心社会事务，比如行使选举权、积极参与农村社会治理等，这使农民对自身政治权利和社会权利的认识有了非常大的提升。然而，仍有一些农民没有实现意识上的转变，对国家、集体的认识还停留在比较浅的层面，参与政治事务、社会事务的积极性和能力都有待提高，这不利于实现村民自治及农村社会的多元共治。

7.1.2 现代乡规民约自身存在的问题

7.1.2.1 乡规民约的部分内容违法

乡规民约是由村民合意约定的民间规则，在一定地域范围内有效，因而更符合乡情民意，在农村社会具有较强的适用性。乡规民约的内容，如邻里团结、家庭和睦、敬老爱幼、勤俭节约等是对我国传统文化的传承，对形成良好民风具有潜移默化的作用。但是，具有悠久历史的现代乡规民约中有精华也有糟粕，甚至有违法内容存在。乡规民约内容的违法主要表现为违法使用罚款权、承担株连或加重责任、剥夺村民福利待遇、侵犯村民财产权、违反平等原则、性别歧视等现象。

在违法使用罚款权方面。有乡规民约约定：“倡导文明祭祀，不乱埋滥葬，不在公路两旁可视范围内葬坟，违者处罚5000—10000元（执行主体乡民政所）。”罚款是一种行政处罚措施，根据《中华人民共和国行政处罚法》的规定由相应的行政机关行使处罚权，乡规民约作为村民自治的约定，不应包含行政处罚的内容，更无权约定执行主体为乡民政所。2016年8月，四川省达州市某村村民给母亲办寿宴，违反了所在村的《村规民约》，事后，该村村委会向其收取了650元的“违规办宴认识费”，这样的收费显然是一种变相“收费”，与某些乡规民约中的“罚款”具有同样的性质，是不合法的。

在违法承担株连责任、加重惩处方面。例如，某村的乡规民约约定保护山林，对于破坏山林的行为约定：“知情不查、不究、不报或有意包庇者，要与肇事人一样，给予同等处罚”“干部、党员、团员违反乡规民约者，一律加重惩处。”这些约定中涉及“要与肇事人一样，给予同等处罚”“一律加重惩处”等内容，前者采取了株连的办法，后者则对某些特殊主体加重惩处。株连可以遏制知情者不查、不究、不报或有意包庇，但是“不查”“不究”是不是村民的义务呢？村民该不该承担“查”和“究”的责任？对“干部、党员、团员”违反乡规民约的加重惩处，虽然意在希望干部、党员、团员起到遵守乡规民约的模范带头作用，但是这样的约定显然也是与法律的平等原则相悖的。

在剥夺村民福利待遇方面。例如，法律明确规定妇女享有承包土地的权利①，但是，有的乡规民约约定本村妇女出嫁后即使户口在本村，也无法获得本村的土地承包权，而如果夫家所在村的村规民约约定户口不在本村即不能享有本村的土地承包权，则会导致该妇女在两个村子（其户口所在村和嫁入村）都不能拥有土地承包权，变相剥夺了妇女的权利，这显然与《中华人民共和国农村土地承包法》的规定相矛盾。

在侵犯村民财产权方面。乡规民约因其分配集体财产规定的内容不合理，会造成对村民财产权的侵害。例如，某村民组将其集体土地对外承包，并将所得承包款作为集体财产进行分配，在决定分配方案时，该村召开村民会议制定了村规民约，该村规民约约定嫁出去的女儿、离婚的和死亡人口不参与集体财产分割，并有超过4/5的户主在此村规民约上签字表示同意。虽然该村民组依法以村规民约的形式分配集体财产，但是该村规民约却约定“嫁出去的女儿”和“离婚的”不得参与分配集体财产，而不是以其集体成员资格来判定是否予以分配，这与《民法典》的规定相悖。② 因而，有村民提出异议，认为这样的规定侵犯了其财产权。

在违反平等原则、性别歧视方面。有的乡规民约中依性别对村民予以区别对待，侵害其平等权。例如，某村在其村规民约中约定了对村民户口的管理，其中相关内容为：“本村男方再婚时，若男方有一男孩，则再生育子女属非法生育，村委不给落户口；若男方有一女孩，按规定批二胎可落户口，

① 《中华人民共和国农村土地承包法》第6条规定：“农村土地承包，妇女与男子享有平等的权利。承包中应当保护妇女的合法权益，任何组织和个人不得剥夺、侵害妇女应当享有的土地承包经营权。”

② 《民法典》第261条第1款规定：“农民集体所有的不动产和动产，属于本集体成员集体所有。”

女方带孩者，最多可落一个未成年人（不满16周岁）户口。”“男方离婚后再婚，原配户口若未迁出，新配偶不落户口。”“本村女方丧偶或离婚有孩再婚者，不接收男方户口，若再生育子女，一律不落户口。”“女儿出嫁以结婚登记证日期为准，户口未迁出的视为空挂，不享受一切福利待遇。”从这些规定中可以看出，同样是再婚，但基于性别的不同，本村男方再婚时，若原有一女孩，女方的孩子可以给落户，新配偶也可以在本村落户（在原配偶户口迁出的情况下），但是本村女方再婚的，再生育子女则一律不给落户口，并且也不给新配偶落户口。这样的村规民约内容对男村民和女村民在同样情况下的村民待遇给予不同对待，明显带有性别歧视色彩。

7.1.2.2　乡规民约的制定和修改程序存在违法之处

从程序上看，乡规民约的制定程序在实践中存在违法之处。村民自治章程、村规民约属于乡规民约中的主要形式，在制定和修改村规民约的程序方面，《村民委员会组织法》和民政部等七部门《关于做好村规民约和居民公约工作的指导意见》有明确的规定①，制定主体为村民会议，而村民会议需

① 《村民委员会组织法》第27条第1款规定："村民会议可以制定和修改村民自治章程、村规民约，并报乡、民族乡、镇的人民政府备案。"对于村民会议召开的要求，该法第22条第1款规定："召开村民会议，应当有本村18周岁以上村民的过半数，或者本村三分之二以上的户的代表参加，村民会议所作决定应当经到会人员的过半数通过。法律对召开村民会议及作出决定另有规定的，依照其规定。"民政部等七部门《关于做好村规民约和居民公约工作的指导意见》对村规民约的制定和修改程序的规定内容为："村规民约、居民公约的制定或修订，一般应经过以下几个步骤：(1) 征集民意。村（社区）党组织、村（居）民委员会广泛征求群众意见，提出需要规范的内容和解决的问题。(2) 拟定草案。村（社区）党组织、村（居）民委员会就提出的问题和事项，组织群众广泛协商，根据群众意见拟定村规民约或居民公约草案，同时听取驻村或社区党代表、人大代表、政协委员、机关干部、法律顾问、妇联执委等意见建议。(3) 提请审核。村（社区）党组织、村（居）民委员会根据有关意见修改完善后，报乡镇党委、政府（街道党工委、办事处）审核把关。(4) 审议表决。村（社区）党组织、村（居）民委员会根据乡镇党委、政府（街道党工委、办事处）的审核意见，进一步修改形成审议稿，提交村（居）民会议审议讨论，根据讨论意见修订完善后提交会议表决通过。表决应遵循《村民委员会组织法》《城市居民委员会组织法》相关规定，并应有一定比例妇女参会。未根据审核意见改正的村规民约、居民公约不应提交村（居）民会议审议表决。(5) 备案公布。村（社区）党组织、村（居）民委员会应于村（居）民会议表决通过后十日内，将村规民约、居民公约报乡镇党委、政府（街道党工委、办事处）备案，经乡镇党委、政府（街道党工委、办事处）严格把关后予以公布，让群众广泛知晓。村规民约、居民公约在保持相对稳定的同时，可根据当地经济社会发展、群众需求变化以及社情民意等进行修订，修订程序参照制定程序执行。"

要本村 18 周岁以上村民的过半数，或者本村 2/3 以上的户的代表参加才能召开，并且村民自治章程、村规民约的通过需要达到与会人员过半数才有效。因而，村民自治章程、村规民约的制定和修改应该严格按照法律的规定和政策的要求。但是，在实践中，有的村规民约是乡镇政府制定的，有的村规民约是几个村干部或村代表协商议定的，有的村民会议的召开不符合法律的规定，导致制定的村规民约在程序上不合法。另外，在报乡镇政府备案方面，有些乡镇政府的备案程序超出了其应有的“备案”权限。“备案”是向主管机关报告存案以备查考，而“审议”则是审查评议，两者的要求明显不同。村民自治章程和村规民约是村民自己制定的自治规约，在经村民会议通过后，须报乡镇政府备案而不是审议或审批。以村规民约为例，根据民政部等七部门《关于做好村规民约和居民公约工作的指导意见》，在制定村规民约的时候，应先征集民意，然后拟定草案，拟定好的草案要提请乡镇党委、政府审核把关，之后由村民会议进行表决，表决通过后 10 日内报乡镇党委、政府备案，乡镇党委、政府对报请备案的村规民约把关后，认为无误即可通过并予以公布。可见，这里的“备案”是需要乡镇党委、政府把关的，实质上就是要进行一定的审查。但是，乡镇党委、政府对村民制定的村规民约的备案应当理解为只就其是否违法、违规或侵害国家、社会、他人合法权益进行把关，而不能对村民会议通过的村规民约的其他内容进行违背村民意愿的实质修改。但是在实践中，有的乡镇党委、政府对村民自治章程、村规民约进行备案审查时可能会对其进行实质审查，这就侵犯了村民的自治权，这样的审查是有悖《村民委员会组织法》和民政部等七部门《关于做好村规民约和居民公约工作的指导意见》规定的备案程序的。

7.1.2.3　乡规民约缺乏有效制度保障

乡规民约由村民自行约定，村民遵守乡规民约源于内心对乡规民约的认可，而非国家强制力，因而，违反乡规民约并不会带来相应的法律后果，只须按照乡规民约的内容承担相应的约定责任。因此，乡规民约不具有强有力的国家执行力，而且其施行也缺乏有效的制度保障。

从实践来看，乡规民约主要由村委会负责执行，在执行过程中，村委会成员的素质直接影响乡规民约的执行效力。在实践中往往存在以下几类问题：

首先，有些村庄的村委会成员在执行乡规民约时对普通村民严格执行，而对和自己关系亲近的人则网开一面，导致现实中产生不公平现象，大大降低了村民对乡规民约的认同感。

其次，一些村干部怠于解决村民之间的纠纷，处理村民关系时忽略对乡规民约的适用，使乡规民约如同虚设，不能发挥出其应有的作用。

再次，有些村干部任意解释乡规民约，执行时不顾国家法的规定，以符合自己认知的方法实行乡规民约。例如，2018 年 1 月，云南某村村民因乔迁新居办酒席，违反了所在县《关于开展制止大操大办借机敛财集中整治百日行动的通知》、所在乡《关于进一步规范群众操办酒席的通告》和该村《村规民约》，村委会决定对当事村民在全村内通报批评，并对该户村民所在的村民小组做出处理决定：取消该村民小组道路和连户路硬化工程、农村危房改造指标的安排、人畜饮水工程项目安排；停发该村民小组全部低保；自 2018 年 1 月 20 日至 7 月 20 日，该村民小组村民不得到村委会出具各类证明和盖章。① 虽然县委宣传部工作人员表示这份处理决定还未实施，并已责令村委会撤销，但是，因一村民的行为就波及其他全组村民，让无辜的人受到惩罚，则严重侵犯了村民的正当权利，与法理上责任自负原则、责任与处罚相称原则相悖。这种处罚株连行为、从重处罚行为也与法律公正精神背离。法治社会保障公民的正当权益，任何主体的行为不能逾越法律，该村村委会作出的这项决定是与法律法规相抵触的。另外，无故停发全部低保则属于《社会救助暂行办法》第 66 条第（6）项规定的“不按照规定发放社会救助资金、物资或者提供相关服务”。虽然村民大肆举办宴席的做法与当前提倡节俭相悖，铺张浪费的行为也极易恶化本村风气，但是不能为了增强乡规民约的效力而与国家法律法规相抵触，村委会成员处理办法中的株连做法体现出其法律意识淡薄，执行程序没有明确规范，这与当前法治、文明社会的倡导不相符合。②

最后，有些村庄乡规民约中规定的内容不明确，条款规定宽泛，使村委会享有较大的自由裁量权。在乡规民约的施行过程中，村干部如果选择符合自己目的的解释来施行乡规民约，这就与制定乡规民约的初衷相悖。乡规民

---

① 曲鸿瑞：《云南村民“违规”操办酒席全村被停低保 官方回应：已撤销》，载上游新闻 2018 年 1 月 31 日，http：//www. cqcb. com/headline/2018 - 01 - 31/661814_ pc. html。

② 杨朝清：《乡规民约不能凌驾法律之上》，载《珠海特区报》2018 年 2 月 1 日，第 F02 版。

约是村民自愿约定的产物，是村民自主管理本村事务的表现，也是村民共同意志的体现，村干部的任意解释难以保证乡规民约符合广大村民的共同利益，如果其违反国家法律则更应被禁止，因而，应当规范乡规民约的执行。

另外，乡规民约的惩罚方式和监督执行缺乏制度保障。违反乡规民约的惩罚手段通常为通报批评、训责、罚款、减少福利待遇等。其中，通报批评和训责会使违反规定的村民感受到道德舆论的压力，但是是否能达到预想的惩罚效果还是个未知数。罚款和减少福利待遇直接关系到村民的切身利益，更具有强制效力。但是，罚款措施会违反相关法律规定，村级组织没有经济处罚权，因而乡规民约中不得涉及对乡民的经济处罚，不得以罚款的方式惩处违反乡规民约的乡民。减少福利待遇易被滥用，通常在实施时会受阻，村民在受到这样的惩罚时也会心生不满，不利于村民关系的和谐。同时，乡规民约的实施缺乏相应的监督。村委会是乡规民约的实施主体，村委会的工作要接受村民监督，但由于村民监督意识不强，监督主体不明确，导致乡规民约的施行往往缺乏监督，难以真正发挥乡规民约在农村社会发展中的作用。

7.1.2.4 乡民对乡规民约的参与度与认同感较低

乡民对乡规民约参与度与认同感较低的主要影响因素有以下几个方面：

其一，乡规民约是乡民自生的规约，应当由乡民自己约定或制定，但是实际情况表明，乡民参与乡规民约制定过程的比例并不高。以村规民约的制定为例，根据《村民委员会组织法》第 27 条的规定，村规民约应由村民会议制定，但在实践中，有些村庄制定出来的村规民约是由村干部直接拟定的，甚至有些是由乡镇政府编制的，在以这些方式制定村规民约的过程中，村民直接参与的情况较少，参与度较低。

其二，由于有的村庄对乡规民约的宣传力度不够，无法满足广大乡民实现自我管理的愿望，导致乡民对乡规民约的认同感不强。

其三，在全面推进依法治国的建设中，乡民的法律意识越来越强，在制定乡规民约的时候更多地考虑国家法律规定的内容，使得有些乡规民约更像是法律的翻版。虽然我们强调现代乡规民约不得违法，但是乡规民约不是法律的简单延伸，而是具有自己独特的历史积淀和文化价值，是经得起考验的中华优秀文化的传承，在制定乡规民约时如果不考虑本乡村特色，而是千篇一律，模仿法律，并规定较多的义务性内容，这样的乡规民约于乡民而言更像枷锁，自然难以得到乡民的认同。

其四，有的乡规民约内容陈旧，乡民无法认同。有些乡村的乡规民约由于更新不及时，内容与时代脱轨，与乡民生产生活脱离，其使用价值与时代发展不相适应，难以有效地在实践中适用，乡民对这类乡规民约的认同感必然不高。

其五，我国农村社会结构发生改变，选择外出务工的人数增长，很多农村家庭属于半工半耕型，留守群体多为老弱病残和没有选择外出务工的乡民。在农忙时节，各家通常将精力投放于农作物耕种和照顾家人方面，村民会议召开难度增加，即便能够召开，由于参会村民覆盖面有限，难以代表大多数村民的意见，导致制定出的乡规民约不具有代表性，容易流于形式。

其六，目前农村私营企业兴起，有的乡民为了个人经济的发展，不重视村中公共事务的建设和开展。另外，一些外来私营企业主进行营业可能不顾本地乡规民约的规定，认为对其没有约束力，由此可能埋下矛盾隐患。乡规民约源于农村本土，其历史和文化特点对乡民有很深的影响力，外来私营企业主应当尊重乡间文化，尊重乡规民约，但是法律并没有对此加以规定，[①]造成实践中常常因此发生冲突。尤其是在城乡接合部，由于人口流动性大，经济和社会结构都发生较大改变，各种文化不断冲击，传统乡规民约难以适应新情况，往往不被认可，而制定新的规约又面临重重困难，乡规民约的约束作用大大降低。

其七，“空心村”的存在也使乡规民约的施行受阻。逐步离开农村选择在城市生活的人对村落文化的认同感逐渐降低，由于地域原因，接受乡规民约约束的可能性不高。在外务工的人常年不回村，乡规民约难以对其产生约束力。例如，农村爱老敬老的优秀传统具有社会意义，在许多乡规民约中也有所反映，对那些儿女生活在城市的农村老人来说，发挥乡规民约的作用督促儿女照顾空巢老人具有积极意义的同时也有一定难度。再如，在土地承包权方面，一些在城市居住的乡民拥有农村土地承包权，但是并不能经常耕作，从而导致土地荒废，造成资源的浪费。乡规民约对于解决农村土地流转问题也是心有余而力不足，乡规民约的实际作用面临挑战。

---

① 《村民委员会组织法》第38条只规定了驻在农村的机关、团体、部队、国有及国有控股企业、事业单位及其人员应当遵守村规民约，而未规定私营企业主等是否应当遵守村规民约。

7.2　新时代乡规民约在农村基层社会治理中的创新发展路径

7.2.1　乡规民约应合法

7.2.1.1　乡规民约的内容须合法合理

首先，乡规民约的内容不得与宪法、法律、法规和国家政策相抵触。乡规民约对调整农村社会秩序具有重要作用，对处理农村社会纠纷也具有不可替代的价值。农村社会注重情理，因此发生纠纷后，村民在追求处理结果的公正性的同时，也注重处理方法的适用，处理方法在农村社会的适应性直接影响着村民对处理结果的接受程度。以乡规民约为依据的民间纠纷解决方式注重维护村民关系的稳定，维持农村社会长久和谐的社会秩序。虽然在农村，有时乡规民约比法律更适于解决民间纠纷，但是乡规民约的内容必须合法。乡规民约是民间法的重要组成部分，作为长久以来处理农村社会问题的重要依据，其具有传统儒家文化中的优秀思想，但同时也要看到，乡规民约的有些内容带有传统陋习，其中甚至与国家法律相冲突，这些都应当依法予以修订。同时，应当加强普法教育，培养村民法治意识，根据国家法律将乡规民约中不合法的内容剔除掉。乡规民约虽然不是国家法律，不具备国家法律强制性的约束力，但是乡规民约对乡民具有道德教化作用，在农村社会治理中扮演着重要角色，应当符合宪法和法律的规定。

其次，乡规民约不得侵犯乡民合法权利。乡规民约中不应有侵犯乡民人身权利、民主权利、财产权利等合法权利的内容，对于乡规民约中涉及的侵犯乡民合法权利的内容应当予以纠正。

最后，乡规民约的内容应契合乡民生产生活需要。乡规民约的内容主要涉及乡村秩序构建、乡民权利保障、村风民俗、邻里关系、纠纷解决、乡村治安等，新时代，应通过乡规民约内容的引导，实现乡村自治，促进农村社会治理的科学合理。乡规民约的内容应以乡村振兴为导向，构建新农村社会秩序，促进农村社会经济发展，提高乡民素质，美化乡村环境，建设美丽乡村，使乡规民约成为农村社会发展不可或缺的自治行为规范。

为了保证乡规民约内容合法，有些乡村在制定和修订乡规民约时，会邀请由律师、基层法律服务工作者等法律专业人士深度参与乡规民约的制定，对其合法性予以把关，通过“一村一法律顾问”等形式为村民提供法律服务，增强村民法治意识，保证乡规民约依法产生，进而提升乡规民约在农村社会治理中的实际效果。

7.2.1.2　制定程序应符合法律政策规定

现代乡规民约是乡民民主协商的结果，应当符合基层民主协商制度的要求。乡民通过反复讨论、争辩、相互沟通，最后达成一致，形成乡规民约，在这一过程中，基层政权担任组织、引导角色，应当明确自己的任务，不要过多干预。[①] 以村规民约的制定为例，2018 年 12 月，民政部等七部门《关于做好村规民约和居民公约工作的指导意见》中对村规民约的制定程序提出要求，村规民约的制定要经过“征集民意”“拟定草案”“提请审核”“审议表决”“备案公布”几个步骤，见图 7－1。

图 7－1　制定村规民约步骤图

这几个步骤中，“征集民意”就是要广泛征求群众意见，“审议表决”是由村民会议审议讨论、表决通过，这些环节体现出在制定村规民约过程中对民意的充分尊重。村委会在组织制定村规民约时的程序应当规范合理，严格按照指导意见的要求，结合本村实际，使本村村规民约的制定在时间和人数上充分保障广泛参与性。此外，村规民约的制定时间应尽量避开农忙时节，在征求意见时考虑本村实际情况，常住人口每个家庭可推选代表发表意见，征集意见的人数可设定下限，以保证最大多数利益相关的村民参与制定。对于涉及村规民约的有关事项，村委会应当及时告知村民，保证村民的知情权，拟定草案应经民主投票，通过后应加强宣传，逐步提高村民对村规民约的认同感。制定程序的严格性可以保证村规民约是村民认真制定的规约，符合村民生产生活需要，具有科学性和可适用性，能有效维护村民利益。村党组织和其他组织的参与可以为村规民约的制定提供建设性建议，但务必要严格执

① 王立争：《新时期农村土地承包制度改革的法律探索》，中国政法大学出版社 2016 年版。

行制定程序，保证村规民约制定过程的民主性。

现代乡规民约对乡民具有道德约束作用，并与乡民切身利益相关，只要在本乡村生活就应遵守本乡村的乡规民约。提高乡民参与制定乡规民约的热情，不但能够使乡规民约的产生具有民主性，也是切实维护乡民在乡村治理中的主体地位、保障乡民权益以及促进乡规民约施行的前提和基础。

另外，在乡规民约的备案程序上，乡镇政府应当依法履行备案程序，规范备案行为，而不应当对乡民制定的实质内容进行违背村民意愿的修改，从而保障乡民自治权的实现。图 7－2 是浙江省衢州市石室乡人民政府对村民自治章程和村规民约进行备案的流程图，反映出该乡政府对备案程序合法性、合规性的重视，可为其他乡政府备案乡规民约提供参考。

7.2.2　完善乡规民约的保障机制

首先，根据《村民委员会组织法》的规定，乡规民约由村委会及其成员组织实施，因此，为了保障乡规民约的合理执行，更好地发挥其作用，首先要提升村委会及其成员的执行能力。村委会虽然不属于我国的基层政权，但是在农村承包地的划分、集体资金的使用方面依然掌握一定权力，提升村委会及其成员工作能力可以保障其正确、有效地行使权力。在乡规民约的实施过程中，一方面应当严格要求村委会及其成员带头遵守乡规民约，在具体执行的过程中不能给熟人开后门；另一方面应定期对乡规民约的执行情况进行评估，由村委会汇报乡规民约执行情况，村民可以通过投票表决等方式来表明是否认可村委会对乡规民约的执行，对于不认可的行为则应分析其是否具有合理性，查找原因，对于不合理的行为应及时予以纠正。此外，因乡规民约属于自治性规范，乡村中乡规民约的执行也往往具有较浓的人治色彩，具有一定的随意性，所以应当对乡规民约的执行程序进行规范，使乡规民约的内容在执行中得到落实。

其次，成立乡村民间组织以推动乡规民约的施行。乡规民约是村民自愿约定的结果，如果能够调动普通乡民的积极性，参与到督促乡规民约执行的工作中，乡规民约施行的效果应该会有所改善。在现代乡村社会的治理中，可以通过乡民参与执行的方式调动乡民对乡规民约的热情和支持，即在农村常住人口中挑选合适的乡民组成乡规民约的执行组织，如乡规民约评理会、道德评议会、红白理事会等，以推动乡规民约的施行。这些自治组织的成员可以是乡间德高望重的长者、吸收新知识的乡村精英、退休回乡的人员、愿意为大家服务的普通乡民等，这些人以其良好的道德声誉、丰富的社会经验甚至个人魅力影响并督促乡民守约而不逾矩，不但更易使乡民接受信服，而且也可以以此保证村务公开公平。

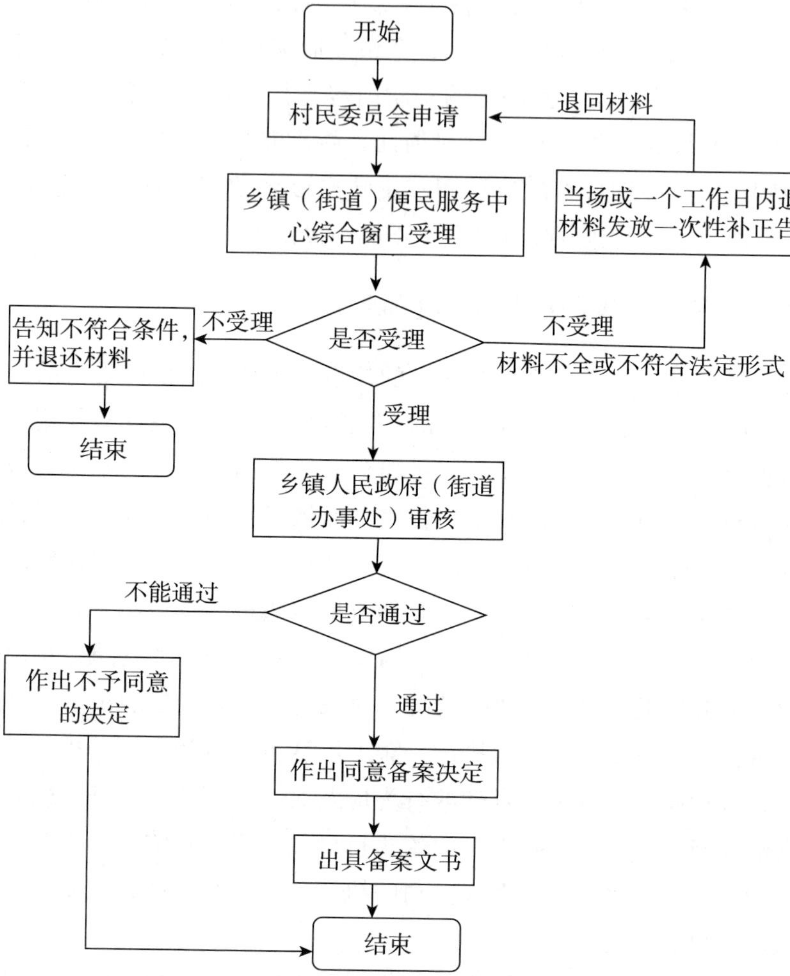

图 7－2 浙江省衢州市石室乡人民政府村民自治章程和村规民约备案流程图①

再次，应建立健全乡规民约的监督机制，成立乡规民约监督委员会，以

① 图片来源：浙江政务服务网，http：//www. zjzwfw. gov. cn/zjzw/admins/article/cityarticleshow. do？itemId = 58115&mainCode = 06029&deptId = 001008013001035&category = % E5% 85% B6% E4% BB% 96% E8% A1% 8C% E6% 94%，2018 年 5 月 6 日访问。

监督乡规民约的实际执行情况。借鉴王立争对农地软法审查机制划分情况的观点，可以将乡规民约的监督机制划分为两种情况：一种是在乡规民约施行前，将其交于乡规民约监督委员会审查，得到审批后再予执行，这种方式属于事先审查机制；另外一种是事后审查方式，即村干部依据乡规民约对村民进行处罚或奖励之后，监督委员会再对其行为进行评价。[①] 各村在建立健全监督机制时应结合自己的情况，选择相对适合自身情形的监督机制。如有些村庄主要发展农业生产，在农忙时节不应以审查乡规民约执行为先；事先审查会增加村庄负担的，就可以采用事后审查机制；有些地方，农村集体经济发展较好，管理模式现代化，可以采用事先审查机制，先将乡规民约交由监督委员会审查，通过后再予执行。与此同时，基层政权机关应当对村委会的决定进行审查监督，对危及村民正当权益的惩罚决定应当予以纠正，对违法适用乡规民约的村干部警告或撤职，严厉打击滥用权力、腐败的行为，树立勤政、廉洁的村干部形象，同时对正确适用乡规民约的执行行为予以肯定，让乡规民约在监督中充分发挥维护农村社会秩序的作用。

最后，应当合理设置奖惩机制。若乡规民约中义务性规定过多、惩罚性条款不合理，自然得不到乡民认可，应将奖励和惩罚机制合理规定于乡规民约中。有些乡村在乡规民约中设立奖励机制，实行物质奖励，分设不同的奖励等级，对遵守乡规民约表现良好的乡民予以奖励，激发了乡民认真遵守的热情，同时也起到了宣传的作用。提高乡民认同感的奖励机制不应只局限于物质奖励，还可包括通过评为“乡村年度标兵”“颁发乡村荣誉勋章”等方式提高乡民的荣誉感，或者通过奖励代表村落文化的纪念品，以激发乡民对农村社会文化的认同。可以采取多种激励方式督促乡民遵守乡规民约，以使乡规民约能够真正发挥实效。近年来有些村采取积分制的方法，对村规民约的执行情况进行量化评分，以户为单位予以考核，对村民实行信用积分奖惩，在享受国家相关惠民政策、入党、评定村里各项荣誉等方面以积分作为标准优先考虑；积分还可以在村里的爱心超市中兑换商品。这种方式极大地鼓励了村民自觉遵守村规民约，取得了非常好的效果，在推行其他乡规民约时也可借鉴推广。

① 王立争：《新时期农村土地承包制度改革的法律探索》，中国政法大学出版社2016年版。

7.2.3 提升乡民认同感

现代乡规民约与乡民的生活密切相关，只有提升乡民对乡规民约的认同感，才能更好地发挥现代乡规民约的社会治理作用。目前农村外出人口增多，人口流动性较大，对村落文化的认同感相比于传统农村要低。乡民遵守乡规民约主要是基于对其的内心认同，如果乡规民约存在不能由乡民民主产生、制定的质量不高或内容不合法不合理等现象，则可能面临乡民的质疑，难以获得乡民的认可，乡规民约的适用就会出现种种困境。现代乡规民约作为农村社会的行为准则，是村民民主自治不可或缺的手段，应该明确乡规民约的定位，在体现传统农村文化价值的基础上，聚集乡民智慧，维系乡民关系，维护农村社会秩序，传承村落文化。

要提高乡民对乡规民约的认同感，首先，乡规民约应当在传承中华优秀传统文化的基础上倡导现代社会美德。乡村地区的优秀传统文化是乡民在长期的生产生活中总结而来的，而随着时代的发展，应当将社会主义核心价值观的内容与乡村传统优秀文化一同融入乡规民约中，获得乡民的认同，从而使乡民自发地遵守乡规民约。

其次，乡规民约应当由乡民产生。传统风俗习惯类乡规民约具有丰厚的历史文化积淀，乡民对其认同感较强，一般会自觉地将自己置于该风俗习惯中。村民自治章程、村规民约等乡规民约应当严格按照法律的规定由村民会议制定产生，以发挥村民的自主性。当乡规民约是乡民治理其生产生活的真实意愿表达时，乡民自然认同其内容，在后续执行中，也能自觉履行该乡规民约。

最后，乡规民约宣传工作的好坏对乡民认同乡规民约、保证乡规民约的实际运行效果有重要影响，村民理解和认可乡规民约的内容，才会支持村委会的工作，自觉维护乡村秩序，[①] 因此应加大对乡规民约的宣传力度。在宣传方法上，不必只限于传统的村内宣传栏公告，还可以从以下几个方面创新宣传方法。其一，乡规民约的条文规范虽然更具有体系性，但并不容易被乡民所熟知，可以将其主要精神用易记忆、易传诵的方式提炼编写，提高传播

---

① 白杨：《农村基层治理中村规民约的完善路径——基于成都市下属区县十个乡镇的调查》，载《行政与法》2018 年第 9 期。

度，便于乡民了解；其二，可以将乡规民约的内容及精神以广播的方式进行讲解，并组织学习乡规民约的有奖问答活动；其三，村委会可以设立微信公众号，除了乡规民约条文之外，还可以对其内容来源进行介绍，对本村传统的村落文化予以叙述，并在村民对乡规民约内容有疑问时及时解答。此外，各地还有多种可供互相借鉴的宣传乡规民约的形式，如编排与乡规民约相关的戏剧，制作有关乡规民约歌曲、快板、拍手歌、舞蹈，印制乡规民约宣传画册等，通过这些方法以期乡民熟知乡规民约的内容，从而进一步提升乡民对乡规民约的认同感。在宣传内容上，除了宣传乡规民约本身的条文和精神之外，还可以宣传乡规民约与乡民的关系，讲述相关司法案例中法官援引乡规民约作为裁判依据的情况，告知乡民可以选择乡规民约保护自己的合法权益。乡规民约的介绍和宣传工作可以提升乡民对乡村文化的自信，也可以帮助树立乡规民约在乡民心中的地位，以此提高乡民对乡规民约的认同感。

7.2.4　对乡规民约进行制定后评估

可以借鉴立法后评估的做法，对乡规民约进行制定后评估，以考察乡规民约的实施情况，并根据存在的问题予以解决完善。乡规民约的制定后评估是在乡规民约实施一段时间后，运用相应的评估机制和手段对其实施效果进行评估检验。

立法后评估制度是对法律进行的评价，是在法律制定通过并实施一段时间以后，根据法律实施的效果来评价、评估立法本身。[①] 立法后评估用以检测法律是否具有可操作性，是否能够适应时代发展和社会需求，若发现存在问题，即对该项法律进行修订或废止，以完善立法，提高立法质量。立法后评估制度中，评估主体应当具有一定权威性，本着客观中立的态度，充分收集资料和数据，认真分析各方的反馈；评估过程应公开民主，评估手段科学合理，这样的评估结果才会真实可靠。立法后评估是以多项标准评估法律是否具有可操作性和可实施性，如合法性标准、合理性标准、技术性标准等。合法性标准的审核中应当注意是否符合宪法要求，是否与其上位法相抵触；合理性标准评价立法是否符合公序良俗，能否做到公正、合理，是否尊重公民的权利，是否符合比例原则，权利与义务的内容是否合理；技术性标准对

---

① 汪全胜：《立法后评估研究》，人民出版社 2012 年版。

立法技术进行评估，考察法律的结构体系、语言表达的规范性等。除此之外，还有执行力标准、效率标准、公平标准等。

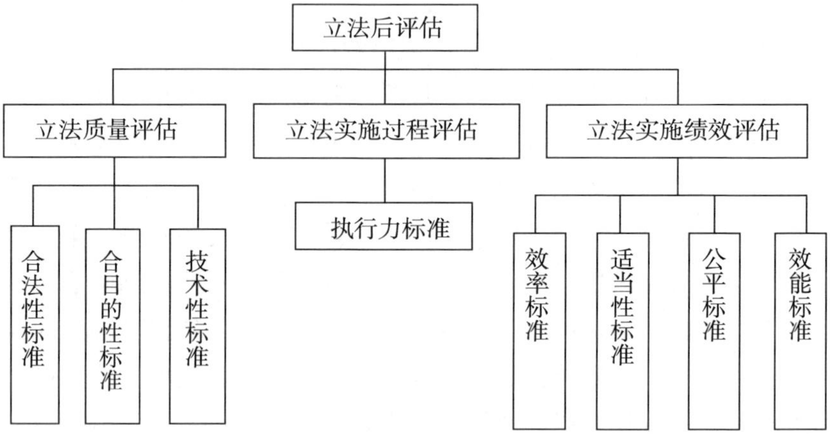

图 7－3　立法后评估的各项标准①

乡规民约的作用机制包括惩罚监督机制、价值导向机制、传递内化机制，具备制度的基本要素，成文的乡规民约也具有法的形态。② 民政部等七部门《关于做好村规民约和居民公约工作的指导意见》指出，到 2020 年，全国所有村都要普遍制定或修订形成务实管用的村规民约，健全“三治”融合的农村基层社会治理机制，并要求村规民约要坚持党的领导，坚持合法合规，坚持发扬民主，坚持价值引领，坚持因地制宜。这就意味着到 2020 年，不仅各村有村规民约，而且村规民约要务实管用，真正发挥实效。因而，在乡规民约施行一段时间后，可以对其内容、执行、实施效果等进行全方位评估，检测其内容是否合理合法，是否具有可操作性。乡规民约制定后评估可以从以下几个方面开展：

（1）从评估要求来看，若想让乡规民约的评估具有说服力，评估主体应当具有一定威信，可以请驻村代表、政协委员、法律顾问等单独或者组成小组进行评估，注意时间与效益；村委会也可以辅助进行评估，以更深刻全面

① 此图绘制选取了汪全胜的《立法后评估研究》（人民出版社 2012 年版）一书中第 338 页至第 339 页中表格的一部分内容，并修改了格式。

② 周家明、刘祖云：《村规民约的内在作用机制研究——基于要素—作用机制的分析框架》，载《农业经济问题》2014 年第 4 期。

地了解乡规民约的实际效用。在评估的过程中，了解乡民对乡规民约的理解和认可程度，考察乡规民约的哪些条款存在争议、哪些内容执行不力，广泛收集信息并自觉接受村民监督，保证过程公开民主，数据真实有效。

（2）在评估标准方面，严格执行合法性标准，将违法的内容明确标注指出，若条款过于原则性或者不符合公平合理的目标则须修改调整。

（3）在制定乡规民约的技术上，乡规民约的结构是否合理，内容是否规范化，各部分之间和条文之间是否具有科学逻辑性，是否注意到各个具体规范之间的关系，是否只重视义务性规定而忽略对村民权利的保护，在实际的操作过程中是否可以得到良好适用，等等，都需要认真考察评估。

（4）在及时性方面，要促进乡规民约的与时俱进，在保留中华优秀传统文化的前提下，对腐朽落后的部分予以废除，应当使乡规民约具备新时代背景下的新内容，为适应乡村的发展需要，乡规民约应当及时修订，满足乡民对规约的需求。

参照立法后评估的各项标准，可以建立乡规民约制定后评估指标体系，从乡规民约的内容质量、执行状况以及实施效果等方面对乡规民约进行全方位评估，见表7－1所示。

表7－1　现代乡规民约制定后评估指标体系①

评估内容	评估标准	评估指标		指标内涵说明
乡规民约质量评估	合法性标准	形式合法性	制定主体	是否依法由村民会议制定
			乡规民约的内容	是否包括“规范日常行为”“维护公共秩序”“保障群众权益”“调解群众纠纷”“引导民风民俗”等内容；是否以问题为导向，提出有针对性的抵制和约束内容；可针对违反乡规民约的情形提出相应惩戒措施
			形式结构	是否包括名称、正文、审议主体、日期等组成部分

① 此表的设计和制作参考了汪全胜《立法后评估研究》一书中关于立法后评估指标体系的思路，参考了《广东省政府规章立法后评估规定》《南京市人大常委会立法后评估办法》《苏州市规章立法后评估办法》等地方性法规与规章，并在此基础上结合我国现代乡规民约的特点制作完成。

续表

评估内容	评估标准	评估指标		指标内涵说明
乡规民约质量评估	合法性标准	形式合法性	制定程序	制定程序是否合法；村规民约和居民公约的制定或修订是否经过以下几个步骤："征集民意""拟定草案""提请审核""审议表决""备案公布"
		实质合法性	乡民的认可度	是否与宪法、法律、法规和国家的政策相抵触，是否能够保障村民的人身权利、民主权利和合法财产权利
	合理性标准	目标合理性		乡规民约是否符合本村实际需要，是否有益于维护基层社会秩序
		内容合理性		具体规约内容是否公平公正；各项管理措施是否必要、适当；惩戒措施是否与违反规约的情形相适当
	技术性标准	协调性		该乡规民约是否与本乡村适用的其他民间规约相衔接、相协调；乡规民约内各条款之间是否协调
		完备性		该乡规民约的制定是否符合技术规范；逻辑结构是否严密，表述是否准确；标点符号运用是否规范；各项规定是否具有解释空间
	可操作性标准	实践应用性		乡规民约的规定是否有针对性地解决乡村现实存在问题；规定的内容是否便民；规定的程序是否正当、简便、易于操作；规定的执行体制、机制、措施是否具体可行，就乡村目前的现实状况来衡量是否超前或落后

续表

评估内容	评估标准	评估指标	指标内涵说明
乡规民约实施状况评估	执行力标准	落实情况	乡民是否能够接受乡规民约并依照乡规民约开展生产生活；对违反乡规民约的情形，是否能够进行批评教育，并通过合理的处理方式，使违反者受到教育、改正错误；村委会、村管理人员能否切实执行乡规民约
		实施的监督机制	是否将对乡规民约实施情况的督促检查纳入村“两委”的目标责任考核内容中；村务监督委员会是否能够有效开展对乡规民约遵守情况的监督；奖惩机制是否健全完善；修订机制是否完善
乡规民约实施的绩效评估	效能标准	实施效率	乡规民约是否得到普遍遵守和执行，其使用效率如何
		实施效益	乡规民约实施后取得的经济、社会效益是否明显高于乡规民约制定和执行的成本；通过乡规民约的实施，乡村各主体所得到的直接和间接的经济效益如何
		实施效果	是否有效解决了农村社会治理中存在的问题；是否实现了制定乡规民约的预期目的；乡规民约的实施对农村社会秩序、纠纷解决、乡风乡情、村民观念等的影响；乡规民约的执行与乡民的生产生活需要是否契合
	公平标准	乡规民约实施后所带来的与该乡规民约有关的社会资源、利益及成本公平分配的程度	

7.2.5 建设与发展现代乡村文化

乡规民约生于乡村、长于乡村，我国悠久的历史、厚重的传统文化孕育了乡规民约，乡规民约又反映并解读乡村文化，因而，加强对现代乡村文化的培育对乡规民约的发展具有非常重要的意义。

首先，乡村文化体系的完善以及乡民公共精神的培育应注重对农村传统习俗及土生土长的乡村文化的弘扬，传承乡村文化也是现代乡规民约的责任。比如龙舟文化、舞龙活动以及少数民族的节庆日等，这些乡村文化因贴近乡民的生活而更容易被接受和拥护。村委会可以通过组织本村特色文化活动、将本村的庆祝节日写入村规民约等方式增强村民对本土文化的认同感。还可以通过大力发展乡村文化产业的方式进一步弘扬乡村文化，例如，当前乡村旅游文化产业日渐兴起，发展乡村旅游不仅能够通过文化富农的方式增加农民收入，也可以增强乡民对乡村文化的自豪感。积极推进乡村文化产业不仅有利于乡村文化保护，而且与乡民个人发展息息相关，进而使得乡民对村中事务更具参与感，有利于进一步培养乡民的公共精神。

其次，通过乡规民约引导和弘扬现代文明。现代乡规民约的发展既要传承传统文化，也要倡导现代文明，从现代文明中汲取营养，使乡规民约在新的历史时期茁壮成长。农村的一些陈规陋习给村民的生活带来了负担和困扰，如超过自己的能力举办生日宴、红白事礼金数额居高不下等，村民为此不堪重负，即便内心不情愿，往往也会为了维护人际关系而不得不“随行就市”，不但给自己带来困扰，而且容易形成不良民风。这种炫耀攀比的现象通常无法依靠村民个人努力扭转。面对农村社会出现的种种问题和乡村文明受到挑战的情况，乡规民约作为农村社会具备指引作用和传承优良乡风的行为规范，应承担起责任。因此，通过制定乡规民约以禁止铺张浪费、高额礼金，有利于改善乡村社会的不良现象，提倡节俭风气，遏制拜金主义，形成良好乡风。现代乡规民约在宣传优秀传统文化和价值理念的同时，还应融入现代社会价值，注重新时代农村社会文化培养与建设，在提高物质生活水平的同时提高乡民自身文化素养，推进文化下乡活动，构建先进的、优秀的现代乡村文化。

最后，通过现代乡规民约培育乡民社会主义核心价值观。习近平总书记在党的十九大报告中指出，要坚定文化自信，培育和践行社会主义核心价值观，发挥社会主义核心价值观的引领作用，融入到社会发展的各个方面，应对中国优秀传统文化继承创新，使其在新时代充分发挥作用。民政部等七部门的《关于做好村规民约和居民公约工作的指导意见》也提出，乡规民约应当“践行社会主义核心价值观，弘扬中华民族传统美德和时代新风”。在新时代，面对不同文化的冲击，应积极弘扬社会主义核心价值观，将之融入现代乡规民约中，指导乡民行为。为了使乡民更好地理解和融会贯通，可以通过乡规民约的方式将其内容具体化，在相邻关系、自我管理、环境保护等方面都作出具体规定，对乡民进行宣传教育，推进美丽乡村建设。社会主义核心价值观已被写进宪法，通过现代乡规民约倡导社会主义核心价值观，从国家层面、社会层面和个人层面解构社会主义核心价值观的追求，丰富乡规民约的内涵，使现代乡规民约成为一种文明契约，推动乡村精神文明建设。

7.2.6　坚持乡规民约符合时代要求

乡规民约作为规范乡民行为的重要依据，应当跟上时代发展，符合时代要求。传统的乡规民约建立在民风淳朴的背景下，在社会文化发生变迁、人们思想不断发展变化的今天，乡规民约也应当及时跟进时代潮流，推崇优秀传统文化并吸纳现代文明，帮助农民构建精神世界，在物质生活水平提升的情况下建立充实的内心世界，避免被虚无主义、浮躁思想侵蚀。

首先，现代乡规民约应倡导社会主义道德，指导村民行为。乡规民约历史久远，传统乡规民约中体现出儒家思想，重视礼义教化，崇尚伦理道德，以礼来引导人的行为。由于儒家思想在我国古代社会文化中占据重要地位，上到国家法律，下到民间规范，都包含儒家思想的内容，儒家主张以“礼”为治世工具，使每一个小单元保持良好运转，进而使整个社会秩序持久运行。瞿同祖先生在《中国法律与中国社会》中指出，在古代中国家族之中，父权的地位是绝对的和永久的，在一切事务上都有决定权，父亲死亡，男性子孙顺位获得继承权，女性没有继承权，社会地位不平等导致权利不平等，这样的社会现象在当时很普遍。[①] 当儒家思想被统治者采纳之后，儒家在社会规范的设计上认为贵贱有别，长幼、尊卑之间都应该有分寸，承认社会差异，并主张用礼来维持这种社会差异，秦、汉以后的儒臣在制定法典时也体现了儒家思想。乡规民约作为农村社会的行为规范，也同样体现了儒家纲常伦理的要求，提倡用礼来指导乡民，用教化的方式帮助改善民风，使人心良善。在现代法治社会，乡规民约应当合法合理，符合社会主义道德观的要求。儒家文化作为古代中国治理社会的主要思想，存在一定的阶级性和时代局限性，因此对其应批判性继承。传统乡规民约中优秀的思想可以保留，以发扬乡民淳朴的民风，在新时代，可以将社会主义道德观引入乡规民约之中，以此引导乡民的行为。

---

① 瞿同祖：《中国法律与中国社会》，中华书局 2007 年版。

其次，乡规民约与社会主义道德密不可分，民政部等七部门《关于做好村规民约和居民公约工作的指导意见》中提到规约的内容，其中“规范日常行为”“引导民风民俗”的内容就是关于社会主义核心价值观和社会道德风尚的。道德建设可以使乡规民约明确价值导向，乡规民约对道德理念、价值以规范的形式落实，是对社会主义优良道德的弘扬。在现代乡规民约中倡导社会主义道德，能够起到良好的道德引领作用，使我国优秀传统文化中的良好道德观在新时代仍然具有社会价值，不但有利于文化传承，而且有利于培育民族情感，使乡规民约更为乡民所认可，促进乡规民约的实施。同时，社会主义道德的内容符合时代要求，是处于新时代的乡规民约的价值选择，可以使乡规民约更具有时代特色，为乡规民约的创新发展注入时代活力，逐步提高目前乡规民约的创新性和时代性。

最后，发挥乡规民约在新时代对乡村振兴的作用。在新时代，国家提出乡村振兴战略，乡规民约也应与时俱进，在乡村振兴的背景下积极作出改善，充分发挥作用。乡村振兴战略旨在提高农民生活水平，缩小城乡差距，发展先进科技，保护原有生态环境，让农民职业焕发生机，分阶段执行，逐步实现农业生产和农村社会发展现代化，对实现农村治理模式现代化、发展乡村特色产业、以科技支持农村发展等具有重大意义。乡规民约与乡村振兴战略的关系非常紧密，乡村振兴战略是党和国家发展的七大战略之一，对未来农村社会的发展进行了分阶段的详细规划，在这样的背景下，乡规民约作为乡间传统的行为规范，应积极响应。乡规民约的主要作用是规范农村社会秩序，使农村社会长久稳定发展，契合乡村振兴战略的目标要求。乡村振兴战略中关于思想道德的部分指出“巩固农村思想文化阵地”，关于文化的部分提出“弘扬中华优秀传统文化”①，中华优秀传统文化是形成良好乡风的基础，是一个村庄的文化底蕴，是凝聚村民的力量，也是农村社会发展的内在动力。乡规民约传承中华优秀传统文化，同时，乡规民约也应实现与时俱进，推动乡村振兴，在国家大政方针的指导下，以具体形式约束乡民行为。例如，乡村振兴战略对学校教育、科技发展等方面都有细致规划，作为影响民风的乡规民约也应当在规划实施过程中积极创新。比如教育方面，以往有些村庄的乡规民约约定不准使小学生辍学，而没有提及初中生，但国家实行九年义务

① 来自中共中央、国务院《国家乡村振兴战略规划（2018—2022 年）》。

教育，并预期提高本科及以上学历的教师在乡村任教比例，帮助发展农村教育，在乡规民约中可以约定学生须依法完成义务教育阶段的学校学习；在发展乡村旅游方面，乡规民约约定对生态环境的保护，禁止捕杀珍贵动物，任意砍伐树木等，而开展旅游工作后村委会对乡民行为以及乡民与游客的关系也要谨慎处理。随着乡村振兴战略的推进，乡规民约也应及时完善，特别重视乡民精神世界的变化，继续弘扬优秀传统文化，并注入新时代新价值理念，提高农民在公民社会中的公民意识。

7.2.7　根据不同农村类型发挥乡规民约的作用

由于农村各地经济发展水平的差异，我国农村可以分为传统色彩较为浓厚的村落、社会主义新农村以及城中村，在不同类型的农村地区，乡规民约发挥的治理功能有所不同。

在传统色彩较为浓厚的村落，人们之间的联系较为密切，中国乡村熟人社会的特点较突出，乡规民约尚保留较多传统风俗习惯。在这些传统色彩较为浓厚的村落中，乡规民约在一定程度上是该地区传统风俗习惯及道德风尚的集中体现，在该类型村落的社会治理中发挥着不可替代的作用。基于上述原因，在这些村落中，乡规民约的制定与实施一方面应当注重继承优秀传统风俗习惯；另一方面应当注重与现代乡村价值的融合，使乡规民约在不失传统优秀道德风尚的前提下，与当下倡导的社会主义核心价值观接轨，更好地发挥其在乡村社会治理中的作用。

在社会主义新农村的建设中，需要经历由传统乡村社会向现代乡村社会转变的过程。在这一过程中，乡规民约与国家法律在社会主义新农村建设的不同领域发挥着各自不可替代的作用，但相较传统色彩较为浓厚的村落，乡规民约的作用有所弱化。因此，在社会主义新农村建设的过程中，要协调好乡规民约等自治性规范与国家法律法规等强制性规范之间的关系，一方面乡规民约要以法律为准则，不得与法律相抵触；另一方面，乡规民约要发挥自身贴近乡民生活、体现乡民共同意志的优势，弥补国家法律在乡村治理中的不足，与国家法共同作用于乡村治理。

在城中村的社会治理中，由于其中的人口数量较多，且村中较多房屋会出租给来自各地的人们，因此“城中村”在某种意义上可以说是一个流动人口密集且复杂的社区，居民之间几乎难以形成一定的传统或惯例，在一定程度上城中村几乎已成为一个陌生人社会，而非传统中国的熟人社会。因人口构成复杂且数量大，导致城中村往往成为一个较为难以管理、治安问题集中发生的区域，而乡规民约在城中村社会治理中所发挥的作用也十分有限。为达到维护城中村秩序、促进城中村进一步发展的目的，许多城市都会对城中村进行改造，如有的城市直接选择对城中村进行拆迁，将居民安置到已建成的社区中，从而使城中村变为社区。因此，在城中村的治理中，仅依靠单一村委会等自治组织进行治理活动效果不太理想，传统乡村治理模式在城中村所能发挥的作用是有限的。因此，应结合城中村发展的具体情况，通过乡规民约转变村民理念，同时根据法律规定整治“城中村”中的乱象，如房屋租赁市场混乱、村中乱搭乱建、村容村貌脏乱差等，将建立在乡规民约基础上的自治与以法律为根据的法治相结合，完善城中村公共服务，推动发展包容性社区，促进城中村的人文善治。

7.2.8 注重现代治理手段的应用

互联网技术的发展与智能手机的普及使得我国乡村地区享受到互联网带来的便捷，在乡村社会治理中，互联网也为乡规民约的推广与实施提供了新的平台，具体可以体现在以下几个方面：首先，在乡规民约的制定与修改中，可以通过网页留言、微博自媒体或微信公众号等网络平台征集乡民的意见，从而使乡民真正参与乡规民约的制定与修改中，让乡规民约在真正意义上体现乡民的意志与利益诉求。其次，在乡规民约的宣传教育上，可以通过微博自媒体、微信公众号每日推送乡规民约的内容与价值追求，让乡民在耳濡目染中逐渐将乡规民约内化于心，外化于行；还可以通过宣传法院援引乡规民约进行判决裁定的案件，使乡民意识到在自身权益受到侵害时，可以利用乡规民约保护自己的正当权益。最后，在乡规民约的制定与具体实施的过程中，一方面可以通过建立村务公开网站、设立留言建议专栏的方式对乡规民约的制定修改等提出意见，或者以微信、QQ 等形式与乡民共同联络；另一方面，还可以通过网站、微博或微信等平台建立匿名举报链接的方式对乡规民约的具体实施进行监督。现代化的技术手段为乡村治理提供了更便捷的方式，也为乡规民约的宣传和施行提供了更便利的途径。乡规民约的内容应当是动态的，在村情民意发生变化的时候，乡规民约应跟上社会的发展，及时修订，而信息沟通的畅通无阻，现代化治理手段的应用为此提供了保障。

第八章　研究结论与展望

在农村，乡规民约被奉为圭臬，无论是古代熟人社会，还是在现代农村社会，无论是“乡人相约，勉为小善”，还是作为现代乡村自治的创新手段之一，乡规民约始终以文化传承的形式发挥构建农村社会秩序的作用。在现代农村基层社会治理中，乡规民约仍是乡民们的基本行为准则，成为规范乡民行为、构建乡村秩序的主要依据。农村基层社会治理创新体现在多方面，不但在治理思想上要创新，而且在治理方式、治理手段上也要创新，但创新不是对旧有制度的完全推翻与颠覆，而是在传承中的创新，是在继承中的变革，是在原有基础上的开创，如果能有效利用乡村本土资源，发扬中华优秀传统文化，重视乡规民约在农村基层社会治理中的现实功用，则可起到事半功倍的效果。研究现代乡规民约与农村基层社会治理创新因此具有相当的理论意义和实践价值。

8.1　研究结论

（1）现代乡规民约是中华优秀传统文化的传承

成文乡规民约在我国已有千年历史，溯源乡规民约的思想文化渊源，儒家“道之以德，齐之以礼”的思想下，“德业相劝、过失相规、礼俗相交、患难相恤”成为乡规民约的最初内涵。中华传统文化中的乡邻互助、家庭和睦、敬老爱幼、勤俭节约、社会和谐等朴素美好的伦理道德在几千年的社会变迁中，以乡规民约这样一种民间规约的形式传承下来，形成厚重的历史文化传统，滋润着乡风民俗。现代乡规民约是对乡土文化资源的创新，其本身就是对优秀传统文化的传承，同时，现代乡规民约又以现代化的形式体现出传统中华文明的内涵，把优秀传统文化的思想理念体现在乡村社会规范中，对提升乡民文化素养和规则意识，增强乡村文化软实力具有积极作用。现代乡规民约应当在传承中华优秀传统文化的基础上倡导社会美德，将社会主义核心价值观的内容融入其中，在传承中创新。

（2）农村基层社会治理创新中现代乡规民约不可或缺

从农村社会管理到农村社会管理制度创新，再到农村社会治理，在社会治理理念的发展历程中，现代乡规民约始终是农村社会秩序构建的有效手段，应当从国家治理和村民自治的不同视角考察现代乡规民约的功用，使其在新时代农村多元共治中体现出独特的价值。现代乡规民约是乡民自发合意形成的行为规则，以道德教化的方式引导乡民行为，对其施行范围内的每一位乡民都有效，体现出乡村自治主体自我管理、自我教育、自我服务的能力。现代乡规民约在各地农村普遍存在，是实行村民自治的有效途径和载体，农村基层社会治理制度创新发展中出现的村民自治、农村的放权、网格化管理等都是以现代乡规民约为基础和核心建立起来的。正是因为现代乡规民约符合乡民的思想，契合乡民的生活，才能取得乡民的内心认同，对乡民的行为具有较强的感召力和约束力，“约”出农村社会的有序生活和良好风气，在农村基层社会治理中切实发挥功效。现代乡规民约以尊重乡民意志和诉求为出发点，以服务乡民和促进乡村和谐为目标，在规范乡村社会秩序、稳定乡村政治秩序、引导乡民道德伦理、整治村风村俗、融洽邻里关系、和谐婚姻家庭等方面发挥独特的作用，是与国家法律共同发挥作用的民间自发规则。在乡村振兴战略背景下，现代乡规民约应当充分发挥乡民的自主性，处理好传统与现代之间的关系，并与国家法律形成良性互动。现代乡规民约的建设不但要把握宏观大局，更要注重细节，才能产生良好社会效果，实现乡村振兴。

（3）现代乡规民约要与时俱进才能具有活力

现代乡规民约不是对传统乡规民约的简单复辟和回归，而是在新时代对中华优秀传统文化的传承与创新。社会是不断发展变化的，新文化、新思想、新体制等随着时代发展而不断诞生，新的社会风尚对现代乡规民约具有一定的引领作用。现代乡规民约应紧跟社会的发展步伐，使其内容符合农村社会发展的需要，体现村民的切身利益，符合新时代的道德准则，符合社会主义核心价值观的基本理念，将社会主义核心价值观融入现代乡规民约中，将新时代新理念融入现代乡规民约中，从内容、实施保障机制等方面不断完善乡规民约，才能有效发挥其在基层社会治理中的独特作用，更好地助力新时代农村社会建设。

8.2　研究展望

改革开放以来，国家越来越重视乡规民约在乡村秩序维护中的作用，出台了一系列政策和法律推动现代乡规民约建设。2018 年 12 月，民政部等七部门联合出台《关于做好村规民约和居民公约工作的指导意见》，提出截至 2020 年全国所有村普遍制定或修订形成务实管用的村规民约，推动健全党组织领导下“自治、法治、德治”相结合的现代基层社会治理机制，这不但为乡规民约的进一步发展提供了新的契机，也为乡规民约的更深入研究提供了契机。

我国农村正处于转型时期，城镇化进程中，各地农村经济发展水平不一，农村社会结构发生很大变化。作为村民自治制度化产物的现代乡规民约不但是我国农村民主自治的标志和重要方式，同时也引领农村的道德建设，为完善村民自治、实现共建、共治、共享的乡村治理新格局提供民间规则保障。那么，在新时代，应如何满足处于不同发展阶段的乡村对乡规民约的需求，进而增强乡民的自治意识和规则意识，发挥其在乡村基层治理中的积极作用，促进农村治理体系和治理能力现代化？这需要面对和解决很多复杂的现实问题，因而还须进一步深入研究。

现阶段，对于乡规民约的研究往往从单一学科入手，但农村基层社会治理创新中的现代乡规民约研究是个复杂的系统工程，应当打破学科藩篱，以更广阔的视域、从更宽广的范围去研究现代乡规民约在农村社会存在并发挥功效的根源及影响因素，因而，多学科的深入研究是有必要的。现代乡规民约的研究可以从社会学、法学、经济学、管理学、人类学、伦理学等学科中的任一学科切入，也可以多学科结合进行交叉研究，挖掘其在国家和社会中的更深层意义，这样的研究也更有价值。

新时代农村建设中，国家越来越重视乡村民主自治，也越来越重视乡规民约、家风家训等各种民间规约的价值，农村基层社会治理创新中的现代乡规民约研究也将硕果不断。